LA VIE SECRÈTE
DES DAUPHINS

DU MÊME AUTEUR

Herbiers des provinces de France, Tchou, 1974.
Dossier nucléaire, une brève (?) saison en enfer, Phébus, 1976.
Saumons, castors et loutres, avec J.-Y. Cousteau, Flammarion, 1978.
La Vie au bout du monde, avec J.-Y. Cousteau, Flammarion, 1979.
Les Surprises de la mer, avec J.-Y. Cousteau, Flammarion, 1980.
Flore méditerranéenne, Hatier, 1981.
À la recherche de l'Atlantide, avec J.-Y. Cousteau, Flammarion, 1981.
Le Destin du Nil, avec J.-Y. Cousteau, Flammarion, 1982.
Fortune de mer, avec J.-Y. Cousteau, Flammarion, 1983.
Du grand large aux Grands Lacs, avec J.-Y. Cousteau, Flammarion, 1985.
L'Île aux requins, B.D. avec des dessins de Sérafini, Laffont, 1985.
La Jungle de corail, B.D. avec des dessins de Sérafini, Laffont, 1985.
La Planète des baleines, avec J.-Y. Cousteau, Laffont, 1986.
Les Pièges de la mer, B.D. avec des dessins de Sérafini, Laffont, 1986.
Le Galion englouti, B.D. avec des dessins de Sérafini, Laffont, 1986.
La Mer blessée, avec J.-Y. Cousteau, Flammarion, 1987.
Les Lions de la Calypso, B.D. avec des dessins de Sérafini, Laffont, 1987.
La Mer de Cortez, avec J.-Y. Cousteau, Flammarion, 1988.
Cap Horn à la turbovoile, avec J.-Y. Cousteau, Flammarion, 1989.
Missions Pacifique, avec J.-Y. Cousteau, Laffont, 1989.
Les Grands Fleuves, avec J.-Y. Cousteau, Laffont, 1989.
La Grande Barrière de corail, avec J.-Y. Cousteau, Flammarion, 1990.
Les Îles du Pacifique, avec J.-Y. Cousteau, Flammarion, 1990.
Capitaine de la Calypso, avec Albert Falco, Laffont, 1990.
Le Cachalot, prince de l'océan, B.D. avec G. Paccalet, Hélyode, 1991.
La Terre et la Vie, Larousse, 1991.
L'Éléphant, prince de la savane, B.D. avec G. Paccalet, Hélyode, 1992.
L'Odeur du soleil dans l'herbe, journal de nature, Laffont, 1992.
Humeurs sauvages, Seghers, 1993.
Le Dauphin, prince des vagues, B.D. avec G. Paccalet, Hélyode, 1993.
L'Ours, prince de la montagne, B.D. avec G. Paccalet, Hélyode, 1994.
La Mer et la Vie, Larousse, 1994.
La Terre, la Mer, la Vie, Larousse, 1995.
Le Monde des dauphins, avec J.-Y. Cousteau, Laffont, 1995.
Le Loup, prince du Grand Nord, B.D. avec G. Paccalet, Lefrancq, 1996.
Auguste Piccard, professeur de rêve, Glénat, 1997.
Jacques-Yves Cousteau, dans l'océan de la vie, J.-C. Lattès, 1997.
Le Dinosaure, prince de la Préhistoire, B.D. avec G. Paccalet, Lefrancq, 1997.
Requins : innocents sauvages, avec J.-Y. Cousteau, Laffont, 1997.
L'Azur ! L'Azur !, J.-C. Lattès, 1998.
L'Enchantement des fleurs sauvages, J.-C. Lattès, 1998.
Pays de Savoie, Éditions Ouest-France, 1999.
Balades en Charente-Maritime, de la mer à la vigne, Fédération Française de Randonnée pédestre, 1999.
Le Bonheur en marchant, J. C. Lattès, 2000.
Australie, cinquième continent, Arthaud, 2000.
Mes plus belles balades en France, J.-C. Lattès, 2001.
Kamtchatka, la terre des origines, J.-C. Lattès, 2002.
Le Bonheur sous la mer, Chêne, 2002.

YVES PACCALET

LA VIE SECRÈTE DES DAUPHINS

Dessins de Maxime Paccalet

l'Archipel

Si vous désirez recevoir notre catalogue et être tenu au courant de nos publications, envoyez vos nom et adresse, en citant ce livre, aux Éditions de l'Archipel,
34, rue des Bourdonnais, 75001 Paris.
Et, pour le Canada,
à Édipresse Inc., 945, avenue Beaumont,
Montréal, Québec, H3N 1W3.

ISBN 2-84187-415-X

Avant-propos

Le dauphin vert

Fiordland, Nouvelle-Zélande.

Mer de chocolat, reflets de cuivre, lumière du bout du monde… Le bateau marche en avant *lente*. Des peluches de coton gris s'accrochent aux montagnes d'où cascadent des chevelures liquides de 300 mètres de hauteur.

Splendeur des fjords, au sud-ouest de l'île du Sud, ou île de Jade… Des goélands, des albatros, des fulmars tournent dans l'air humide. Sur les pentes, les hêtres primitifs et les fougères géantes composent un décor du temps des derniers dinosaures. Dans l'eau, l'otarie à fourrure traque le calmar aux couleurs électriques. Sous la surface, les buissons d'argent du corail noir cachent le poisson uranoscope à la gueule de « Lèvres chaudes », et des semis de brachiopodes à la coquille rose-mauve, pareils à ceux qui peuplaient les océans de l'ère Primaire.

C'est à cet instant que les dauphins paraissent. Des tursiops, ou nez-en-bouteille. Les âmes de la mer…

Ces vagabonds fendent le chocolat liquide. En surface, on dirait qu'ils griffent l'air avec la faux de leur aileron. Ils lancent un aérosol irréel. Ils sourient de leur bouche aux coins relevés. Ils zigzaguent, culbutent, bondissent et donnent des coups de queue aux nuages. Ils s'arrêtent pour contempler l'horizon. Puis ils s'évanouissent dans les profondeurs.

Les dauphins sont les rêves de la mer.

Je songe à ces songes.

Tursiops de tous les pays, sténelles de l'océan Pacifique ou de la mer Caraïbe, dauphins communs, dauphins bleu et blanc, marsouins de la mer de Cortez, têtes-de-melons des Marquises, dauphins noir et blanc de Commerson, dauphins gris de Risso, *botos* roses d'Amazonie, *susus* de l'Indus ou du Gange, *baïjis* du Yangzi, orcelles de Bornéo, narvals et bélougas de l'Arctique, globicéphales, orques et baleines à bec du grand large : dauphins de tant d'espèces, je vous ai vus ou je vous imagine ! J'ai croisé votre route dans la mer ou dans mes fantasmes. J'aime le reflet du nuage sur votre dos. Je veux éprouver la douceur de votre peau nue. Chacun de vous est un prodige d'évolution. Athlétique. Sensuel. Malin.

Les pectoraux d'Hercule et l'œil d'Ulysse !

Je salue les tursiops du Fiordland de Nouvelle-Zélande (les plus gros de leur espèce) ; et je pense à mes enfants qui m'attendent en France, de l'autre côté du globe, à 12 750 kilomètres en passant par le centre de la Terre.

Mes enfants... Ils sont beaux. Souples, légers, subtils, aériens. Emplis de joies et de larmes. Le sourire aux lèvres, même quand ils pleurent. Le muscle neuf, les yeux clairs, le cheveu blond, la peau rose. (Je les aurais aimés basanés, noirs ou jaunes : ni les gènes de leur mère ni les miens n'ont écouté ma requête. Les gènes sont obtus.)

Mes enfants dauphins

Mes petits. Mes gamins...

Ils causent, ils chantent, ils bavardent, ils se moquent, ils crient, que dis-je ? Ils hurlent quand je travaille. Ils ont tété le lait tiède et la tendresse sucrée de celle qui les a portés dans son ventre et mis au monde dans un sanglot de bonheur. (Qui peindra la passion d'une mère pour l'embryon, puis le fœtus qu'elle berce ?) Ils dévorent leurs céréales et leurs tartines comme les dauphins le calmar : goulûment ; sans mâcher ; en racontant, la bouche pleine, des histoires de cour de récréation qui feraient rougir leur grand-mère.

Mes enfants sont des dauphins à deux pieds, sans bec, qui vont à l'école un T-shirt sur les nageoires et soufflent leurs leçons de mathématiques sur la houle de leurs cahiers ; en zigzaguant dans les couloirs ou en bondissant sur les fauteuils. Ils obéissent aux mêmes lois physiques et chimiques et sont faits des mêmes matériaux que leurs cousins marins. Pétris des mêmes molécules : protéines, sucres, graisses et enzymes, sans oublier les oligo-éléments.

Ni l'ADN des chromosomes.

L'acide désoxyribonucléique : l'organisateur du miracle !

J'ai cent fois joui du spectacle des dauphins en liberté dans l'océan ; et mille fois de celui de mes enfants déchaînés autour de la table de cuisine. Ou hypnotisés devant l'écran de leur jeu vidéo (ô ! le désespoir du héros du *Château infernal* qui perd toutes ses vies !). Ou râlant devant un exercice de grammaire. Ou maudissant un thème d'allemand. Ou bondissant comme des cabris dans la montagne en fleurs. Ou pataugeant dans les flaques littorales à marée basse. Ou câlins comme des bonbons à la framboise, après un délicieux déjeuner de hamburgers-frites arrosé de *Coca-Cola* et conclu par un film de karaté. Ou endormis comme des angelots d'église baroque dans la pénombre de leur chambre…

J'en ai les yeux, les oreilles, les narines et la cervelle (bref : le siège de l'âme) imprégnés. Je déchiffre, dans ces effets de l'énergie biochimique (jeu subtil des hormones, catalyse du glucose et cycle de Krebs ; avec l'humour des primates à poils rares), le résumé des splendeurs de la Terre.

Voilà pourquoi je suis philosophe, et « écolo ». Écologiste… Protecteur de la nature en général, des dauphins en particulier…

Ce n'est ni par crainte du XXIe siècle, ni pour inventer un nouveau système de pensée, ni par devoir moral, ni par religion ; mais par sentiment. Par passion. Pour mon plaisir paternel et égoïste, lequel suppose que bondissent de concert mes enfants nez en l'air (« Cessez de sauter, papa travaille ! ») et les dauphins. J'ai besoin que ces espèces, et dix millions d'autres dont une majorité d'insectes (cafards et moustiques inclus), profitent ensemble du modeste vaisseau spatial dont l'évolution nous a faits capitaines par hasard – Christophe Colomb ou Magellan sans portulan, sans reine d'Espagne et sans un espoir de gagner les Indes.

Je me suis verdi l'œil et la tripe. Je me suis fait dauphin vert pour que les enfants de mes enfants et les petits des petits cétacés perpétuent le frisson de la vie sur cet astre négligeable. Pour que leurs générations aux joues rebondies se succèdent dans les siècles des siècles.

Pourquoi pas – rêvons ! – jusqu'à l'explosion finale, quand le Soleil, devenu géant rouge, grillera notre planète comme un papillon de nuit au feu de la Saint-Jean.

Dans cinq milliards d'années si les prévisions des astrophysiciens ont un sens, et si nous ne percutons pas d'astéroïde baladeur entre-temps.

Introduction

Dans l'infini bleu

Là-bas ! Là-bas... L'infini bleu... Le moment est venu. Il faut partir. Nager, plonger, souffler, se laisser porter par la vague, obéir au sortilège de l'eau. Poursuivre un rêve dans l'océan. Tenter de vivre avec les dauphins...

La mer, la vie, le Beau.

Crépuscule sur l'océan. Les pélicans et les frégates volent vers la terre. Les puffins et les pétrels passeront la nuit au large. Au ciel, l'or et le mauve se mêlent à l'azur. Une vague de cuivre accouche. Elle engendre un être de chair qui glisse, ondule, gicle et surfe dans l'écume.

Un dauphin.

Non pas un : une douzaine de dauphins !

Les animaux surgissent comme par magie. Là où il n'y avait que le clapot, les cétacés pulsent, nagent, fusent, plongent, reparaissent et font étinceler leur peau de lune. Leur aileron en faux semble une voile. Le croissant de leur queue bat comme la main d'un chef d'orchestre. On aperçoit leur œil noir et la commissure ironique de leur bouche. Leur évent s'ouvre et lance un nuage de vapeur.

« Pfouff !... »

Universel symbole du souffle.

La musique de la vie...

Les dauphins dansent sur la lame comme on obéit à un maître de ballet. Ils giclent dans le fluide avec autant de puissance que de grâce. Sinusoïdes en trois dimensions. Jeux et pirouettes. Certains exécutent des bonds rasants rapides : ils marsouinent. Celui-ci ondule comme le Grand Serpent de mer. Celui-là agite sa caudale ainsi qu'une bannière. Un autre prend son élan, franchit la surface, part en vrille et exécute un saut périlleux avant de retomber dans une gloire d'embruns. Acrobaties. Exubérances. Feux d'artifice...

Peu à peu, la représentation languit. Les acteurs se font rares et s'esquivent. Un juvénile trace un signe infini d'écume et file rejoindre sa mère. Le dos d'un retardataire capte un éclat de soleil. Quelques bulles, un au revoir, et les magiciens s'évanouissent.

Crépuscule sur la mer
Les dauphins
Sont les rêves de Gaïa

Brèves rencontres

Rien n'est à la fois plus plaisant ni plus frustrant que les rencontres avec les cétacés. Elles sont brèves, forcément brèves ! À peine commence-t-on d'observer ces animaux, qu'ils retournent au secret liquide. Ils incarnent les acteurs d'un film dont l'homme ne perçoit que quelques images ; une bande-annonce pour une séance qui n'aura jamais lieu ; l'esquisse d'un univers inaccessible.

« Les dauphins sont gens de toutes sortes », dirait Apollinaire. Égalent-ils leur destin ?

Ce sont des cétacés à dents (ou odontocètes), tandis que les vraies baleines (ou mysticètes) possèdent des fanons à la mâchoire supérieure. On en connaît soixante-huit espèces. La plus récemment observée est en cours de description (mai 2002) : il s'agit d'une baleine à bec (un mésoplodon) qui hante le large de la Californie.

Les rendez-vous avec ces animaux constituent des instants de grâce ; de bonheur primitif ou puéril, c'est-à-dire de poésie.

De réflexion aussi, car de telles créatures nous incitent à philosopher. Nous y voyons des espèces différentes de nous-mêmes, citoyennes d'un autre univers, soumises à d'autres lois, mais aptes à comprendre. Sociables. Intelligentes. Sensibles.

Le fait que nous disions volontiers « le » dauphin, comme s'il n'en existait qu'une espèce, est révélateur. « Le » cétacé incarne un personnage.

Les dauphins : la puissance et la grâce de la mer. Ici, deux tursiops, grands dauphins ou nez-en-bouteille.

Nous nous sentons ses complices. Nous nous imaginons ses cousins. Presque ses frères.

Nous jugeons notre « ami » aquatique à la fois moral et philosophique.

Il nous paraît « moral » parce qu'il vit en bandes solidaires ; qu'il a la réputation d'aider les autres ; qu'il sauve le naufragé humain comme ses congénères ; et qu'il refuse de nous agresser, alors même que certains d'entre nous le tuent pour le manger, par pure bêtise ou pour le « plaisir ».

Le dauphin nous semble « philosophique » parce que, à cause de la forme de sa bouche (au moins chez le tursiops), il a toujours l'air de rire, et qu'avec lui, le rire cesse d'être le propre de l'homme… Ce gros mammifère à la peau nue et tiède affiche l'ironie de l'évolution. Bien sûr, sa mimique est affaire de génétique. Mais nous tombons sous le charme. Le dauphin « rit », même quand il est en colère, même malade ou à l'agonie. Mais nous avons l'illusion qu'il nous invite au bonheur ; qu'il incarne le principe de plaisir dans les vagues ; qu'il nous offre une variante aquatique de l'hédonisme.

La matrice Océan

Le cétacé vit son destin zoologique, mais nous l'utilisons pour repenser notre existence. Nous voyons en lui le citoyen d'un royaume immense, baignant dans un perpétuel liquide amniotique où nous rêvons aussi de retourner.

Le dauphin a l'air pacifique. Nous imaginons qu'il nous propose un système de valeurs différent de celui qui privilégie la force brute ou la compétition exacerbée. Nous aimerions croire, à travers lui, qu'une espèce sociable et intelligente peut se comporter de façon civile avec elle-même comme avec la planète, sans agresser, ni polluer, ni saccager. Cet animal représente une sorte de civilisation exotique et ingénue, où les maisons sont de vagues, les palais d'algues et les temples de coraux ; où les individus vivent nus, primitifs, sans outils ni techniques, sans fusils ni machines, dans un Éden de songe, comme à l'âge d'or ou au temps du « Bon Sauvage ».

L'homme se nomme lui-même *Homo sapiens sapiens* – deux fois *sapiens* ! Il a une haute opinion de lui-même… Il va partout répétant que Dieu, Lamarck ou Darwin ont fait de lui le plus achevé des êtres ; le seul qui possède une âme, une conscience et une raison raisonnante. Il s'imagine incarner le produit le plus élaboré de la Création ou – si l'on préfère – de la combinaison des chromosomes ou des fantaisies de l'acide désoxyribonucléique.

Même si ce n'est que comparaison de poète, vision d'artiste ou élucubration d'écrivain, le dauphin remet en question ce schéma sans nuances. Cet animal possède une réputation d'intelligence et d'altruisme. Fût-elle usurpée, l'homme n'est désormais plus le seul à prétendre à la noblesse du savoir et du cœur.

La branche des cétacés et celle des primates (la nôtre) se sont détachées du tronc des mammifères au début de l'ère Tertiaire, juste après l'extinction des dinosaures. Toutes deux culminent avec des espèces munies d'un gros cerveau, d'une capacité de penser le monde, d'un langage, d'une vie sociale complexe.

Voyons-y une double et sublime ascension de la vie vers l'intelligence et la solidarité. D'un côté, dans la mer. De l'autre, sur la terre ferme.

Le dauphin est beau. Parfait dans son genre… Il attire. Il séduit. Il subjugue. Les enfants en raffolent. Les adolescents l'adorent. Des poètes, des romanciers, des peintres, des cinéastes, des musiciens, des danseurs le célèbrent. Il participe de nos sentiments, de notre imaginaire, de nos arts et de nos songes. Nous oublions que, dans son milieu naturel, c'est un superprédateur, un tueur, un Attila qui répand la terreur chez les calmars et les anchois.

À nos yeux, c'est une créature bienveillante et sage, qui écoute le chant du poète Arion et prend l'enfant d'homme sur son dos pour l'emmener à l'école. C'est une image décalée de nous-mêmes, dans un univers sans technique mais non sans succès ; sans usines, sans autoroutes, sans OGM et sans ordinateurs, mais non sans une idée du bonheur

Les dauphins enchantent un infini bleu qui nous fascine. Nous ne saurons peut-être jamais si ces animaux pensent ; ni s'ils pensent du bien de nous… Peut-être partagent-ils nos passions. Peut-être ne comprennent-ils rien à notre espèce, et se satisfont-ils de leur calmar quotidien.

S'ils raisonnent, ils sont forcément frappés par l'absurdité qui veut que, tandis que certains d'entre nous veulent les mieux connaître et les protéger, d'autres les massacrent, les affament ou les noient dans des filets monstrueux.

Ce livre est une offrande à tous les souffleurs de la Planète bleue. Une déclaration d'indéfectible amitié. Une main tendue. Une célébration.

Il illustre une idée naïve et essentielle : les hommes ont, dans la tête, un espace pour le rêve.

Où soufflent les dauphins !

Évolution

Le choix de l'eau

Ce sont des mammifères, ils respirent dans l'air, mais ils ont tenté le pari déraisonnable de retourner vivre dans l'eau, comme leurs ancêtres les poissons. Peut-être les cétacés n'eurent-ils pas d'autre choix ?
La mer ou la vie !

Onduler. Godiller. Filer vers le large. Frotter son corps aux vagues, aux courants, aux tempêtes. Plonger aux abysses…

Pas si simple ! La mer est belle, mais « cruelle ». Vouloir la reconquérir, quand on l'a quittée depuis des millions d'années, relève de la folie.

Les cétacés ont accompli cet exploit.

Le fleuve Indus, au Pakistan, au confluent de la rivière Chenab, en amont de la ville de Sukkur… Dans un méandre, au-delà des roseaux, un bec crève la surface ; un crâne suit ; un évent s'ouvre. Un dauphin souffle… Un dauphin de l'Indus – un *susu*, ou plataniste. Il expose un instant l'ébauche de crête dorsale qui lui sert d'aileron. L'espèce est menacée – polluée, massacrée, affamée par l'homme. Mais elle symbolise un passé de gloire. Avec son cousin du Gange, le *susu* de l'Indus hante les lieux mêmes de la naissance des cétacés. Celle-ci intervient au début de l'ère Tertiaire, juste après l'extinction des dinosaures.

300 millions d'années plus tôt, à l'ère Primaire (au Dévonien, voici 370 à 360 millions d'années), les poissons à nageoires lobées (cousins du cœlacanthe) avaient échangé leurs deux paires de nageoires paires contre quatre pattes et escaladé la terre ferme sous l'apparence d'amphibiens (ou batraciens). Ceux-ci avaient créé les reptiles, dont les enfants

avaient été les mammifères et les oiseaux. À l'ère Secondaire, à peine gros comme des rats, dominés par les dinosaures, les mammifères avaient adopté la stratégie de la patience.

Voici 65 millions d'années, catastrophe et recomposition ! Les « lézards terribles » disparaissent dans des désastres qu'on impute à la chute d'une météorite géante dans le golfe du Mexique (ou peut-être à de colossales éruptions volcaniques dans le Dekkan indien). Les mammifères se voient proposer un destin. Ils peuvent grandir, se diversifier, triompher. Ils trouvent des niches écologiques sur les continents, libérés de tout tyrannosaure ou tricératops ; et dans les océans, que ne labourent plus les reptiles marins – plésiosaures ou ichtyosaures.

L'Inde vagabonde

Les océans… Mais comment ?

La saga des « vieux cétacés » – ceux qu'on appelle les « archéocètes » – a été écrite par des paléontologues : l'Américain Philip Gingerich, le Français Christian de Muizon, et surtout le Néerlandais Hans Thewissen. En 1980, sur les contreforts de l'Himalaya, dans la région de Ganda Kas, on exhume les restes d'un animal qu'on nomme « pakicète » – le « cétacé du Pakistan » ; pour la science, *Pakicetus attocki*. En 1981, on met au jour son cousin, *Pakicetus inachus*. Un crâne et quelques os âgés de 54 à 52 millions d'années. Et on commence à comprendre…

Géologie et biologie mêlent leurs logiques. Durant la seconde moitié de l'ère Secondaire, le supercontinent du sud (le Gondwana), séparé de celui du nord (la Laurasie) par la vaste mer Téthys, éclate en morceaux : Afrique, Amérique du Sud, Antarctique, Australie, Inde… Cette dernière, après avoir dérivé pendant 70 millions d'années, vient percuter l'Asie au Tertiaire. Cette collision titanesque coupe en deux la Téthys et provoque la surrection de la plus haute chaîne de montagnes du globe : l'Himalaya.

Dans la mythologie grecque, Téthys, fille de la Terre (Gaïa) et du Ciel (Ouranos), incarne la fécondité. En effet ! Sur les rives de la Téthys, vivent des mammifères que ces bouleversements géologiques et écologiques poussent à s'aventurer dans l'eau et à y chercher leur nourriture. Jusqu'à acquérir le corps en torpille, les nageoires, la respiration, bref les organes et les fonctions indispensables à l'existence aquatique.

Des mammifères... Lesquels ?

Des porteurs de sabots. Des ongulés... On a d'abord pensé à des créatures de l'ordre des condylarthres et de la famille des mésonychidés. Au Paléocène, peu après la disparition des dinosaures, les mésonychidés (tel *Mesonyx*) incarnent des carnivores de la taille d'un loup, qui guettent leurs proies dans les marécages littoraux. Ils ont une fourrure, des dents carnassières et des pattes à cinq doigts munis chacun d'un petit sabot.

Hippopotame ou vache ?

Le fils de *Mesonyx* gagne-t-il la mer? De récentes recherches sur l'ADN semblent rapprocher les cétacés moins de l'ordre des condylarthres que de celui des artiodactyles ; et, dans ce dernier, de la famille des hippopotames. Quand on observe le « cheval de fleuve » dans son marigot d'Afrique, on a l'impression de contempler les prémices de la baleine : masse énorme, large gueule et double souffle de forge. Cependant, le paléontologue fait la moue : des détails du squelette contredisent la parenté immédiate.

Un artiodactyle, oui... Mais lequel? Le mystère n'est pas dévoilé. Outre les hippopotames, cet ordre regroupe les cochons et les ruminants : chameaux, girafes, cervidés, bovidés. On démontrera peut-être, un jour, que vache et dauphin sont cousins ; avec le même arrière-arrière-grand-père !

À partir de l'Éocène, la généalogie s'éclaire. Voici 55 millions d'années, le climat de la planète se réchauffe. Le niveau des mers monte. Les marécages côtiers s'assèchent. Les espèces locales se voient offrir une impitoyable alternative : nager ou périr !

Les pakicètes (*Pakicetus*, gros comme un loup ; *Nalacetus* et *Ichtyolestes*, de la taille d'un renard) sont les premiers à gagner le royaume des eaux, il y a de cela 55 à 52 millions d'années. Ils ont une dégaine de chien, une fourrure et une queue. Leur tête est allongée et leurs mâchoires armées d'une denture terrestre, dite « hétérodonte » parce qu'incisives, canines et molaires y sont différentes. Ces médiocres nageurs aux pieds palmés chassent dans les vagues, mais ne s'y attardent guère.

Les enfants de pakicète

L'étape suivante est celle des ambulocètes. On a découvert en 1992, à Kuldana, toujours au Pakistan, des fossiles d'un animal qu'on a baptisé *Ambulocetus natans* (le « cétacé qui marche et nage »). Vieux de 50 millions d'années, ce personnage mesure 3 mètres et pèse 300 kilogrammes. Par rapport aux pakicètes, il a les pattes courtes, le corps étiré en longueur, le crâne comprimé vers l'arrière et augmenté d'un long museau. Mettons qu'il a des comportements de loutre : encore velu, il nage en ondulant et en ramant avec ses quatre pattes. Il continue de venir à terre pour se reposer, parader, faire ses petits et les allaiter.

La famille des ambulocétidés (*Ambulocetus*, *Gandakasia*, *Himalayacetus*) engendre, voici 49 à 43 millions d'années, celle des remingtonocétidés : *Attokicetus*, *Remingtonocetus*, *Kutchicetus* (gros comme une loutre), etc.

En quelques millions d'années, les archéocètes inventent les formes et les adaptations typiques de leur lignée. Corps en torpille, cou bref, pattes arrière atrophiées... Leurs bras et mains s'élargissent en palettes natatoires – en battoirs. Une queue plate leur pousse, sans rapport avec celle des quadrupèdes (on la dit « néoformée »). Leur narines migrent vers le haut, jusque sur leur crâne, pour faciliter la prise d'air en surface. Leurs oreilles se modifient pour entendre sous la surface.

Le roi des lézards

Vers le milieu de l'Éocène, on voit souffler trois nouvelles familles : protocétidés, basilosauridés et dorudontidés. Ces animaux s'ébattent en eau peu profonde. On en a trouvé des fossiles au Pakistan et en Inde, mais aussi en Afrique – surtout en

Quelques étapes de l'évolution des cétacés : le grand oncle mésonyx, le protocète, le basilosaure et le dorudon.

Égypte, dans l'oasis du Fayoum : un crâne de protocète *(Protocetus atavus)*, des vertèbres d'éocète, etc.

Ces archéocètes quittent la Téthys et, de proche en proche, colonisent les autres mers. Certains ont déjà une dégaine de dauphin ; d'autres s'allongent et acquièrent une silhouette serpentine, tel le zygorhyze *(Zygorhyza kochii)* des États-Unis, qui atteint 6 mètres.

Les plus singuliers, les plus étranges, les plus incroyables parmi ces archéocètes de la deuxième génération, sont les basilosaures, ou zeuglodons. Au XIXe siècle, ils passionnent l'Amérique.

En 1832, on exhume en Louisiane vingt-huit grosses vertèbres. Le géologue américain James Harlan les attribue à un reptile géant (on est en pleine « fièvre des dinosaures »), qu'il baptise « basilosaure » (en grec, « roi des lézards »). En 1839, on trouve le crâne de ce *Basilosaurus*. Un coup d'œil suffit au Britannique Sir Richard Owen pour constater qu'il ne s'agit nullement d'un reptile, mais d'un mammifère, auquel sa denture vaut le nom de « zeuglodon » (« dents unies »). *Zeuglodon cetoides*... On met au jour des ossements analogues en Alabama et en Caroline du Sud. Le chasseur de fossiles Albert Koch, que les scrupules scientifiques n'étouffent guère, attache bout à bout plusieurs colonnes vertébrales différentes et, en 1845, exhibe à New York une chimère de 35 mètres, qu'il appelle le « Grand Serpent de mer ».

Succès populaire !

Le vrai basilosaure, ou zeuglodon, vit voici 43 à 36 millions d'années. Long de 15 à 20 mètres, il pèse 5 à 7 tonnes. Tête effilée, long bec, narines sur le front, tronc serpentin... On ignore s'il a un aileron dorsal. Ses membres antérieurs sont en battoirs. Ses pattes arrière ont presque disparu : ne subsistent que des vestiges de ceinture pelvienne et de fémur. Sa peau est à peine poilue ou déjà nue. Il nage avec grâce, mais plonge modestement.

Il ferait songer à un phoque ou à un éléphant de mer, en plus « ophidien ». Cet amphibie passe la majeure partie de sa vie dans l'eau, mais se traîne sur la côte à la saison des amours. Les mâles se défient-ils pour des harems ? Les femelles accouchent et allaitent sur les plages. On rêve d'assister à ces scènes.

Le nœud de l'évolution

La famille des basilosauridés (*Prozeuglodon isis*, *Zeuglodon cetoides*, etc.) possède une proche cousine : celle des dorudontidés, dans laquelle on classe des animaux (*Dorudon osiris* ; *D. intermedius* ; etc.) longs de 4 à 6 mètres, dotés d'un aileron dorsal et d'une queue en demi-lune. Ces deux groupes ne survivent pas aux catastrophes climatiques et écologiques qui ponctuent le passage de l'Éocène à l'Oligocène, voici 36 millions d'années.

Les ancêtres directs des cétacés modernes appartiennent à une troisième famille : les protocétidés, riche de nombreux genres – *Protocetus* (protocète), *Pappocetus* (pappocète), *Eocetus* (éocète), *Rhodocetus*, *Trakacetus*, *Indocetus*… Ces animaux incarnent des chasseurs à la peau nue, aux mains en battoirs et à la queue puissante. Leurs dents, toutes semblables (homodontes), retiennent les proies glissantes (calmars, poissons…) qui sont avalées tout rond.

Les protocètes rescapés des désastres de la fin de l'Éocène triomphent à l'Oligocène et engendrent (au moins) quatre nouvelles familles, lesquelles répondent aux noms poétiques d'agorophiidés, squalodontidés, aetiocétidés et cétothériidés. Même les spécialistes peinent à détailler ces arborescences. Il manque des rameaux, des fourchures, des chaînons.

Le nœud principal se situe à l'Oligocène et au début du Miocène, voici 35 à 20 millions d'années. Chez les cétacés, les narines, implantées sur le sommet de la tête, se transforment en évents. Les os du crâne se télescopent et fusionnent vers l'arrière, tandis que le front se dégage et laisse de la place à un organe empli de graisse : le melon. Les mâchoires s'allongent. L'oreille s'isole de l'extérieur : le mince orifice qui subsiste est obstrué par un bouchon de cire. Le tympan s'épaissit et devient fibreux. Les os vibrants de l'oreille moyenne (marteau, enclume, étrier) changent d'aspect et se densifient. Tout l'organe auditif se métamorphose pour permettre aux animaux de percevoir en milieu liquide.

En même temps, les adaptations à la nage et à la plongée se perfectionnent. Les bras et les mains sont définitivement raccourcis et élargis en battoirs, tandis qu'on ne trouve presque plus trace (sauf interne) de pattes arrière. La peau nue acquiert de petits sillons hydrodynamiques. La graisse sous-cutanée s'épaissit. Les muscles se chargent d'une protéine qui met en réserve l'oxygène : la myoglobine.

C'est alors que l'ordre des cétacés se divise en deux sous-ordres : d'une part, les cétacés à fanons, ou mysticètes ; d'autre part, les cétacés à dents, ou odontocètes.

Le dernier des archéocètes s'éteint à l'Oligocène, voici 30 millions d'années, en Nouvelle-Zélande. On le baptise « *Kekenodon* ». À cette époque, les souffleurs ont conquis la totalité des mers, c'est-à-dire les sept dixièmes de la surface de la planète.

La lignée des baleines

Les cétacés adoptent une stratégie sensorielle basée sur l'audition. Ils inventent un sens merveilleux qu'on appelle l'« écholocation ». Ce sonar biologique leur permet d'émettre des ondes sonores et d'en capter l'écho renvoyé par les obstacles. Grâce à ces données, leur cerveau reconstitue une « image acoustique » précise de leur environnement. Ce sens est bien plus perfectionné chez les cétacés à dents que chez ceux à fanons. Les premiers utilisent les hautes fréquences. Les seconds fonctionnent en basse fréquence, ce qui leur donne une « vision sonore » moins définie, mais les renseigne sur ce qui se passe à longue distance.

Les cétacés à fanons (mysticètes) gardent deux évents (narines) distincts. Ils organisent leur évolution vers le gigantisme et la capture en masse de petites proies – crevettes ou poissons grégaires. Ils acquièrent une caboche volumineuse et une gueule en forme de piège à plancton ou à fretin. Dans *Moby Dick*, Herman Melville plaisante en parlant de leur tête comparable à « une vieille godasse qui bâille ». Ces animaux ne développent pas leurs dents d'ivoire, qu'on repère à l'état d'ébauches chez les fœtus. Mais leur mâchoire supérieure porte de longues lames durcies (renforcées de kératine) qu'on appelle « fanons », et dont les franges accroissent le pouvoir filtrant.

Les mysticètes dérivent de deux familles elles-mêmes issues des protocétidés : les aetiocétidés et les cétothériidés.

Les plus vieux aetiocétidés datent de l'Oligocène moyen. *Aetiocetus* a été mis au jour en Oregon, dans des couches de 28 millions d'années. Sa bouche est encore garnie de dents. *Mammalodon*, exhumé de sédiments de l'État de Victoria (Australie), et âgé de 24 millions d'années, possède une vaste gueule, adaptée à la filtration. Il lui reste des dents « classiques », mais il exhibe des ébauches de fanons : ces organes semblent une hypertrophie des rides du palais communes à tous les mammifères.

Au début du Miocène, les aetiocétidés passent le relais aux cétothériidés (tel *Cetotherium*). Les quatre familles actuelles de mysticètes ne descendent peut-être pas de ces derniers, mais les balénoptéridés sont leurs enfants. Débute la lignée de la baleine à bosse (ou mégaptère), aux grands bras blancs, qui chante au bout du monde ses *romanceros* magiques, mi-meuglés, mi-gazouillés. Cette famille inclut aussi les rorquals. Parade désormais, pour nous plaire, la plus colossale créature que la Terre ait jamais portée : le rorqual bleu, ou baleine bleue ; le monstre absolu ; 30 mètres et 150 tonnes ; trois fois les plus gros dinosaures ; la masse de vingt-cinq éléphants ou de deux mille cinq cents hommes !

La généalogie des autres mysticètes reste plus obscure. Le mystère plane sur les néobalénidés, dont il ne subsiste que la baleine franche pygmée. On n'a pas résolu l'énigme des eschrichtidés, représentés par la baleine grise de Californie. Les balénidés (baleine franche noire, baleine franche du Groenland) suivent leur piste particulière depuis la fin de l'Oligocène, à partir d'un rameau d'aetiocétidés. Le plus ancien fossile qu'on en connaisse – *Morenocetus* – a été retrouvé en Patagonie, dans un gisement qui recèle aussi le plus vieux cachalot : ces colosses se côtoyaient voici 23 millions d'années.

Le dauphin rose et le cachalot

Les cétacés à dents (ou odontocètes) jouent la carte de l'écholocation. Ils gardent leurs dents d'ivoire toutes semblables (homodontes). Mais ils n'ont plus qu'un seul évent fonctionnel, au lieu de deux.

Le rameau moderne de la lignée s'incarne dans la famille des agorophiidés. À l'Oligocène, ces souffleurs (contemporains des derniers archéocètes) ont le corps fuselé et le rostre long. Leurs dents en triangles font songer à celles des requins. Ils s'éteignent au début du Miocène, voici 25 à 20 millions d'années, mais ils engendrent au moins cinq familles : acrodelphidés, platanistidés, ziphiidés, physétéridés et squalodontidés. Poésie de la science !

Les acrodelphidés disparaissent vite : on n'en connaît que des fossiles.

Ce n'est pas le cas de leurs cousins platanistidés, dont font partie nos actuels dauphins de rivières. Ces animaux procèdent de cétacés marins, comme le prouvent des fossiles intermédiaires (*Saurodelphis*, *Anisodelphis*, etc.). Ils composent, à présent, plusieurs familles distinctes : lipotidés (le dauphin *baïji* du Yangzi), pontoporiidés (le dauphin de La Plata), platanistidés (les *susus* de l'Indus et du Gange) et iniidés (le *boto*, ou dauphin rose d'Amazonie).

Les ziphiidés incluent ces bizarres et puissants dauphins du large qu'on nomme encore « baleines à bec ».

Les physétéridés ne sont autres que les cachalots – les petites espèces (le nain et le pygmée), aujourd'hui réunies dans la famille des kogiidés ; et le géant macrocéphale, c'est-à-dire Moby Dick soi-même, avec sa caboche en parallélépipède et ses extraordinaires performances en plongée ; déjà présent, quasi tel quel, il y a 23 millions d'années, dans les eaux de Patagonie.

L'invention du sourire

Et les dauphins ? Les « vrais » ? Les auditeurs de la lyre d'Arion ? Les rieurs de la mer ?

Ils dérivent des squalodontidés. Ce mot signifie « dents de squales ». Les cétacés en question, aux quenottes triangulaires et acérées, sont costauds, rapides et bien armés. Leur mode de vie, basé sur la prédation, le nomadisme et la cohésion sociale, évoque celui de nos tursiops ou de nos orques. Les plus anciens de la bande, tel *Prosqualodon*, long de 2,50 mètres, exhibent un bec démesuré.

La famille des squalodontidés ne passe pas la fin du Miocène, mais laisse des héritiers ; par exemple, les rhabdostéidés (dits aussi « eurhinodelphidés »). Ces créatures évoquent des manières de Cyrano au nez hypertrophié. Chez *Eurhinodelphis* d'Australie, le crâne présente, de façon sûre, les structures osseuses liées à un sens de l'écholocation perfectionné.

Les rhabdostéidés s'éteignent voici 15 millions d'années. Mais, au milieu du Miocène, ils voisinent avec d'autres enfants des squalodontidés, qu'on baptise « squalodelphidés » ; tels *Diochotichus* d'Argentine, et *Squalodelphis* d'Italie.

Une troisième famille née des squalodontidés acquiert une importance décisive. Comme les autres, elle a un nom difficile à retenir, et dont les savants sont donc fiers : les « kentriodontidés ». Ces souffleurs au bec court prospèrent, en tant que tels, jusqu'au Pliocène, voici 5 millions d'années. Mais, au milieu du Miocène, ils donnent naissance à quatre nouvelles familles.

La première, celle des albiréonidés, ne survit pas à la fin du Miocène. Les trois autres sont fécondes et incluent nos « vedettes » : monodontidés, phocoenidés et delphinidés.

Les monodontidés désignent les bélougas – les « canaris de mer » à la peau blanche ; et les narvals, dotés de la dent en épée qui leur vaut leur surnom de « licornes de mer ».

Les phocoenidés sont les marsouins. Plus petits que les dauphins, ils procèdent du même grand-père kentriodondité. Leurs plus anciens fossiles datent de la fin du Miocène, et proviennent de la côte Pacifique des Amériques.

Les delphinidés, enfin, regroupent les dauphins au sens strict – ou commun, ou enchanteur – du terme (tursiops, sténelles, lagénorynques...), ainsi que les globicéphales, les orques et les faux-orques. Les plus achevés de tous les cétacés. Les plus malins, les plus sociaux, les plus propres à nous convier aux plaisirs de la vague... On en a mis au jour des fossiles de 11 à 12 millions d'années.

Formes parfaites. Exemples d'adaptation et de style. La puissance et la grâce.

Souffleurs de l'aube :
L'intelligence et le beau.
Le triomphe de la mer !

Anatomie

Sang chaud dans la mer

Le dauphin qui nage, souffle, ondule ou saute est une harmonie. Il incarne l'aboutissement d'une lignée magnifique. Il illustre les tâtonnements, les trouvailles, le « génial bricolage » de l'évolution.
Une idée humide de la vie !

Un pari dangereux, une gageure, une folie... À la fin, un exploit !

Les ancêtres des cétacés ont une fourrure et déambulent sur de petits sabots, peu après la fin des dinosaures. Ils osent (de force, plus que de gré) redescendre au royaume liquide duquel, 300 millions d'années plus tôt, se sont extirpés leurs ancêtres amphibiens (mais nous avons les mêmes !).

S'adapter ou périr !

Quoique muni de poumons, il faut réapprendre à être poisson. À nager et plonger. Il faut acquérir un corps en torpille et des nageoires. S'habituer à une respiration rythmée par les retours en surface. Enchaîner les apnées. Réguler sa température et la teneur en sels de son sang...

Plus tendrement, plus poétiquement, parvenir à s'aimer dans l'eau ; y accoucher sans noyer le bébé. Allaiter le petit ; le cajoler ; l'éduquer.

Un « génial bricolage »

Le cétacé incarne une esthétique au service d'un mode d'existence. C'est le plus parfait des mammifères marins – bien mieux adapté à la sphère aquatique que le pinnipède (phoque, morse, otarie), le sirénien (dugong, lamantin), l'hippopotame, la loutre ou l'ours polaire. Tout en lui montre la subtilité de ce processus évolutif que François Jacob qualifie de « génial bricolage », et dans lequel une morphologie et des fonctions inédites procèdent d'un vieux lot de gènes recyclés. La vie récupère, réordonne l'ADN disponible. Elle en arrange les brins selon les lois des mutations au hasard et de la survie du plus apte. Avec l'ancien, elle confectionne du neuf. En l'occurrence, elle retravaille le patrimoine héréditaire de mammifères terrestres pour créer des espèces vouées aux vagues.

Les défis les plus périlleux ne sont pas ceux qu'on pense. L'un des obstacles les plus délicats à surmonter, pour un vertébré terrestre qui retourne à la mer, consiste à équilibrer la salinité de son sang avec celle du liquide alentour. En termes savants, on parle de « régulation osmotique » (ou « osmorégulation »). De façon plus banale, la question revient à savoir si l'animal peut boire l'eau de mer sans que l'excès de sel ne le vide de ses liquides internes et ne le tue.

Le premier archéocète qui s'enfonce dans les vagues a des raisons de se lamenter, comme dans le *Dit du vieux marin* de Samuel Coolidge :

« De l'eau, partout de l'eau,
Mais pas une goutte à boire… »

Ensuite, le cétacé se débrouille. Il s'adapte. En quelques millions d'années, ses reins s'hypertrophient, se divisent en lobes et en nombreux lobules, et apprennent à régler la balance des chlorures et autres composés solubles. On connaît (paradoxe !) avec une assez bonne précision le moment où les ancêtres des dauphins et des baleines changent de régime hydrique. Les os fossiles d'archéocètes recèlent des isotopes de l'oxygène qui trahissent l'origine (salée ou douce) de ce composant de l'eau. Le premier représentant de la lignée – le pakicète – se désaltère dans les fleuves. L'ambulocète avale de l'eau saumâtre dans les marais côtiers. Le remingtonocète boit l'eau de la mer, mais ne déteste pas le flux doux des estuaires. Les premiers amateurs exclusifs d'eau salée sont les protocètes. Depuis lors, tous les animaux de l'ordre vivent de la sorte ; sauf les dauphins de rivière, bien entendu, qui ont dû refaire à l'envers une évolution que leurs pères avaient faite à l'envers de leurs pères.

La vie est belle, mais pas simple !

Chaud dedans

Une autre difficulté de la vie aquatique consiste, pour le mammifère, à conserver sa chaleur corporelle. Les invertébrés, les poissons, les amphibiens, les reptiles n'ont pas cet embarras. Ils ont le sang « froid », ou plutôt une température variable (le savant les qualifie de « poïkilothermes »). Les mammifères (et les oiseaux) ont le sang « chaud ». Ils possèdent une température interne constante – entre 36 et 40 degrés Celsius. Ils sont homéothermes. Cette énergie du dedans leur procure un taux de métabolisme élevé, grâce auquel ils sont plus actifs, plus rapides, plus résistants, plus efficaces que leurs prédécesseurs dans l'évolution. Mieux armés dans le tourbillon de la vie.

Mais le sang chaud n'est pas facile à gérer dans l'hydrosphère. L'eau conduit les calories beaucoup mieux que l'atmosphère : sa capacité calorifique est plus grande. Le fluide aquatique « pompe » l'énergie. Il refroidit l'organisme, il le vide de son tonus. Et l'hypothermie mène à la mort.

Afin de réduire leurs déperditions de chaleur, les mammifères « mouillés » peuvent se doter d'une fourrure épaisse, avec poils de garde et sous-poils étanches ; ainsi font les phoques, les otaries et les loutres. Les cétacés préfèrent la peau nue, car les poils gênent la nage. Dès lors, il ne leur reste que deux solutions : abaisser le rapport entre la surface et le volume de leur corps et accumuler de la graisse sous leur peau.

Les souffleurs prennent une forme en torpille – qui améliore aussi leur hydrodynamisme. Et ils se matelassent d'une couche de lard sous-cutané d'un volume inégalé dans le règne animal. Ce rembourrage de lipides leur sert à la fois d'isolant et de réserve d'énergie. Par endroits, la graisse atteint 1 mètre d'épaisseur chez la baleine franche, et plus de 10 centimètres chez les dauphins. Même nos cochons d'élevage en ont moins ! Pour les grands cétacés, cette réserve d'huile a signifié de grands malheurs : la chasse intensive que les hommes leur ont livrée durant des siècles les a amenés au bord de l'extinction.

Une silhouette en fuseau

Nager. Onduler dans la vague…

Les lois physiques de l'écoulement de l'eau et de l'élimination des tourbillons parasites sont identiques pour tous les objets – bateaux, poissons ou cétacés – qui se meuvent dans le fluide aquatique. Le mammifère marin doit être capable d'aller vite pour attraper son dîner. Il doit nager longtemps pour migrer jusqu'aux lieux de ses ripailles ou de ses amours. Il est confronté à des conditions difficiles – écueils, courants, tempêtes, cyclones…

Le cétacé sculpte son organisme en fuseau, afin d'avancer en gaspillant le moins possible de calories. Il acquiert la même forme que le poisson ; ou, parmi les reptiles du Secondaire, que l'ichtyosaure. Son corps s'allonge, se modèle en courbes élégantes et finit par obéir à une mathématique de l'ellipse et de la parabole. Rien qui brise la perfection des lignes… La tête s'arrondit en bulbe. Le museau fend le fluide comme une étrave. Les membres régressent, et avec eux toutes les aspérités susceptibles de gêner l'écoulement de l'eau. Même les organes génitaux et les mamelles se fondent dans la silhouette, dissimulés dans des sillons du ventre. Les oreilles externes et les poils disparaissent. Les pattes postérieures s'atrophient. Les pattes antérieures se muent en nageoires. La queue, néoformée, augmentée de deux lobes aplatis dans le sens horizontal, améliore la propulsion.

Du point de vue anatomique, il n'existe aucune différence essentielle entre les cétacés et les autres mammifères : juste des variantes. Le plan du corps est le même. La répartition des organes mous (le cerveau, la langue, les poumons, le cœur, l'estomac, l'intestin, le foie, la rate, les reins, la vessie, etc.) ne présente que des changements mineurs par rapport à celle qu'on observe chez le chat, la souris ou l'homme. L'un des traits originaux est que les testicules sont internes chez le

La tête au bec court et charbonneux du dauphin à flancs blancs
du Pacifique, ou « à dents obliques ».

dauphin et la baleine mâles, alors qu'ils logent dans un scrotum externe chez leurs homologues terrestres.

Des transformations plus importantes concernent le squelette et la musculature. Les os du cétacé n'ont pas pour fonction principale de supporter la masse du corps : dans l'élément liquide, à cause de la poussée d'Archimède, celui-ci ne pèse à peu près rien. Ils servent de points d'ancrage pour les muscles. Ils ont besoin d'être solides : c'est pourquoi leur couche externe est compacte. Mais ils doivent rester légers, afin de ne pas accroître la densité moyenne de l'organisme, voisine de celle de l'eau. En leur centre, on trouve un tissu spongieux, peu minéralisé, riche en vaisseaux sanguins et pourvu de lacunes emplies d'une graisse qui les allège.

Le squelette compte pour à peine 17 pour 100 du poids total du corps, et se répartit d'une façon différente de celle qu'on observe chez les mammifères terrestres : 45 pour 100 de cette masse vont au crâne et aux côtes, 45 pour 100 aux vertèbres, et seulement 10 pour 100 aux membres.

Un crâne asymétrique

Le crâne des cétacés présente une architecture curieuse. Une hypertrophie, un étirement des os maxillaires et prémaxillaires, ainsi que du vomer, en allonge les mandibules, souvent jusqu'à former un bec – ou rostre. Telle est l'origine du fameux « nez de Cyrano » du dauphin, ou de la « godasse bâillante » de la grande baleine !

Au contraire, la boîte crânienne est courte, large et surélevée. Au cours de l'évolution, les os y ont subi un violent télescopage de l'avant vers l'arrière. L'anatomiste les repère et les identifie tous, mais déformés, réorganisés, voire soudés ou fusionnés. Le développement de l'individu copie celui de l'espèce (ontogenèse et phylogenèse se ressemblent) : le fœtus subit cette compression *in utero* lors du dernier mois dont il jouit dans le ventre de sa mère.

Chez les cétacés à fanons, les deux mandibules composent une arche colossale, un monument qui ménage à la bouche un volume maximal pour aspirer l'eau, puis filtrer le plancton grâce à l'action de l'énorme langue. Chez les cétacés à dents, le bec est formé de deux mandibules plus droites, qui laissent un espace frontal en creux où s'installe un organe empli d'une graisse fine : le melon, dont le rôle est essentiel dans l'écholocation.

Chez les dauphins, non seulement les os du crâne se télescopent (certains glissent vers l'arrière, d'autres se décalent et se soudent), mais le crâne devient asymétrique. De telles modifications sont requises par la migration des narines en position dorsale (elles deviennent évents ; bientôt, on n'en compte plus qu'une) et par l'acquisition d'un sens perfectionné de l'audition. Les os de la mâchoire supérieure soutiennent un système de muscles analogues à ceux que nous utilisons pour remuer nos lèvres et nos narines : mais ceux-ci se mobilisent de façon différente. La réduction des os de la joue induit une séparation entre le front (par où passent les émissions sonar) et l'arrière du crâne (qui en reçoit l'écho). Les oreilles internes, dont les os (marteau, enclume et étrier) sont épaissis et modifiés, se trouvent au cœur d'un complexe de sinus. Les oreilles droite et gauche sont bien séparées, de façon à mieux indiquer à leur propriétaire de quel côté viennent les sons.

La colonne vertébrale

Le reste du squelette se trouve, lui aussi, plutôt modifié. La colonne vertébrale est à la fois souple et puissante : elle conditionne l'efficacité de la nage.

On dénombre sept vertèbres cervicales, comme chez les autres mammifères, y compris la girafe. Mais elles sont courtes, souvent soudées, un peu plus libres et mobiles chez le bélouga et les dauphins de rivière (dauphin rose d'Amazonie, *susus* de l'Indus et du Gange). La brièveté et la rigidité du cou contribuent à l'efficacité de la nage en réduisant la puissance des tourbillons engendrés par la tête, qui ballotte moins lorsque la queue godille.

Les vertèbres dorsales (thoraciques, lombaires, sacrées et coccygiennes) sont grosses et en nombre variable selon les espèces. Dans la plupart des cas, on en recense une quarantaine. Il y en a trente-trois chez le dauphin rose d'Amazonie, mais quatre-vingt-dix chez certains marsouins, comme celui de Dall. Même si leur taille diminue en allant vers la queue, elles sont toutes semblables et composent un ensemble rigide. Leur mouvement n'est assuré que par le jeu des disques intervertébraux. Elles dessinent un arc de cercle : c'est sur cette structure, hérissée de longues et fortes pointes (ou apophyses), que les muscles propulseurs prennent appui. Les vertèbres sacrées se rehaussent de chevrons en V, qui tiennent lieu de crêtes d'attache annexes pour les muscles releveurs de la queue.

Les côtes et les membres

Longues et frêles, les côtes sont au nombre de douze ou treize paires. Elles ne sont pas solidement attachées à la colonne vertébrale, ni au sternum (lequel est scindé en plusieurs pièces). Elles composent une cage thoracique légère, qui n'a pas à supporter les effets de la gravité terrestre, que compense la poussée d'Archimède de l'eau.

Lorsque, par malheur, le cétacé s'échoue, cette économie de matière devient un handicap : l'animal s'étouffe peu à peu sous son propre poids.

Les pattes postérieures ont disparu. Ne subsistent du bassin (ou ceinture pelvienne) que deux fragments osseux insignifiants, noyés dans les chairs molles, détachés de la colonne vertébrale, et sur lesquels s'ancrent les muscles rétracteurs du pénis chez le mâle. Les cétacés à dents n'ont plus trace d'os de la jambe ; à l'exception, chez le cachalot, d'un vestige de fémur. Chez les baleines à fanons, on identifie encore un fémur et un tibia internes, mais rudimentaires, situés en face de l'anus, et qui ne saillent au-dehors que chez le fœtus.

Les pattes de devant s'insèrent sur une épaule (ou ceinture scapulaire) où l'on reconnaît deux lames aplaties (les omoplates), mais pas de clavicules. Les os du bras (humérus, radius et cubitus) sont courts, mais solides ; plus trapus et plus simples que chez les mammifères terrestres.

La main est ample, large, efficace et caressante ; modifiée en nageoire – ou battoir. Son squelette se compose d'un carpe à cinq os soudés et d'un métacarpe agrandi.

Les archéocètes disposaient de cinq doigts. Les cétacés modernes ont, pour la plupart, perdu le pouce. Les anatomistes écrivent que la main à quatre doigts du dauphin ou de la baleine est « hyperphalangique » : les doigts II (index) et III (majeur) s'allongent de façon démesurée pour mieux accroître la surface de l'organe, qui devient une puissante rame. On y compte jusqu'à quatorze phalanges chez le globicéphale (baleine-pilote) noir, justement dit « à longues nageoires ».

Salut de la main dans les vagues : l'amitié du dauphin commence avec l'évolution de son squelette !

Mer alanguie...
Les doigts du souffleur
Caressent le ventre de l'eau.

Locomotion

Torpilles dans l'écume

Rien n'est élégant comme le cétacé qui nage. Mobilis in mobile, *« Mobile dans le mouvant »: ainsi Jules Verne qualifiait-il le sous-marin* Nautilus *du capitaine Nemo. Cette devise vaut pour le dauphin.*
Véhicule idéal au sein du Bleu !

En mer Rouge, près d'Eilat, golfe d'Aqaba... Un camp de sable blanc entre des pilastres de corail rose et mauve. L'eau est limpide. La scène irradie une lumière de rêve.

Un dauphin tursiops s'approche, « sourire » au coin de la bouche. Le corps puissant, la peau gris-bleu, il ondule avec grâce. On dirait qu'il avance sans effort. À peine un frémissement de queue, et il bouge. Une esquisse de coup de battoir, et il bascule sur le flanc, puis sur le dos. Une palpitation de la caudale, et le voilà debout dans l'eau, attentif au plongeur...

On jurerait que l'animal possède la substance de l'élément liquide. Qu'il en procède. Qu'il tire son énergie d'une magie aquatique.

Les dauphins sont des machines nageantes. Pour des animaux dotés de poumons et non de branchies, et qui doivent, à intervalles réguliers, venir en surface expulser l'air vicié et prendre de l'oxygène, le milieu liquide n'est pas facile à dominer. L'eau de mer est huit cent fois plus dense que l'air, c'est-à-dire bien plus visqueuse. Elle résiste à la progression des objets en son sein. Pour s'y propulser sans gaspiller l'énergie, de subtiles adaptations s'imposent.

Convergence de formes

L'océan regorge d'opportunités, de nourriture, de niches écologiques. Difficile de résister à son appel ; à condition de s'en donner les moyens... Les cétacés ne sont pas les premiers vertébrés tétrapodes à tenter le retour à l'eau, que les amphibiens avaient quittée au Dévonien. Plusieurs groupes de reptiles s'y sont essayés à l'ère Secondaire : les crocodiles, les tortues, les mosasaures et les reptiles marins au sens strict. Ces derniers ont régné durant 150 millions d'années sur les mers. Avec leur long cou et leurs quatre pattes étalées en rames, les nothosaures et les plésiosaures ont ressemblé à la créature qui (selon la légende) hante encore le loch Ness, en Écosse. Les ichtyosaures (les « lézards poissons »), chasseurs de mollusques céphalopodes (nautiles, ammonites, bélemnites...), ont été les mieux taillés pour la nage. Ils ont réinventé la forme « requin » : corps en torpille, museau pointu, muscles puissants.

C'est ce modèle évolutif que suivent à leur tour les cétacés. La convergence de formes entre les squales (des poissons),

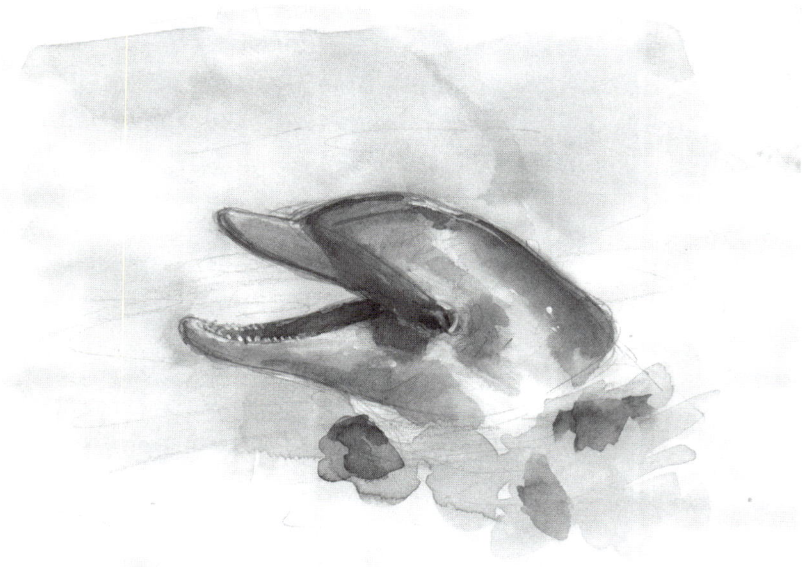

Le retour à la mer est un défi pour les mammifères.
Respirer dans l'atmosphère alors qu'on vit dans l'eau implique des adaptations complexes.

les ichtyosaures (des reptiles) et les dauphins (des mammifères) est un « classique » de l'histoire naturelle et de l'anatomie comparée.

Elle prouve à quel point les solutions sont rares pour accéder au rang de prince de la mer.

Vitesse de pointe

L'adaptation des cétacés à la nage est fascinante. Qui les a fait rois ? Les hasards entremêlés du « génial bricolage » génétique cher à François Jacob...

À quelle vitesse se déplacent ces animaux dans le fluide aquatique ? Tout dépend, bien sûr, de la situation ; de l'urgence... Les dauphins et les baleines effectuent de longs voyages en rythme de croisière – au calme, presque à la paresseuse, à environ 5 à 6 nœuds (9 à 10 kilomètres/heure). La plupart des espèces se propulsent volontiers à une vitesse plus soutenue sur des dizaines de milles ; mettons, à 10 nœuds (18 kilomètres/heure).

En pointe, lorsqu'il s'agit de fuir un danger ou, à l'inverse, d'attaquer un ennemi ou une proie, les chiffres deviennent impressionnants. On a vu divers dauphins (tursiops, commun, bleu et blanc, tacheté, fileur, à flancs blancs, faux-orque, orque, globicéphale, etc.) rattraper et dépasser des Zodiacs, des bateaux de plaisance, des navires de commerce ou de guerre lancés à 30 nœuds (55 kilomètres/heure) ou davantage. Juste pour « s'amuser » ; preuve qu'en cas d'absolue nécessité, ils ont de la ressource !

Parmi les souffleurs, le record du monde sur courte distance semble détenu par l'orque épaulard, qui gicle à 40 nœuds (75 kilomètres/heure) ! Notons que, si c'est rapide, cela n'égale pas la célérité des grands poissons, comme les marlins, les voiliers, les espadons et les thons. On a chronométré ces derniers à 55 nœuds (plus de 100 kilomètres/heure).

Le paradoxe de Gray

Les dauphins vont vite. Or, à première vue, les lois de l'hydrodynamique semblent leur interdire les allures qu'ils atteignent en réalité !

C'est en 1936, puis à nouveau en 1948 (dans la revue scientifique *Nature*), que le biologiste James Gray énonce son célèbre « paradoxe des cétacés » : ceux-ci nagent plus vite que la morphologie de leur corps et la puissance de leurs muscles ne semblent le permettre !

On connaît la puissance moyenne du muscle de mammifère : 16,5 watts par kilogramme. On calcule le poids total de la musculature dont dispose l'animal. Sachant la masse du sujet et la résistance de l'eau au déplacement d'un objet de même dimension et de même forme, on constate que cela ne devrait pas fonctionner ! Pour obtenir la quantité de mouvement observée, l'énergie disponible devrait être cinq à dix fois plus grande !

Bien sûr, il y a un truc. Non pas « un », mais « des » subterfuges… Les secrets de la nage du dauphin constituent l'un des plus passionnants chapitres de la science naturelle.

En premier lieu, il faut rappeler que l'animal n'avance pas en ramant avec ses mains élargies en palettes ou en spatules, comme le font encore, en partie, l'otarie ou la loutre. Les battoirs ne remplissent qu'un rôle mineur dans la propulsion. Ils assurent l'équilibre du corps dans les plans horizontal et vertical. L'animal les actionne pour récupérer son assiette, donner un coup d'accélérateur, freiner ou déclencher un virage (à droite ou à gauche, en haut ou en bas : dans le fluide, les trois dimensions comptent).

N'oublions pas que ces appendices sont aussi – et restent – des mains, et que leur fonction sociale est importante. Ils savent faire des signes, tâter, palper, caresser – ou gifler !

L'aileron dorsal n'est pas mobile et ne recèle ni squelette, ni rayons (au contraire des nageoires des poissons). C'est un duplicata de peau, gonflé de tissu conjonctif et fibreux, qui fait saillie vers le haut. Il maintient l'équilibre. C'est un stabilisateur, une dérive supérieure, inversée par rapport à celle de la coque des bateaux.

Cet appendice, souvent en triangle à pointe arrondie ou en faux, peut être en demi-cercle (chez le dauphin d'Hector) ; parfois, en glorieuse bannière, comme chez l'orque épaulard ; ou en croc juché sur un amas de graisse, comme chez le dauphin *sousa* (ou à bosse) ; voire en trapèze écrasé, comme

Nager, mais aussi sauter (ici, le tursiops) : comment avancer vite dans l'océan en économisant l'énergie…

chez le plataniste de l'Indus et du Gange. L'aileron dorsal n'existe d'ailleurs pas chez toutes les espèces : le narval, le bélouga, le marsouin aptère, les lissodelphes austral et boréal n'en ont aucun ; ou à peine un bourrelet. Chez ces derniers, la forme générale du corps change : il y a aplatissement dorso-ventral.

Un harmonieux balancement

La queue du cétacé paraît magique. Elle est non seulement puissante, mais gracieuse. Comme disait Herman Melville dans *Moby Dick*, elle semble « intelligente ». Elle sert à communiquer. Elle parle. C'est le support d'un langage des gestes, l'instrument d'un code, presque un sémaphore.

Ses deux lobes aplatis, en partie séparés par une encoche médiane, sont en triangle ou en faux. Ils atteignent une taille considérable chez les grandes baleines et le cachalot – une envergure totale de 7 mètres chez la baleine bleue ; 1,50 mètre chez le globicéphale, le narval ou l'orque. Ils plient et se tordent pour donner des impulsions dans un sens ou l'autre. L'ensemble reste élastique et assez rigide pour assurer la propulsion.

Il ne s'agit pas de pattes postérieures modifiées en nageoires, comme chez les pinnipèdes (phoques, morses et otaries), mais d'un organe néoformé, créé de toutes pièces par l'évolution, constitué de tissu conjonctif, de fibres musculaires et de tendons. Sous la peau, on trouve trois couches de tissus : d'abord, une strate de lard renforcée de fibres croisées ; puis une strate de fibres transverses, qui s'insèrent sur les pointes (apophyses) des dix dernières vertèbres ; enfin, une couche profonde de fibres longitudinales.

La locomotion du cétacé ressemble à une grâce. Elle consiste en un balancement sinusoïdal, dans le sens vertical, alors que le poisson ondule dans le plan horizontal (comme le faisait aussi l'ichtyosaure).

Une harmonie !

Le dauphin se propulse en actionnant des muscles puissants, qui prennent appui sur les pointes (apophyses) de ses vertèbres et font osciller son corps autour de l'axe de ses épaules. Afin de mieux saisir ce mouvement, on a étudié (en bassin, en les colorant et en les filmant au ralenti) les filets d'eau qui fuient le long du corps de l'animal. Le cétacé commence par relever la queue, en raidissant les lobes de sa caudale : ce coup vers le haut engendre un tourbillon (un vortex) sous l'organe propulseur. Une dépression prend naissance sous le corps, qui se trouve projeté vers l'avant et le bas. Les battoirs étalés contrecarrent la descente en jouant le rôle d'ailes – « deux hydroplans biologiques », selon le cétologiste Kenneth S. Norris. À ce moment, l'eau se trouve en surpression sur le dos. Elle s'échappe en oblique sur les flancs et la queue, vient combler la dépression inférieure, et éteint le vortex. Les lobes de la queue se détendent, replient leurs extrémités vers le haut : la caudale descend. Par contrecoup, la tête remonte – d'autant plus vite qu'elle est moins dense, car plus riche en graisses.

Et tout recommence…

Tuer les turbulences

Les turbulences – les tourbillons parasites – constituent la principale cause du frottement qui ralentit la nage. Quand ils avancent, les bateaux des hommes (comme les avions ou les automobiles dans le fluide aérien) sont soumis à ces forces contraires, que les ingénieurs tentent de réduire pour améliorer le rendement des véhicules.

Tel est, aussi, le souci de l'évolution quand elle pétrit les créatures aquatiques. Le but est de chasser, d'éliminer, de « tuer » les tourbillons parasites. D'anéantir les vortex ennemis de la glisse... Il s'agit d'organiser la fuite la plus rapide possible de l'eau autour de l'animal. Les spécialistes parlent d'un « écoulement laminaire ».

Les cétacés disposent de dispositifs biologiques antitourbillonnaires dont on est loin d'avoir exploré les secrets. Leur tête en bulbe d'étrave (avec ce bec qui fend l'eau), leur corps en torpille, leur aileron dorsal, leurs battoirs et la structure particulière de leur caudale allongent, divisent et annihilent les remous nés de leur progression. Le balancement sinusoïdal de leur queue accélère les particules liquides, et les éjecte loin en arrière, là où elles ne peuvent plus engendrer de frottements perturbateurs.

La peau nue joue un rôle essentiel. Ayant perdu ses poils, elle participe subtilement de la chasse aux turbulences. Elle est douce et satinée. Son épiderme se creuse d'innombrables sillons qu'on ne voit qu'à la loupe : ces reliefs, analogues à ceux qui dessinent nos empreintes digitales, courent dans le sens longitudinal. Ils captent et guident les mini-courants d'eau. Ils les étalent ou les resserrent, les aplatissent en lames et les envoient vers l'arrière.

Une peau intelligente

Mieux : la peau entière du cétacé peut être qualifiée d'« intelligente » ! Bien sûr, elle ne pense à rien de spécial, mais elle s'adapte – à la fraction de seconde près – aux impératifs de la locomotion.

La partie profonde du derme (qu'on appelle le « chorion ») offre une structure originale, avec des papilles qui recèlent des boucles de vaisseaux sanguins capillaires : cela évite à l'épiderme de se rider, et favorise la fuite de l'eau vers l'arrière. En outre, l'afflux de sang libère des calories qui créent une microcouche aqueuse plus tiède, donc moins dense et moins visqueuse que le fluide ambiant : rendement accru.

Une autre manière d'améliorer la glisse consiste à lubrifier. Les poissons sécrètent un mucus qui s'étale en film gras sur leurs écailles. Les cétacés exsudent des gouttelettes d'huile et des hydrates de carbone qui jouent le même rôle. Certains d'entre eux possèdent, sous les yeux, des glandes d'où sourd une substance lipidique filandreuse, qui s'étire et se répartit sur le corps pour mieux faire glisser les filets d'eau.

Le physiologiste allemand M. O. Kramer a découvert plus subtil encore. Le cétacé possède une peau flexible, avec un épiderme muni de microconduits verticaux gorgés d'eau : ceux-ci se déforment en éliminant une bonne part des tourbillons parasites.

On s'est, enfin, rendu compte que la peau du dauphin recèle un réseau serré de terminaisons nerveuses sensibles à la pression. Ces organes du toucher décèlent le moindre microcourant local. Des muscles cutanés réagissent immédiatement, de façon réflexe : ils déforment le derme et l'épiderme sur quelques millimètres carrés, et « tuent » un par un les microtourbillons dont l'addition freine la progression aquatique des piètres nageurs dont nous sommes.

Telle est la « ruse » ultime de la peau des cétacés ! Les ingénieurs navals humains s'inspirent de ce modèle dans des travaux de bionique qui nous permettront peut-être, un jour, de disposer de véhicules de transport sous-marins qui fileront à toute vitesse, en ne consommant presque pas d'énergie…

Lorsque les ruses anatomiques, histologiques et physiologiques ne suffisent pas, les dauphins disposent d'une ultime astuce pour nager plus vite et à moindres frais : ils redeviennent en partie aériens. Pour ainsi dire, en pointillés… Ils « marsouinent ». Ils enchaînent les sauts rapides en surface. Chaque fraction de seconde passée à « voler » dans l'atmosphère (où la résistance à l'avancement est plus faible que dans l'eau) accélère leur allure et économise leur énergie.

Torpilles vivantes, machines nageantes !

Pour la plus grande joie des enfants de 7 à 77 ans…

Dauphins qui marsouinent :
Embruns de vie
Soulevés par le vent.

Respiration

Plonger aux abysses

Plonger… Descendre dans l'océan, traverser le bleu, oublier la lumière du Soleil, se fondre dans le noir… Nager vers le bas, jusqu'aux éternelles ténèbres des abysses ! Les cétacés ont osé. Ils ont appris l'art de plonger.

Fumées et brumes sur la mer d'Islande. Une île nouvelle… Un volcan sous-marin a crevé la surface. Il vomit l'or et la pourpre de sa lave, et lance dans l'air un panache de fumées et de cendres. Fracas des origines. La terre, l'eau, l'air et le feu : puissance des quatre éléments.

À quelques milles au large, un bec gris procède, lui aussi, de la vague. Il est suivi d'un front en demi-sphère – un volumineux melon, au bas duquel luisent deux yeux noirs. À l'arrière du crâne, un évent s'ouvre et crache un panache argenté de la même forme que les exhalaisons du cratère.

Un cétacé. Un hyperoodon…

L'animal reste un moment en surface. Il expire et inspire plusieurs fois, puis bascule et s'enfonce, la tête la première, droit comme un « I ». Il réintègre le mystère des eaux.

Dans l'Atlantique Nord, l'hyperoodon boréal *(Hyperoodon ampullatus)* fait partie de cette famille de grands dauphins qu'on appelle « baleines à bec » ; pour la science : « ziphiidés ». C'est l'un des cétacés les plus doués pour la plongée. Un pensionnaire attitré du *Livre des records.* Une perfection respiratoire !

Records en apnée

L'hyperoodon est un champion de l'apnée – de la plongée « naturelle », sans autre oxygène que celui que le corps emporte, et à laquelle sont contraints les animaux à poumons, y compris les hommes lorsqu'ils n'ont pas de scaphandre. Comme son cousin du sud, l'hyperoodon boréal disparaît souvent 1 heure sous la surface. Parfois 1 heure et 30 minutes, autant que le cachalot macrocéphale. Voire 2 heures, record en cours ! Il descend à 1 500 ou 2 000 mètres (le cachalot dépasse les 3 000 : en 1932, l'un de ces géants s'est pris dans un câble de téléphone sous-marin, par 3 050 mètres, au large de la Colombie).

Ces animaux sont les visiteurs privilégiés d'un univers du froid, de la nuit éternelle et des pressions gigantesques, où l'homme ne peut pas s'inviter ; sauf dans un bathyscaphe...

Depuis l'époque des baleiniers, quand les cétacés plongent, on dit qu'ils « sondent ». Ces mammifères méritent leur surnom de « machines plongeantes ».

Les cachalots et les hyperoodons sont champions dans cet exercice. Mais tous les représentants de l'ordre y excellent. On a vu un globicéphale demeurer 1 heure et 30 minutes sous la surface, et un bélouga (certes, affolé par des chasseurs) tenir 70 minutes sans reprendre son souffle. L'orque, le faux-orque et le dauphin de Risso s'immergent souvent plus de 30 minutes. Les dauphins de taille moyenne ou petite restent d'ordinaire 5 à 8 minutes engloutis, mais ils poussent à 12, 15 ou 20 lorsqu'ils se sentent en danger.

La plupart de ces animaux descendent, s'il le faut, traquer leurs proies à plusieurs centaines de mètres sous la surface : 500 ou 600 ne leur font pas peur. Mais, même s'ils en ont la capacité physique, le tursiops et les souffleurs de dimensions analogues se risquent rarement plus profond. Il est exceptionnel que de grands bancs de poissons ou de calmars se promènent dans les abysses, et les cétacés sont comme tous les prédateurs : partisans du moindre effort. Sans nécessité d'accomplir un exploit, ils le méprisent !

Est-il absurde d'imaginer que ces animaux intelligents, donc curieux, s'immergent parfois très bas juste pour « voir » ? On ignore presque tout de leurs incursions au Grand Noir, qu'aucun humain n'a jamais vues ni filmées. Pour en savoir davantage sur leur comportement aux profondeurs extrêmes, il faudrait capturer des sujets, les équiper d'appareils de mesure ou les suivre en submersible.

On a parfois tenté, mais jamais vraiment réussi, ces « manipes » scientifiques.

Respirer dans la mer

Pour tous les animaux, l'oxygène constitue la première source d'énergie, avant la nourriture. Être mammifère signifie qu'on a une température constante et un taux de métabolisme élevé. On devient plus fort, plus rapide et plus endurant, mais on consomme encore davantage de gaz vital. On est contraint de revenir régulièrement s'approvisionner en surface. Forcé de remonter respirer dans l'atmosphère.

Le sang chaud dans la mer offre des avantages, mais exige des adaptations. Les mammifères marins ont subi de notables modifications respiratoires. Leurs narines, transformées en évents, ont migré sur le sommet de leur crâne, afin de faciliter la prise d'air à la frontière des vagues. Leur diaphragme s'est renforcé pour améliorer leur rendement pulmonaire. Et toute communication a été coupée entre leur système respiratoire et leur système digestif, de façon qu'ils puissent manger sous la surface sans se noyer.

Les évents – les narines – sont au nombre de deux chez les baleines à fanons. Ils fusionnent en un seul chez les cétacés à dents : le droit s'amincit, s'atrophie et seul un petit canal l'unit à l'autre. L'orifice externe, en position occipitale, a la forme d'un ovale, d'un croissant, d'un S allongé ou d'une fente oblique. Il est bordé de deux lèvres constituées d'un tissu élastique, que sous-tendent des sphincters. L'ouverture s'effectue lorsque deux muscles dilatateurs (l'antérieur et le postérieur) se contractent. Cela exige un ordre du système nerveux central.

La respiration des cétacés n'est pas réflexe, mais volontaire. Elle implique un état de conscience.

Chez les odontocètes, l'unique évent est pourvu de deux cavités latérales : les sacs vestibulaires. Ceux-ci comportent eux-mêmes des annexes : un saccule et un sac prémaxillaire. L'ensemble se gonfle d'air sous l'eau et garantit l'étanchéité durant la plongée. Ne conviendrait pas que, sous l'effet de la pression, la précieuse narine se mette à fuir !

Les conduits nasaux postérieurs vont vers le larynx, qui s'achève par une valve de sécurité en cartilage – une épiglotte énorme, hypertrophiée, en bec de canard, à laquelle succède un nouveau sphincter. Ce larynx ne possède pas de cordes vocales, mais des fibres vibrantes : pièces essentielles du sonar et de la fonction du langage.

Grâce au bec de canard de l'épiglotte, l'appareil respiratoire et l'appareil digestif se trouvent séparés. Les voies aériennes forment une sorte de tube qui traverse l'oesophage, lequel est d'ailleurs divisé en deux (les aliments empruntent tantôt la branche de droite, tantôt celle de gauche). Cette anatomie permet à l'animal d'ouvrir la bouche dans l'élément liquide sans avoir les poumons inondés. Le cétacé ne risque jamais de « boire la tasse » ni « d'avaler de travers ». En revanche, il n'a pas la possibilité de respirer par la bouche : d'où l'importance, pour lui, d'avoir les évents sans infections, ni mucosités ; bien dégagés ! Faute de quoi, il s'asphyxie !

Universel symbole du souffle

Souffle de dauphin, souffle de vie !

Universel symbole du souffle...

Chez les cétacés, la trachée-artère est longue. De même que les bronches et les bronchioles qui lui font suite, elle a des parois épaisses, renforcées d'anneaux de cartilage capables de résister à la pression ; de lutter contre l'écrasement qui risquerait de survenir dans les profondeurs...

Les poumons sont riches en tissus élastiques et possèdent de nombreux alvéoles plutôt larges. Mais, relativement à la taille de leurs propriétaires, leur volume total n'a rien d'exceptionnel.

Le souffle sur la vague permet d'identifier les espèces de loin ; du moins, chez les plus grandes. Au temps des baleiniers, il a donné lieu à une mythologie. « Là ! Elle souffle !... », lançait la vigie ; et les marins de mouiller les chaloupes, puis de souquer. Debout à l'avant, le harponneur brandissait le fer... De nos jours, les guetteurs du large sont pacifiques, mais les *whalewatchers* reprennent avec émotion le cri des « piqueurs » ; sur le mode émerveillé.

Les scientifiques analysent la nature du panache. Pour eux, cette colonne argentée qui grimpe dans l'atmosphère (à 12 ou 15 mètres chez la baleine bleue, mais quelques décimètres chez le marsouin) est un aérosol qui jaillit sous pression des voies respiratoires. On y trouve de l'air vicié, donc de l'azote, du gaz carbonique et de la vapeur d'eau venus des poumons ; un peu d'eau qui s'était insinuée dans les annexes des narines lors de l'inspiration, et que la puissance du souffle pulvérise ; ainsi qu'une fine émulsion de gouttelettes de lipides arrachées aux parois des bronches et de la trachée.

Lorsque le diaphragme et les muscles de la cage thoracique se contractent, l'animal projette avec force (et un bruit de canon chez les géants) ce bouquet irréel où s'inscrivent des arcs-en-ciel. La détente (dite « adiabatique ») des gaz induit une chute brutale de leur température, qui condense la vapeur d'eau et rend le panache visible même dans la touffeur des tropiques.

Sortilège à l'horizon...

Tenir sa respiration

Chez l'homme, la capacité de tenir sa respiration n'excède guère 1 à 2 minutes. Le record (chez des champions de l'apnée, en piscine et sans mouvement) avoisine 7 minutes.

Un mammifère terrestre qui bloque son souffle subit divers désagréments. Sa glotte se ferme. La pression monte dans ses poumons. Peu à peu, le manque d'oxygène dans le sang fait souffrir le cœur, qui s'épuise à tenter en vain d'alimenter les organes. L'accroissement du taux de gaz carbonique dans certaines zones du cerveau stimule les centres réflexes de la respiration. Le besoin d'inhaler augmente, devient irrépressible. Ou bien de l'air frais envahit les bronches, ou bien c'est la syncope.

Le cétacé échappe à ces soucis. Comment ?

On pourrait penser que le dauphin et la baleine disposent d'une capacité pulmonaire hors du commun. Ce n'est pas le cas. Les poumons d'un homme de 70 kilogrammes contiennent environ 5 litres d'air. Ceux d'un tursiops (quatre fois plus lourd) en recèlent 10 ; en proportion, deux fois moins.

D'autres adaptations font la différence.

Le tissu pulmonaire du cétacé est farci de microfibres élastiques qui en augmentent la souplesse et l'efficacité. Les muscles annulaires des bronchioles empêchent l'air de refluer vers l'extérieur sous l'effet de la pression. Les alvéoles du dauphin sont trois fois plus nombreux que les nôtres (450 millions contre 150). Ils sont surtout garnis d'une double couche de vaisseaux capillaires, ce qui améliore la vitesse et le rendement des échanges gazeux. Chez le cétacé, le sang prélève 10 pour 100 de l'oxygène contenu dans les alvéoles, contre 5 pour 100 chez l'homme. L'air résiduel (non utilisé) constitue 40 pour 100 du volume total chez nous, seulement 10 pour 100 chez le dauphin. À chaque inspiration, le mammifère marin renouvelle 80 à 90 pour 100 de ses réserves respiratoires, contre 10 à 20 pour 100 pour nous.

Ces dispositifs et cette efficience n'empêchent pas qu'en sondant, le cétacé emporte dans ses poumons une provision d'air limitée. Pas assez, en tout cas, pour survivre à des apnées de plus de 10 minutes ; d'autant qu'il s'agit de plongées actives, pour la chasse, les amours ou la fuite, et qui brûlent beaucoup d'énergie.

Il existe d'autres secrets.

Décomposée, une séquence de nage et de respiration, réalisée dans son fleuve par un plataniste (ou *susu*) du Gange.

L'animal qui se prépare à descendre sous la surface s'hyperventile longuement au ras des vagues. Il souffle et inspire durant de longues minutes. Il sature en oxygène son sang et ses muscles. Lorsque nous nous trouvons dans l'eau, nous tirons 34 pour 100 de notre oxygène de nos poumons, 41 pour 100 de notre sang, 13 pour 100 de nos muscles et 12 pour 100 de nos autres tissus. Chez le dauphin, les proportions sont différentes : l'animal n'en extrait que 9 pour 100 de ses poumons et 9 pour 100 de ses autres tissus, mais 41 pour 100 de son sang et 41 pour 100 de ses muscles.

Par unité de volume, le sang du cétacé recèle 1,3 à 1,4 fois plus d'hémoglobine que le nôtre ; et davantage de globules rouges pour transporter cette protéine : 10 millions par millimètre cube, contre 5 dans notre cas.

Surtout, les muscles du dauphin développent une merveilleuse capacité à emmagasiner l'oxygène. Grâce à la myoglobine…

On appelle ainsi une famille de protéines que tous les mammifères possèdent dans les fibres de leurs muscles rouges, mais qu'on observe en plus grande quantité chez les pinnipèdes et les siréniens, et davantage encore chez les cétacés. L'hémoglobine du sang est rouge vif, la myoglobine grenat, presque noire. Toutes deux s'organisent en longues molécules dont le cœur est un atome de fer. Elles fixent le gaz vital, dont elles sont avides, puis le restituent à la demande.

Économiser l'oxygène

Il ne suffit pas d'emporter le plus d'oxygène possible. Il faut aussi l'économiser. Le cétacé est passé maître dans cet art.

L'un des secrets de cette « magie » consiste, pour l'animal, à ralentir la circulation de son sang dans ses organes périphériques. Seuls les plus fragiles, les plus sensibles au défaut d'oxygène, restent alimentés : le cœur et le cerveau, bien sûr, mais aussi la moelle épinière (qui ordonne les mouvements de la nage), l'appareil sonar (émission et réception), les yeux, les glandes endocrines (surtout surrénales), sans oublier l'utérus et le placenta des femelles enceintes.

L'animal réduit au maximum l'irrigation de la majeure partie de son corps. Le cœur et le cerveau se retrouvent unis par un circuit court. Les organes non immédiatement indispensables à la vie « branchent » leur métabolisme sur une voie de secours qu'on appelle la « catalyse anaérobie ». Les muscles comblent leurs besoins en récupérant l'oxygène stocké dans leur myoglobine : ils sont autosuffisants.

Une vasoconstriction et d'autres phénomènes physico-chimiques diminuent la libération de gaz carbonique et d'acide lactique dans le sang. Le cétacé ressent moins la fatigue et la privation d'air. Il évite le stress qui aboutit à la panique et à l'accélération des battements du cœur.

Car toute économie d'oxygène en apnée passe par un ralentissement du rythme cardiaque. On nomme ce phénomène « bradycardie ». Il a été découvert et décrit dans les années 1870 par le Français Paul Bert. Il touche, à des degrés divers, chaque mammifère (et même chaque vertébré aérien) qui plonge – l'homme et le dauphin, l'hippopotame et le cormoran, le crocodile et l'iguane marin.

Le rythme cardiaque habituel des grands cétacés (baleines, cachalot...) est lent : 20 pulsations par minute. Il est plus rapide chez les espèces de taille inférieure : 70 chez le tursiops, 120 chez le marsouin commun. Lorsqu'il plonge, l'homme voit son pouls ralentir de 70 à 50. Le tursiops passe de 70 à 40, puis à moins de 20 ; l'orque, de 60 à 15 ; le rorqual commun ou le cachalot, de 20 à 5.

L'apnée provoque une sécrétion d'hormones dites « de stress », les catécholamines (adrénaline et noradrénaline), que fabriquent les glandes surrénales et le système nerveux sympathique. Ces substances amènent l'élévation de la tension artérielle et (après une courte phase d'accélération), une diminution du rythme cardiaque. Ce réflexe hormonal s'est accentué chez deux catégories de mammifères : ceux qui vivent dans l'eau (pinnipèdes, siréniens, cétacés) ; et ceux qui habitent encore la poche amniotique de leur mère : les fœtus !

Pendant l'accouchement, le bébé humain résiste au stress du manque d'oxygène de la même façon que le dauphin en plongée !

De ce point de vue, nous avons tous été dauphins un jour... La différence est que le cétacé continue après sa naissance, tandis que nous ne vivons qu'une fois l'expérience.

Les réseaux admirables

D'autres dispositifs contribuent à économiser le précieux oxygène. Chez le cétacé, les deux moitiés du cœur pulsent de façon relativement indépendante. En apnée, le cœur droit (qui pompe le sang des tissus et l'envoie vers les poumons) ralentit davantage encore ses battements que le gauche, lequel approvisionne le cerveau. Le sang vicié des organes ne se déverse pas dans l'oreillette droite, qu'il encombrerait : il stagne dans des expansions veineuses du foie et dans une énorme dilatation latérale de la veine cave.

Encore faut-il irriguer les neurones... L'apport de sang neuf au cerveau, qui ne souffre aucune anoxie, est assuré non seulement par le cœur, mais par des entrelacs de vaisseaux qu'on appelle les « réseaux admirables » (*retia mirabilia*). Ces organes ont été décrits dès la Renaissance par Pierre Belon, dans son *Histoire entière des poissons*. À l'époque, nul ne pouvait en soupçonner la fonction.

Qu'on se représente un écheveau d'artères ramifiées, anastomosées, repliées, situées entre les poumons et les côtes, et des deux côtés de la colonne vertébrale. Ces conduits sont alimentés par les artères intercostales. Lorsque l'animal est en surface et s'hyperventile, ils s'emplissent de sang rouge, dont l'oxygène servira aux neurones lors de la plongée. On trouve des dispositifs analogues chez d'autres espèces, par exemple dans la pelote plantaire des loups et des chiens, sous les pieds des éléphants et des chameaux, ou dans les pattes des paresseux. Mais chez nul mammifère, ils ne prennent un si gros volume que chez le cétacé.

Les accidents de décompression

D'autres problèmes se posent, que connaissent les utilisateurs humains du scaphandre. Comment les cétacés échappent-ils à ces gros ennuis de la plongée que constituent les anomalies de la décompression et l'ivresse des profondeurs ?

Les accidents de décompression sont imputables à la formation de bulles dans les vaisseaux sanguins de ceux qui remontent trop vite, sans avoir eu la patience d'attendre que les gaz dissous dans leur sang soient repassés lentement, en douceur, dans leurs poumons. S'ensuit un dévastateur « effet bouteille de soda » (ou « de champagne »), c'est-à-dire des embolies et des dégâts organiques qui vont des douleurs articulaires à l'hémiplégie, à la syncope et à la mort. Pour éviter ces ennuis, notre espèce respecte de longs, fastidieux et réfrigérants paliers de décompression, codifiés dans des « tables » vitales.

Les cétacés ne connaissent pas ces problèmes. Certes, ils n'utilisent pas de scaphandre et n'inhalent donc pas d'air supplémentaire en plongée. Mais les ennuis de décompression frappent aussi les humains qui enchaînent les apnées. Les pêcheurs de perles polynésiens redoutent ce syndrome, qu'ils appellent *tarawana*. Les dauphins et leurs cousins multiplient les immersions sans souci. Pourquoi ?

D'abord, dès qu'ils atteignent quelques dizaines de mètres de profondeur, ces animaux (dont la cage thoracique comporte de cinq à sept paires de côtes flottantes) ont les poumons en état de collapsus, c'est-à-dire aplatis, inopérants, inutilisables. Les échanges entre alvéoles et capillaires s'annulent.

D'autres mécanismes interviennent. Le sang du dauphin et de ses cousins dissout davantage de gaz que le nôtre, et le restitue plus vite aux poumons lors de la remontée. Ces animaux disposent de réservoirs, de déversoirs sanguins, où ils piègent les bulles d'air qui auraient, malgré tout, la mauvaise idée de se former. Ils comptent pour cela sur leurs sinus veineux et leurs réseaux admirables, qui ajoutent à leur fonction d'oxygénation du cerveau (et de régulateurs de la pression sanguine) celle de précieux auxiliaires dans la phase de décompression.

L'ivresse des profondeurs

L'autre hantise du plongeur se nomme « ivresse des profondeurs » ; plus savamment, « narcose à l'azote ».

Elle est due au fait que l'azote de l'air – un gaz lourd –, non seulement se dissout dans le sang sous pression, mais va se fixer de façon préférentielle sur la graisse des gaines de myéline qui protègent les ramifications des neurones. Il perturbe le passage de l'influx nerveux, et cause des troubles neurologiques graves (perte d'équilibre et de coordination, fous rires ou larmes, euphorie, hallucinations…) comparables à ceux de l'alcool et des psychotropes. L'homme est exposé à ce risque (de façon variable, selon les individus) dès qu'il descend au-dessous de 70 mètres.

Chez le dauphin, nul souci !

L'azote parasite se trouve bloqué dans sa course bien avant d'avoir atteint les neurones. Il est piégé par le mucus mousseux, riche en lipides, qui tapisse les bronches et les bronchioles. Il s'emmagasine dans l'épaisse couche de lard sous-cutané. Et les réseaux admirables jouent, une fois de plus, le rôle de filtres.

Physiologie, adaptation et plaisir de la nage !

Les merveilles des abysses

Tout, dans le cétacé, le destine à plonger.

Cet animal échappe au péril de la phlébite – le caillot de sang dans une veine, qui peut devenir mortel en gagnant le cœur, les poumons ou le cerveau. Son sang possède une vitesse de coagulation très inférieure au nôtre (45 minutes, contre 5 à 10). Chez le dauphin, le liquide de vie est pauvre en plaquettes et en facteur XII (dit « de coagulation »), tandis que l'héparine (un anticoagulant) agit plus fort et plus vite.

Un autre organe joue un rôle fascinant : le melon. Cette bosse du front constitue plus de la moitié du volume de la tête des odontocètes, et même 80 pour 100 chez le cachalot macrocéphale (le bien nommé !). Il s'agit d'un ensemble de fibres musculaires et de tissus conjonctifs, qui forment une poche dans laquelle s'accumulent des graisses – une huile douce et pure qu'on baptise « blanc de baleine » ou « spermaceti » (les anciens baleiniers croyaient que c'était du sperme)…

Les fonctions du melon sont multiples. Cet organe se déforme et participe du langage du corps et des mimiques. Il amplifie et dirige les ondes sonores émises par le sujet, tels les clics d'écholocation : c'est une pièce du sonar.

L'Américain Malcolm Clarke a démontré qu'il intervient encore de manière prépondérante – et stupéfiante – lors des descentes aux abysses. On avait noté qu'il est d'autant plus volumineux que l'espèce est bonne plongeuse ; c'est le cas chez le cachalot, les hyperoodons et les autres baleines à bec, le bélouga, les globicéphales…

Regardons sonder le cachalot…

Ce colosse ose plusieurs fois par jour l'aventure des abysses. Il se prépare en surface. Il souffle avec force et s'hyperventile. Puis il bascule vers le bas, balance un instant la queue dans l'atmosphère, salue le monde et pique à la verticale. Il descend la tête la première, à la vitesse moyenne de 4 nœuds. En 15 minutes, il est à 1 800 mètres (1 mille), le long de la pente continentale où il chasse le calmar géant aux tentacules parfois longs de 20 mètres.

Il coule presque sans dépenser d'énergie, grâce à son melon. L'huile que recèle cet organe est liquide au-dessus de 30 degrés Celsius. Au-dessous, elle fige. À mesure qu'elle cristallise, elle devient plus dense. Dès que le cétacé quitte les couches supérieures de la mer, la température ambiante diminue. Pour refroidir plus vite son melon, le cachalot absorbe un peu d'eau par son conduit nasal droit (qui est atrophié, mais aboutit à l'évent ; sachant que le gauche seul sert à respirer). Le spermaceti se solidifie rapidement, la tête alourdit le corps, qui sombre de lui-même, sans effort et sans gaspillage d'oxygène.

En harmonie.

Après avoir passé une heure à chasser au sonar dans les ténèbres, l'animal inverse la dynamique des températures et des densités. Un réflexe envoie du sang chaud dans son melon. L'huile se liquéfie lentement, son volume augmente, son poids spécifique diminue. Le visiteur des abysses se trouve propulsé vers la surface par la poussée d'Archimède. Une ascension express vers la lumière – à nouveau, un quart d'heure pour un trajet d'un mille – lui fait, à la fin, crever la surface.

Et il lâche dans l'atmosphère son grand souffle de gloire !

La noirceur des abysses
Accouche d'un géant :
Mer mère énigmatique !

ALIMENTATION

Tueurs innocents

Manger pour vivre : les cétacés sont carnivores. Ils occupent le sommet de la pyramide alimentaire aquatique. Dans l'eau, ils jouent le rôle de seigneurs. Ce sont aussi des tueurs. Mais innocents !
Banquets sous la surface...

Non loin de l'archipel des Marquises...

Un écueil affleure. Un rocher dans l'infini de l'océan Pacifique : l'îlot Thomasset... Qui plonge ici découvre la cime arasée d'un ancien volcan – un guyot, pour le géologue. Ce pic au ras des vagues supporte une splendeur de récif tropical, une oasis dans le bleu où se pressent les coraux acropores, montipores et tubipores, les éponges, les anémones de mer et les gorgones ; avec des grouillements de vers, mollusques, crustacés, oursins, étoiles de mer et ascidies ; et des défilés, des fantaisies, des parades, des feux d'artifice de mérous, rascasses, poissons-anges et poissons-papillons, poissons-perroquets et poissons-chirurgiens, lutjans, sérioles, carangues, raies et requins.

Au loin, une agitation règne. Une écume blanchit la surface et annonce l'arrivée d'une troupe marine.

Ce sont des dauphins... Des centaines, des milliers de dauphins... Ils nagent en rangs serrés. Ils foncent. Ils appartiennent à une espèce au museau camus, à la tête et au gros melon ronds, qu'on appelle précisément « tête-de-melon » *(Peponocephala electra)*. La mer bouillonne lorsqu'ils abordent l'îlot Thomasset, tels des pirates en razzia. Confusion de corps gris-bleu, d'ailerons en faux, de caudales en demi-lune, de gueules prêtes à happer les proies. Un spectacle pour les hommes.

Sous la mer, l'ambiance est différente.

Qui plonge, à cet instant, n'aperçoit plus que des coraux et des gorgones aux tentacules rétractés. Plus un poisson, plus un crabe, plus un calmar ni une langouste ! Ceux-ci se cachent au fond des fissures. Terrorisés.

Pour les humains, les dauphins incarnent des « amis ». Pacifiques, curieux, intelligents, sensibles, joueurs, câlins, voire sexuellement provocants... Mais, comme dans *Alice au pays des merveilles*, tout dépend de quel côté du miroir on se trouve. Aux yeux des mollusques, des crustacés et des poissons, les « gentils cétacés » ont une dégaine de tueurs. Ce sont des prédateurs, des semeurs de mort, des Attilas, des assassins aux dents acérées !

Le fanon et la dent

Le festin semble royal. Les dauphins se faufilent entre les coraux, fouinent et débusquent leurs proies. Lorsqu'ils réussissent à lever une harde de poissons-chèvres, poissons-soldats, barbiers ou carangues, ils foncent. Ils assomment leurs victimes à coups de battoirs et les gobent. Ils sont affamés. La table océane est ouverte. Ils s'emplissent le ventre.

Comme avant eux les squales et les poissons cuirassés, les grands poissons osseux (thons, espadons, marlins, voiliers) et les reptiles marins (ichtyosaures et plésiosaures) du Secondaire, les cétacés se trouvent au sommet de la pyramide alimentaire aquatique.

Ils en incarnent les derniers prédateurs.

Les baleines à fanons (mysticètes) ont choisi de manger de petites proies, mais en masse. Elles filtrent leur nourriture. Elles se repaissent de plancton animal (notamment de minuscules crevettes nageuses roses euphausiacées qu'on appelle « krill ») et de poissons grégaires (sardines, anchois, maquereaux...). Elles possèdent, à cet effet, une énorme bouche et une langue colossale (grosse comme un éléphant chez la baleine bleue) ; avec, à la mâchoire supérieure, une palissade de centaines de fanons garnis de franges, qui retiennent les proies dans la gueule – avant déglutition.

Les cétacés à dents (odontocètes) se comportent en chasseurs actifs. Endurants, rapides, musclés, munis d'organes des sens subtils, ils traquent leurs victimes en bandes organisées. Leurs mâchoires n'ont pas les dimensions étonnantes de celles des mysticètes, et s'achèvent souvent en bec (ou rostre). Leurs dents sont pointues, d'ordinaire coniques, parfois triangulaires ou crochues. Elles ne sont pas conformées pour mordre la chair, la couper, le déchiqueter et la broyer, comme celles des carnivores terrestres, mais pour retenir des corps frétillants, à la peau enduite de mucus glissant.

De telles dents sont simples, ancrées dans l'os maxillaire par une seule racine, et toutes semblables : il y a homodontie. Les archéocètes étaient hétérodontes, comme leurs ascendants terrestres. La formule dentaire du pappocète de l'Éocène était la suivante : 3/3 incisives, 1/1 canines, 4/4 prémolaires, 3/3 molaires. Au fil de l'évolution, ces pièces buccales se sont uniformisées, tandis que leur nombre s'est accru.

Les vraies dents de la mer

Chez les cétacés actuels, on observe de notables variations de la denture. Les mangeurs de poissons (ichtyophages) possèdent de nombreuses petites dents pointues. Le dauphin commun en exhibe 40 à 50 par demi-mâchoire, le tursiops 18 à 26, etc. Le record appartient au dauphin de La Plata (60 par demi-mâchoire) et aux sténelles, telle la sténelle à long bec *(Stenella longirostris)*, qui en brandit jusqu'à 65 par demi-mâchoire, soit un total maximal de 260 !

Chez d'autres odontocètes plus puissants – les voilà, les vraies « dents de la mer » ! –, ce nombre est plus faible. On compte 8 à 13 dents par demi-mâchoire chez le faux-orque, 10 à 13 chez l'orque épaulard, 7 à 12 chez le globicéphale, 8 à 11 chez le bélouga, etc. Ces animaux suivent un régime varié, composé non seulement de poissons, mais de calmars, de seiches, de poulpes, de crustacés, de concombres de mer, voire d'oiseaux ou de mammifères.

Le beau marsouin de Dall *(Phocoenoides dalli)*, à la peau noir et blanc, dispose non seulement de 19 à 29 dents en piques par demi-mâchoire, mais de curieuses protubérances des gencives qu'on nomme « dents gingivales », et qui sont chargées de mieux retenir les proies glissantes.

Les cétacés teuthophages (consommateurs de calmars) n'ont souvent plus de dents à la mâchoire supérieure : tel est le cas chez le dauphin gris (ou de Risso) ; et chez le grand cachalot, sur la mandibule inférieure duquel on compte – de chaque côté – entre 24 et 30 énormes dents coniques, hautes de 15 à 20 centimètres et pesant 1 kilogramme. Les baleiniers du temps de *Moby Dick* gravaient des scènes de marine ou de chasse sur ces morceaux d'ivoire, qu'ils appelaient *scrimshaws.*

Certains cétacés ont un nombre total de dents fort réduit. C'est le cas des baleines à bec (ziphiidés). On dénombre 2 à 7 pièces (en général, 2) par demi-mâchoire chez les mésoplodons, et une seule chez les hyperoodons. Souvent l'apanage des mâles, ces dents sont en triangles, puissantes, parfois hautes de 35 centimètres (chez le mésoplodon de Layard). Plus que pour la quête de la nourriture, elles jouent un rôle social. Les « pachas » en usent dans leurs combats rituels. Ils s'infligent des blessures cruelles, mais pas mortelles.

Chez le dauphin rose d'Amazonie, une évolution secondaire a rendu la denture hétérodonte, avec des sortes de « molaires » munies de plusieurs pointes, qui déchiquettent les écailles ou les carapaces les plus dures. Cette évolution « à l'envers » a été imposée par les sérieux arguments de défense des proies du *boto* : raies venimeuses, bizarres tortues matamatas et surtout piranhas...

La corne du narval

Le narval – la « licorne de mer » de la légende – exhibe une « épée » surprenante. Le fœtus de l'espèce possède quatre ébauches de dents à la mâchoire supérieure. L'adulte n'en conserve que deux. Ces pièces d'ivoire, solidement ancrées dans l'os maxillaire, croissent en forme de pointes spiralées, enroulées dans le sens contraire à celui des aiguilles d'une montre.

La dent gauche du mâle s'hypertrophie. Elle perce la lèvre et devient une lance longue de 2 mètres. Record : 3 mètres, pour un diamètre à la base de 8 centimètres et un poids de

10 kilogrammes. La dent droite pousse parfois aussi, mais demeure plus courte. De rares femelles brandissent une arme réduite. On en a vu avec deux petits glaives.

À quoi rime cet épieu ? On a d'abord cru que les animaux l'employaient pour embrocher leurs proies. Les narvals se régalent de calmars, de crabes royaux, de turbots, de flétans, de morues, etc. Mais ils ne perforent pas leurs victimes : ils les gobent, comme tous les cétacés. Ils n'utilisent pas, non plus, leur pointe pour fouiller le sédiment. (On est allé jusqu'à supposer qu'ils avaient causé des marées noires en perforant des oléoducs ; absurde !) Ils ne s'en servent pas davantage pour briser la glace : tant que la banquise est épaisse de moins de 20 centimètres, ils font comme les bélougas ; quelques bons coups de tête, et c'est ouvert !

Le Canadien P. Beamish a formulé, voici peu, une hypothèse surprenante ; et séduisante... La corne du narval serait un amplificateur de sons ; une sorte de réémetteur d'ondes... Une épée, mais acoustique ! L'animal émet des clics d'écholocation sur des fréquences de 10 000 à 30 000 hertz. Il produit aussi des bruits plus graves et des coups de sifflet qu'on entend à 3 milles. Lorsqu'il « parle », sa dent vibre intensément. Elle ajoute du volume et confère une direction précise aux messages. Cette amplification peut avoir deux fonctions.

D'une part, elle permet de fabriquer des sons si puissants qu'ils choquent, déséquilibrent, paralysent même les proies : une variante du « cri qui tue » du karatéka !

D'autre part, elle offre aux mâles la possibilité de s'affronter en « duels » chantés – avec clics, sons et ultrasons. Celui qui possède la plus grande corne ne s'en sert pas pour étriper l'adversaire, mais pour moduler plus fort et plus en harmonie que lui. Il emporte les suffrages des femelles, non comme Hercule ou Musclor, mais comme un ténor d'opéra ou une pop star...

Les dents, l'estomac et le reste

Les scientifiques ont étudié l'origine des dents des odontocètes. On a d'abord supposé que, chez ces cétacés, les dents de lait tombent de façon précoce pour laisser la place aux définitives. En réalité, ces animaux gardent leur vie entière des dents de lait. Les suivantes ne font jamais saillie hors de la gencive. On parle de « monophyodontie ».

Cette particularité permet de calculer l'âge de la mort des individus qu'on autopsie. Sous la couche superficielle d'émail, on observe une succession de strates concentriques d'ivoire (ou dentine). La plus externe (la plus ancienne) date de la période fœtale. En allant vers l'intérieur et la cavité pulpaire (qui se comble), on repère des anneaux annuels, qu'il suffit de compter (comme les cernes d'un tronc d'arbre) pour obtenir l'âge du « capitaine ». Ce n'est, évidemment, pas toujours aussi simple.

La langue est musclée, et participe de la capture des proies, puis de la déglutition. Les glandes salivaires manquent, sauf les parotides. Le pharynx est étroit, et conçu de telle sorte que les aliments ne risquent pas de s'égarer dans la trachée-artère. Les voies respiratoires et digestives étant séparées, le dauphin n'avale jamais « de travers ».

Au bout de l'œsophage, s'ouvre un estomac plus compliqué que le nôtre. Cet organe comprend quatre poches et évoque celui des ruminants, ces artiodactyles dont les cétacés incarnent de lointains cousins. Les adaptations finales divergent, puisque les dauphins sont carnivores, tandis que la vache, le chameau ou la girafe sont herbivores.

Les proies ne sont ni mastiquées, ni même déchiquetées, mais gobées. Avalées tout rond. À la rigueur, débitées en gros morceaux… Les aliments tombent dans un premier sac aux parois dotées de muscles puissants : cet « estomac mécanique » joue le rôle du gésier chez les oiseaux. Poissons ou calmars y sont triturés, malaxés, réduits en bouillie et enduits d'une substance mucilagineuse. Vient ensuite une poche chimique, dite « peptique » : ici, se déversent les enzymes et l'acide chlorhydrique sécrétés par les glandes gastriques. La troisième section, ou « estomac pylorique », perfectionne la digestion. La quatrième, ou « estomac duodénal », consiste en une ampoule où aboutit le canal terminal commun du foie et du pancréas.

Le foie, volumineux, possède deux lobes principaux, mais pas de vésicule biliaire. Le pancréas, composé de plusieurs lobules, excrète ses sucs dans le canal biliaire.

L'intestin est uniforme, autrement dit grêle de l'estomac à l'anus. On n'y distingue ni cæcum, ni gros intestin. Il est long, comme celui des ruminants, et à la différence de celui des carnivores terrestres. Il mesure environ dix fois la taille du corps : à peu près 25 mètres chez le dauphin commun, 30 chez le tursiops et 80 chez l'orque.

Un solide appétit

La ration alimentaire du cétacé dépend, bien sûr, de sa taille et de sa masse. En proportion, les petites espèces mangent davantage que les grosses. Un orque de 6 tonnes dévore 100 kilogrammes par jour. Un tursiops de 150 kilogrammes en avale 5 à 8, tout comme un marsouin, pourtant trois fois plus léger.

Les milieux aquatiques sont riches. Les proies y pullulent. Dans les conditions normales, un dauphin n'emploie guère plus de 10 pour 100 de son temps à quêter et attraper sa nourriture. Il lui reste de longs moments libres pour nager, jouer, siffler, « chanter », « discuter », dormir, se livrer aux plaisirs des caresses en famille ou des parades nuptiales.

Dans les fleuves pollués, dans les mers vidées de leurs richesses biologiques par les saccages humains et la surpêche, il n'en va plus ainsi. Condamnés à chercher sans cesse de quoi se sustenter, les cétacés passent parfois 80 pour 100 de leur existence à ce travail. Maigres. Affaiblis. Obsédés par le manque. En état de disette...

Le taux de métabolisme des odontocètes est, en moyenne, plus élevé que celui des mammifères terrestres de taille comparable. Ces animaux ont une température interne constante de 36 degrés Celsius (sauf cas de fièvre !). Pour la maintenir, ils doivent absorber de grandes quantités de calories. Par unité de poids, ils ingèrent chaque jour deux fois plus d'aliments que l'homme.

Un animal à sang chaud n'investit pas sans difficultés le milieu aquatique. L'eau conduit trente fois mieux la chaleur que l'air : les déperditions thermiques y sont énormes. Le cétacé n'a pas de fourrure. Il ne peut pas se réfugier dans un nid douillet, se rouler en boule ou se serrer contre ses congénères pour se réchauffer.

Pour compenser, il mange !

Il évite les pertes caloriques grâce à des dispositifs subtils. Sa silhouette en torpille lui permet d'augmenter son volume sans trop accroître la superficie de sa peau : un dauphin de 0,1 mètre cube (environ 100 kilogrammes) développe une surface externe de 2,5 mètres carrés, contre 5 mètres carrés chez un humain de même poids.

Le principal système de conservation de la chaleur du corps reste le lard sous-cutané, qu'on dit aussi « pannicule adipeux ». Celui-ci atteint ou dépasse une épaisseur de 5 centimètres sur le dos, les flancs et le ventre de la plupart des espèces ; jusqu'à 20 chez l'orque, le faux-orque et les baleines à bec. Chez le bélouga et le narval, qui hantent les parages glacés de l'Arctique, cette couche excède par endroits 30 centimètres.

Le lard constitue un excellent isolant passif. Son efficacité est encore accrue par le fait qu'il est sillonné de vaisseaux sanguins. Selon les besoins, le système nerveux commande la vasoconstriction des capillaires (ce qui diminue les échanges avec le milieu) ou leur vasodilatation (ce qui les augmente).

L'équilibre thermique dépend aussi du rythme de la respiration : souffler fort et souvent dépense des calories. Mais l'essentiel de la fonction de régulation de la température interne revient aux nageoires. Ces pièces de chair étalées (aileron dorsal, battoirs pectoraux et lobes de la queue) n'ont pas de couche de graisse isolante et sont richement vascularisées. De grosses artères s'y faufilent, au cœur d'un lacis de veines conjuguées et anastomosées.

Lorsqu'il a trop chaud, l'animal dilate ses artères, qui réchauffent les veines voisines, lesquelles transmettent leurs calories à la peau, donc à l'eau : et le corps se refroidit. Au contraire, si le cétacé « grelotte », ses artères se contractent ; par un mécanisme de contre-courant, ses veines renvoient leur chaleur vers le sang artériel et, de là, vers l'organisme.

Ainsi l'orque et ses cousins sont-ils capables de migrer sans encombres, en quelques semaines, des eaux tropicales à 30 degrés Celsius vers les mers polaires autour de 0. Ainsi ces conquérants du Grand Bleu sont-ils partout chez eux, des atolls coralliens aux chenaux de la banquise ; et de la surface tempérée jusqu'aux abysses à 4 degrés à peine.

Boire ou nager, il faut choisir…

Comme celui des autres mammifères, le corps du cétacé se compose de deux tiers d'eau. Mais le dauphin et ses cousins habitent un monde liquide dont la charge en sels diffère de celle de leurs tissus.

La paroi des cellules animales est une membrane semi-perméable. On sait que, dans ce cas, les lois de l'osmose sont impitoyables : elles obligent l'eau à passer du milieu le moins concentré vers le milieu le plus riche, jusqu'à ce que l'équilibre se rétablisse. De fait, les cétacés devraient se vider de leur eau. Ils semblent condamnés à mourir de déshydratation aiguë.

Une fois encore, la nature a bricolé des solutions. Les cétacés avalent de petites quantités d'eau salée sans souffrir des maux qui nous atteignent lorsque nous le faisons. Ils en ingèrent peu : boire ou nager, il faut choisir… Ils s'approvisionnent surtout en liquide vital quand ils mangent, grâce au sang de leurs proies, dont les fluides corporels sont moins salés que la mer. En cas de besoin, ils se procurent aussi de l'eau douce en dégradant (en « brûlant ») une partie de leurs graisses : le pannicule adipeux joue aussi ce rôle.

Ils économisent leur eau et la recyclent. Comme ils n'ont pas de glandes sudoripares et ne transpirent pas, ils ne gaspillent rien en sueur. Leur souffle est économe en vapeur, puisqu'ils expirent au ras des vagues, dans un milieu saturé en humidité.

Leur combat paradoxal contre le péril de la déshydratation en milieu aquatique dépend surtout de leurs reins. Chez les cétacés, ces organes sont énormes. En proportion, trois fois plus gros que les nôtres : 1,1 pour 100 du poids du corps du dauphin, 0,37 du nôtre… Leur structure est originale et complexe : ils comprennent un grand nombre d'unités élémentaires, qu'on appelle « rénicules » *(reniculi)*. Pour chaque rein, on compte 40 de ces lobules chez le bélouga, 80 chez les dauphins d'eau douce, 450 chez le dauphin commun et le tursiops, jusqu'à 6 000 chez les baleines à fanons.

Ces filtres perfectionnés commencent par éliminer l'urée et les autres déchets en relâchant une urine normale. Mais un système secondaire récupère et retraite cette dernière avant qu'elle ne s'échappe dans l'urètre, vers la vessie, et lui retire l'essentiel de son eau douce, laquelle est réinjectée dans la circulation sanguine. L'urine finale est hyperconcentrée.

Les merveilles de l'évolution se cachent aussi dans ces fonctions qu'on dit « vulgaires ». La beauté de la vie gît dans le détail.

Dauphins en chasse

Les dauphins et leurs cousins comptent parmi les meilleurs chasseurs du règne animal. Rapides, élégants, bien armés ; dotés d'organes des sens d'une précision confondante ; surtout,

L'orque épaulard, le plus puissant et le plus malin des prédateurs, traque les lions de mer sur certaines plages de Patagonie.

capables de traquer leurs proies en groupe, avec les avantages de la vie en société.

Ce sont des prédateurs subtils. Ils utilisent mille stratagèmes pour détecter leurs victimes. Ils interrogent leurs sens. Leurs yeux sont bons, mais jamais décisifs. Certains comptent sur leur toucher. Ils se fient à la sensibilité de leur rostre et de leurs « mains » : dans les eaux limoneuses des fleuves, les *susus* du Gange et de l'Indus, le *baïji* du Yangzi et le *boto* rose d'Amazonie, explorent la vase avec le nez et les bras, en quête de poissons, de crustacés, de mollusques.

Le principal sens des odontocètes reste leur ouïe. Ces animaux entendent à merveille. Ils connaissent les bruits qui correspondent aux bancs de poissons ou de calmars, aux proies blessées qui se débattent, etc. Ils possèdent un sonar – un système d'écholocation – qui les renseigne avec une précision diabolique sur leur environnement ; même la nuit ; même en eau trouble. Cet organe s'adapte au but recherché : détection de loin ou concentration sur un sujet proche, jusqu'à l'attaque ultime. Les clics émis en grandes longueurs d'ondes offrent une « photographie » globale des lieux. Ceux de haute fréquence, amplifiés et dirigés par le melon, fournissent une image focalisée de la victime.

Cette dernière n'est pas dépourvue d'arguments et réussit souvent à s'enfuir ! Comme tout prédateur, le dauphin est loin de triompher à chaque tentative.

On n'a pas souvent observé des cétacés en chasse, en pleine eau. Rares sont les plongeurs ou les marins qui ont entrevu ce spectacle. Pour améliorer leur efficacité, les espèces les plus sociables, comme les tursiops et les sténelles, opèrent en bandes organisées. En escouades disciplinées. De façon collective... Dès qu'ils ont détecté un banc de poissons ou de calmars, ces animaux se concertent, se déploient, cernent les créatures qu'ils convoitent, les conduisent vers un haut fond ou les rassemblent en boule, bref les acculent et les affolent.

Au signal du chef (ou de la « cheffe » : la chasse est souvent conduite par une grande femelle, la matriarche), ils foncent. Ils happent leurs victimes, les retiennent grâce à leurs dents pointues, et les gobent. Afin de se faciliter la tâche au moment de la curée, ils assomment volontiers leurs proies à coups de battoirs ou de queue.

Certaines espèces déploient des tactiques ou des techniques originales, adaptées aux conditions locales. Sur les fonds de sable de la mer Caraïbe, les tursiops et les sténelles se mettent à la verticale, la tête en bas, et « picorent » le sédiment. Ils détectent au sonar les créatures enfouies, fouaillent le sol avec leur rostre et extirpent leur provende avec une surprenante attitude de sangliers en quête de truffes !

Sur les récifs de coraux, des Antilles à la mer Rouge et à la Grande Barrière d'Australie, les dauphins patrouillent plutôt en petits groupes, en couples ou en solitaires. Ils explorent une à une les cachettes et les anfractuosités des madrépores, où ils dénichent leur déjeuner. Les mêmes cétacés qui ont ainsi « butiné » une partie de la journée peuvent, plus tard, se réunir dans une passe à la marée montante et y pratiquer une battue collective, réglée comme un ballet, grâce à laquelle ils acculent un grand banc de poissons, puis déclenchent un assaut homérique.

Aux États-Unis, sur une côte basse de Caroline du Sud, on assiste souvent à une scène étonnante. Une bande de tursiops patrouille à quelques encablures du rivage. L'eau trouble, chargée de boue, n'offre presque aucune visibilité. Les dauphins se déploient en arc de cercle. Au signal d'un « chef » (d'une « cheffe » ?) – un coup de sifflet sonore, qu'on entend même hors de l'eau –, ils foncent vers la côte. Ils rassemblent et poussent devant eux un banc de mulets paniqués, qu'ils contraignent à sauter sur la berge. Les dauphins suivent leurs proies jusque sur la plage de vase glissante, qu'ils escaladent en s'aidant de leurs battoirs, le corps entier hors de l'eau. Ils cueillent les poissons frétillants, les avalent, se laissent glisser dans l'élément liquide et recommencent.

La puissance de l'orque roi

Le plus formidable prédateur de la planète est un dauphin ; un dauphin noir et blanc ; le plus beau et le plus fort de tous : l'orque épaulard *(Orcinus orca)*... Certes, les baleines à fanons sont plus grandes, ainsi que le cachalot, qui gobe des calmars. Mais le chasseur suprême, c'est lui. Capable de s'attaquer aux requins, aux raies mantas, aux phoques, aux otaries, aux éléphants de mer, aux autres dauphins, voire aux baleines géantes…

Ce seigneur au royaume de Neptune atteint 10 mètres et 8,5 tonnes (en moyenne, 8 mètres et 6 tonnes pour le mâle, 6 mètres et 3 tonnes pour la femelle). Il faut entretenir, approvisionner en énergie, pareille carcasse ! L'orque s'offre des festins gargantuesques. Au XIXe siècle, le naturaliste allemand Daniel Eschricht n'a pas trouvé moins de treize restes de marsouins et quatorze de phoques (certes, avalés en plusieurs jours) dans le ventre d'un individu de 7,50 mètres !

Un grandiose épisode a été observé par l'équipe Cousteau, lors d'une mission de l'*Alcyone* à l'île Wuvulu, au nord de la Nouvelle-Guinée. Un soir, des requins et des raies mantas nagent dans une baie. Le lendemain, plus un seul. Un pêcheur local explique, avec un sourire : « C'est la faute aux baleines ! » Quelles baleines ? Les plongeurs se mettent à l'eau et voient trois orques – un mâle et deux femelles. Le premier tient dans sa gueule une raie manta de 2 mètres d'envergure. Il la lâche, elle vit encore, il la récupère 30 mètres plus bas, la taille en pièces et la mange. L'instant suivant, l'une des femelles fonce vers un surplomb, y débusque un requin de 2,50 mètres, le poursuit, l'attrape, le secoue comme un chiffon et le déchiquette…

Une allégorie de la puissance !

On a commencé à observer quelques troupeaux d'orques en chasse. Ces animaux semblent avoir des habitudes, on pourrait presque dire des « traditions ». Ils développent une sorte de « culture » locale de la prédation. Tous ne s'en prennent pas au même genre de victimes, et n'emploient pas les mêmes ruses pour les capturer.

L'orque mange de tout, mais pas partout ; et pas à n'importe quelle saison. Ici, il préfère les poissons grégaires ; là, les calmars ; plus loin, ou pendant une autre période de l'année, les saumons, les harengs ou les carangues ; ailleurs encore, les thons, les requins, les phoques, les lions de mer, les dauphins, voire les grands cétacés…

La baleine tueuse

L'orque doit son surnom vulgaire de « baleine tueuse » (dont l'ont affublé les baleiniers), et son autre sobriquet de « gladiateur », au fait qu'il s'en prend quelquefois aux baleines – franches, grises, à bosse –, voire aux rapides rorquals ; y compris aux deux géants absolus : la baleine bleue et le rorqual commun.

On a observé ces traques formidables, dans les eaux de la Patagonie, du Chili, de la Mélanésie, de l'Australie, de l'Afrique du Sud, de l'Antarctique, etc.

Dans le Pacifique du Nord-Est, au large de la Colombie britannique, une partie des orques patrouillent loin des côtes et forment des troupes nomades ; en perpétuelle vadrouille… Ces bandes agressent les baleines grises en migration, dont plus de 50 pour 100 des individus portent des cicatrices de dents… On pense que ces chasses caractérisent les périodes de disette. Lesquelles, hélas ! tendent à se multiplier, parce que les hommes pêchent à l'excès et épuisent les ressources marines… En temps normal, on peut admirer des orques et des baleines qui nagent en bonne entente.

Lorsque les épaulards ont faim, ils deviennent terrifiants. Ils choisissent une baleine âgée, malade ou blessée ; ou un baleineau qu'ils essaient de séparer de sa mère. Ils opèrent en prédateurs modèles – partisans du moindre effort et du risque minimal –, comme les lions ou les guépards dans la savane. Leur méthode de mise à mort paraît « brutale » ou « cruelle » ; mais la nature est innocente ! La scène a été décrite dès 1804 par le cétologiste Bernard de Lacépède, d'après des récits de baleiniers : « Les dauphins gladiateurs se réunissent et forment une grande troupe. Ils avancent tous ensemble vers la baleine, l'attaquent de toutes parts, la mordent, la harcèlent, la fatiguent, la contraignent à ouvrir la gueule et, se jetant sur sa langue dont on dit qu'ils sont avides, la mettent en pièces et l'arrachent par lambeaux, causant des douleurs insupportables à la victime, l'ensanglantant par des blessures mortelles. »

Après quoi, ne reste qu'à lacérer et déchiqueter la vaste carcasse, que les membres de la bande se partagent. Un grand banquet de la mer !

Le cri qui tue

En automne et au printemps, au large de la Colombie britannique, les orques nomades affamés dévorent quelques baleines. À d'autres saisons, les « chasseurs de Neptune » s'en prennent aux otaries, aux phoques ou aux dauphins ; d'ordinaire, aux poissons et aux calmars.

Les arguments offensifs de ces superprédateurs impressionnent. Leurs muscles sont formidables : un coup de queue assomme un lion de mer de 250 kilogrammes. Leurs dents semblent autant de pals d'ivoire ; d'un blanc étincelant, elles décorent les mâchoires comme les palissades de la mort.

Et il y a les émissions sonores.

Qui se transforment en arme… Le « cri qui tue » des karatékas, déjà évoqué à propos du narval et de sa corne, existe aussi chez l'orque…

La scène a été vue par les plongeurs de l'équipe Cousteau. Elle a pour cadre les îles de la Reine-Charlotte, en Colombie britannique. Elle ne concerne pas, cette fois, les orques nomades, mais les sédentaires de l'espèce – les troupes qui habitent en permanence près des côtes, ne se mêlent pas à leurs congénères pélagiques, et même les redoutent.

Un cinéaste raconte : « Nous plongeons au pied de la forêt d'épinettes et de cèdres rouges. Nous nous laissons couler dans une eau d'un vert étrange, profond comme celui des conifères, avec des moirures qui semblent magiques. Nous nageons au milieu des orques. Ici, les cétacés traquent les saumons : ils chassent ces poissons lorsqu'ils arrivent près de l'embouchure des fleuves, en route pour frayer dans leurs torrents de naissance. Une grande femelle noir et blanc approche. Un saumon nage. Un violent train de clics me donne l'impression que mon corps se met à vibrer ; qu'il ondule et "grésille"… Le poisson semble en difficulté. Il vacille, tremble, bascule, se retourne ventre en l'air et s'immobilise. Sonné… La femelle orque surgit dans mon dos, saisit la proie dans sa bouche et la donne à son petit qui la suivait, et qui l'engloutit… J'ai vu – de mes yeux – et senti par ma peau l'orque paralyser le saumon à distance, en "hurlant" ses trains de clics… »

Le cri qui tue !

Dans ces circonstances, l'intensité du flux de sons et d'ultrasons émis par *Orcinus orca* est telle (près de 200 décibels à la source, autant qu'un réacteur d'avion !) que la proie, balayée par l'onde de choc, est arrêtée, frappée d'impuissance, paralysée, anéantie, sinon tout à fait morte. Le prédateur n'a plus qu'à la cueillir.

Tueurs innocents

Tous les orques ne pratiquent pas la chasse au « cri qui tue ». Dans l'Atlantique Nord, surtout en mer de Norvège, les grands dauphins noir et blanc se repaissent plutôt de harengs et de morues. Ils exploitent ces poissons grégaires en adoptant une stratégie collective. Ils arrivent en groupe autour des bancs, qu'ils cernent. Ils soufflent leurs bulles, s'entrecroisent, tournoient et s'arrangent pour réunir leurs proies en une énorme boule, parfois de plus de 10 mètres de diamètre. Ils se « parlent » sans cesse durant la manœuvre. Ils communiquent à coups de clics et de sifflets.

Lorsque la sphère de poissons est compacte, ils attaquent... En assenant d'énormes coups de queue sur la masse grouillante, ils assomment leurs victimes stressées ; puis les gobent...

Dans l'Antarctique, les orques s'en prennent aux manchots, aux otaries à fourrure et aux phoques qui nagent en pleine eau. Ils traquent aussi ces animaux sur les plaques de banquise. Ils soulèvent le radeau d'un coup de tête, font basculer leur proie dans la vague et la croquent. La seule agression répertoriée d'un orque contre un être humain (au début du XXe siècle) semble s'être déroulée dans ces conditions, et par erreur : un marin naufragé avait pris pied sur un glaçon ; le cétacé l'avait précipité à l'eau ; puis attaqué et à moitié avalé, avant de s'apercevoir qu'il ne s'agissait pas d'un phoque.

En Patagonie (dans l'Atlantique Sud), aux îles Kerguelen et Crozet (dans l'océan Indien), l'orque s'en prend aux manchots et aux jeunes pinnipèdes – lions de mer, otaries à fourrure et éléphants de mer. L'énorme dauphin noir et blanc voit aussi bien dans l'air que dans l'eau. À la saison de la reproduction de ses proies, il arrive sur les lieux. Il sait pourquoi !

Il observe ses futures victimes sur la plage. Il est patient. Il patrouille le long du rivage. Il réagit au moindre clapot.

Tôt ou tard, les oiseaux ou les pinnipèdes sont obligés de gagner la mer pour aller pêcher. L'orque fonce avec une telle impétuosité que l'eau se lève en lame blanche devant son crâne. La proie, affolée, aspirée, bousculée dans les remous, n'a pas le temps de s'esquiver : elle est happée par les énormes mâchoires, ou assommée d'un coup de queue. On a vu cette gifle de caudale expédier à 30 mètres un lion de mer de 250 kilogrammes ! Une autre technique consiste, pour l'épaulard, à coincer le manchot ou le pinnipède dans un fouillis d'algues géantes (de kelp : macrocystes ou durvillées). Inextricable piège !

Le cétologiste français Christophe Guinet a observé et filmé le destin aléatoire des jeunes éléphants de mer à l'île de la Possession, dans l'archipel de Crozet. Au printemps austral – en novembre ou au début décembre –, le bébé pinnipède vient au monde sur la plage. Il tète goulûment, pendant quelques jours, un lait richissime en énergie. Puis sa mère l'abandonne pour de nouvelles aventures sexuelles. Au bout d'un mois, le jeune a épuisé ses réserves de graisse. Il est affamé : l'appel du large devient irrésistible. Il ose la vague. Nombre de petits se laissent entraîner vers le large par une rivière dont c'est la saison de la crue.

Les orques attendent l'aubaine sous quelques mètres d'eau. Ils se postent en bande, espacés d'une trentaine à une cinquantaine de mètres. Pour une fois, absolument silencieux ; ne cliquetant plus ; soufflant à peine... Chaque membre de la troupe connaît sa place et son rôle. Les jeunes apprennent la tactique par l'exemple...

L'éléphanteau de mer s'avance dans l'écume. Guère rassuré... Il produit des « flop ! flop ! » avec ses nageoires. Bruits révélateurs ! L'orque fonce, après avoir localisé sa cible à l'oreille, au sonar et à la vue. L'attaque est portée à la vitesse de l'éclair. Le prédateur libère sa puissance. La brutalité de la charge est aussi belle qu'inquiétante. Une contorsion, un coup de caudale, un élan prodigieux : et l'accélération jette le cétacé jusqu'au ras de la plage, dans une gerbe d'écume. La gueule du Moloch se referme sur le petit éléphant désigné par le destin.

L'orque se contorsionne pour se déséchouer. Il regagne le mystère bleu-vert de l'océan Indien en entraînant avec lui une loque sanglante et désarticulée. Pathétique, mais nécessaire à sa propre existence, et à celle de sa famille.

Du sang dans la bouche :
L'orque peint la mort
Aux couleurs de la vie !

Perception

Voir avec ses oreilles

Les cétacés doivent adapter leurs perceptions au milieu liquide dans lequel ils ont choisi de vivre leur destin. L'eau en a fait des créatures acoustiques. Ils possèdent un sonar perfectionné. Ils « voient » avec leurs oreilles !

Habiter l'élément aquatique : dur, dur, pour un mammifère ! Il faut respirer, nager, manger, aimer, accoucher, élever ses petits dans un fluide plus dense, plus visqueux, plus opaque que l'air.

Il faut d'abord s'y repérer.

Se situer. Percevoir. Sentir, observer, explorer, s'orienter, mobiliser ses sens ; voire (selon l'injonction du poète !) les exalter tous…

Comment rendre efficaces, dans l'environnement liquide, un toucher, un goût, un odorat, une vue et une ouïe que l'évolution des vertébrés avait conformés à des paramètres terrestres ? Les propriétés physiques et chimiques de l'eau diffèrent de celles de l'air. Les ondes, les molécules, les lumières, les sons ne s'y propagent pas de la même façon. Pour y réussir, force est de transformer une partie de son système nerveux.

S'adapter ou périr, comme d'habitude ! Les lois de l'évolution n'offrent aucune autre alternative.

Les organes des sens – dits aussi « de relation » – permettent de savoir où l'on se trouve ; d'identifier son propre corps dans le milieu ambiant ; de gagner un abri ; de repérer une proie ; de voyager ; de quêter un partenaire sexuel ; de vivre en société ; bref, d'être au monde.

De quelle façon les cétacés ont-ils ajusté leur arsenal perceptif à l'environnement liquide ? Certains de leurs sens sont moins efficaces que ceux des mammifères terrestres ; au point d'avoir pratiquement disparu, comme l'odorat. D'autres, en particulier l'ouïe, ont été élevés à un incroyable degré de perfection. Avec une nouveauté sublime : le sens de l'écholocation. Les cétacés utilisent, en effet, un sonar biologique d'une efficacité confondante, qui leur restitue le paysage sous-marin aussi bien que la vue.

Qui leur permet de « voir avec leurs oreilles ».

En plongée dans la forêt

Entre Brésil et Venezuela, le canal Casiquiare unit deux systèmes fluviaux gigantesques : l'Amazone et l'Orénoque. Une énigme liquide ! C'est le seul cours d'eau de la Terre qui, tel le fleuve Alphée de la mythologie grecque, coule en remontant vers sa source ! En vérité, il se déverse en alternance dans un sens ou dans l'autre, selon la saison et les réserves hydriques de vastes marécages intermédiaires.

Matin de brume. Le soleil transfigure la forêt. Les arbres fument. Les lianes, les broméliacées, les orchidées épiphytes composent, avec les branches, un tableau primitif et sublime, qu'animent des légions de fourmis et d'abeilles, de papillons morphos bleus, de grenouilles dendrobates aux couleurs flamboyantes, de serpents, d'oiseaux et de singes.

Dans l'eau, une onde se propage, un crâne crève la surface ; puis un autre... « Pfouff ! Pfouff !... » Deux souffles. Deux soupirs, suivis de deux reflets incarnats dans l'eau vert et grenat.

Des dauphins roses. Des *botos*, ou *boutous*... Ils patrouillent dans l'épaisseur liquide. Le canal est en crue : l'eau déborde et s'épanche dans la forêt. Les arbres ont le pied qui baigne dans 5 mètres de fluide.

Les dauphins quittent le lit principal de la rivière. Ils nagent dans la sylve, où ils traquent leurs proies, entre autres les piranhas (certains carnivores, d'autres frugivores), les cichlidés orange ou rouges, les *tucunarés* aux écailles d'or... Les cétacés ondulent. À plus de 3 000 kilomètres de la mer, les rivières locales regorgent de nourriture ; avec nombre de créatures inquiétantes : raies venimeuses, caïmans (ou *jacarés*), anacondas ; sans oublier le géant des poissons d'eau douce, le *pirarucu* pourpre et vert ; ni l'abracadabrante tortue mata-mata ; ni le lamantin d'Amazonie noir à poitrine blanche ; ni le jaguar aux yeux verts.

Les dauphins roses ondulent entre les troncs. Ils sont à l'aise. L'eau est trouble : on n'y voit pas à un mètre. Mais ils foncent. Ils repèrent leurs victimes. Ils les happent dans leur long bec aux dents aiguës, et les avalent. Comment se débrouillent-ils pour chasser si bien dans ce fouillis de racines et de lianes ? Non seulement le liquide est obscurci par les particules de terre et d'humus, mais leurs yeux minuscules, quasi atrophiés, ne leur sont d'aucune aide.

Ils nagent sans hésiter grâce à leur sonar. Ils comptent sur leur sens de l'écholocation. Ils émettent des clics sur un spectre de fréquences qui va des sons aux ultrasons ; de 20 à plus de 200 000 hertz (l'homme, handicapé de l'oreille, n'entend que de 20 à 20 000 hertz). L'écho des ondes renvoyées par les obstacles leur revient, et permet à leur cerveau de composer une parfaite image acoustique du décor.

Toucher, tâter, caresser...

Avant d'en venir à la description détaillée du sonar, il convient de se demander quelle est, chez les cétacés, l'efficacité des autres organes sensoriels.

Le toucher est excellent.

Ces animaux ont la peau réactive, n'en déplaise aux piteux physiologistes qui, voici peu, croyaient encore qu'un si grand corps et un si vaste épiderme (en particulier chez les baleines) étaient mal innervés, avec moins de terminaisons sensorielles, moins de points de douleur ou de chaleur par unité de surface, que chez les autres mammifères. À la vérité, les dauphins et leurs cousins ressentent les contacts, les caresses ou les blessures avec autant de finesse, de plaisir ou de souffrance que les autres espèces.

Leur derme capte – et « apprivoise » – les ondes de pression des courants et des vagues. Il enregistre les moindres turbulences, et la peau (dite « intelligente ») se déforme pour mieux faire glisser le corps dans le fluide.

Ces animaux se grattent avec volupté contre les rochers, les récifs ou les coques de bateaux. On connaît des plages (notamment à l'île de Vancouver et aux îles de la Reine Charlotte, en Colombie britannique) où les orques viennent, l'un après l'autre, se frotter le ventre et le bas-ventre sur un fond de galets polis par les vagues. Volupté communicative ! On peut parler d'une cérémonie du plaisir...

En bandes, les cétacés se caressent les uns les autres. Ils se délectent de frôlements, de nasardes et de chatouilles. Ils adorent qu'un congénère (à défaut : un soigneur humain, s'ils sont captifs) leur palpe le museau ou leur frotte la langue (ils ouvrent la bouche et s'offrent). Leurs bras et leurs mains, quoique transformés en battoirs, sont richement innervés. Les *susus* de l'Indus et du Gange tâtent le fond du fleuve du bout des doigts (car il s'agit bien de doigts !) pour débusquer des proies dans la vase. Chez toutes les espèces, le contact des mains est fréquent. Les couples s'étreignent durant les parades. Les mères câlinent leurs petits.

La peau des mâchoires est garnie de capteurs de pression, qui permettent aux cétacés d'estimer la vitesse de leur nage, en fonction de celle des courants. Le pourtour de l'évent se trouve également farci de terminaisons nerveuses grâce à quoi, avant même de crever la surface, les animaux savent qu'ils vont émerger et commencent de souffler (ce qui améliore leur rendement respiratoire).

Les poils résiduels, assez nombreux sur la face des mysticètes (surtout chez les baleines franches), mais rares chez les odontocètes, consistent en des vibrisses épaisses, bien irriguées par des capillaires et garnies de nombreux points sensoriels, qui pimentent les attouchements du museau – on pourrait écrire : les « baisers ».

Le dauphin explore volontiers l'objet qui l'intrigue, ou le partenaire qui l'excite, avec le rostre et la bouche.

Le mâle utilise un autre organe pour détailler les corps (y compris, parfois, celui de l'humain) qu'il côtoie : son pénis ! Celui-ci sort de son sillon du bas-ventre, se déploie en semi-érection ou en érection, et frôle la peau d'autrui en ondulant et palpitant, comme un doigt fureteur, dans un but qui n'est pas forcément sexuel… mais qui peut le devenir !

Ajoutons que, chez les cétacés, la perception des températures est fine. Comme les autres, ces animaux possèdent des capteurs thermiques dans le derme. Ils ont besoin de cette information, notamment lorsqu'ils effectuent de longues migrations entre pôles et tropiques. On s'est aperçu que l'aire de répartition de certaines espèces se superpose à des isothermes précis de l'océan.

Goûter, renifler…

Le goût et l'odorat sont moins assurés.

Chez les mammifères aériens, le goût analyse les molécules en solution dans l'eau ou les graisses. Chez les cétacés, ce sens reste bon. La langue, garnie de papilles analogues

Les dauphins sont des animaux sensibles et sensuels.
Ils ne cessent de se toucher, de se caresser, de se frotter…

aux nôtres, est sensible aux quatre saveurs de base (salé, sucré, acide, amer). Les fossettes de l'arrière-bouche possèdent des récepteurs chimiques qui informent le sujet sur la qualité de sa nourriture. Le dauphin décèle, dans ses proies potentielles, des parfums plus ou moins engageants. Il choisit son menu avec soin. Proposez-lui un poisson pas très frais : il le recrache avec dégoût !

Le cétacé reconnaît les émanations, en particulier les déchets corporels (urines et matières fécales), de ses congénères. Chez lui comme chez l'hippopotame, la défécation semble avoir une fonction sociale. On a observé ce phénomène chez les globicéphales. Le mâle ponctue volontiers son numéro de domination par un épanchement scatologique. Il utilise aussi cette (grasse !) plaisanterie lorsqu'un plongeur humain le harcèle ou s'approche trop des femelles.

Les dauphines en chaleur stimulent les mâles avec leur urine, que les « pachas » viennent « taster » jusque sous leur ventre, en leur appliquant des sortes de baisers sur la vulve. Peut-être, alors, les femelles répandent-elles des hormones externes (phéromones) qui trahissent leur état génésique ; mais ces substances n'ont pas été isolées.

En revanche, les cétacés ont à peu près perdu l'odorat.

Chez les mammifères terrestres, l'olfaction a pour fonction d'analyser les molécules chimiques que l'atmosphère véhicule. Les habitants de l'eau n'ont pas grand chose à glaner dans ce domaine. Ils respirent dans l'air, bien sûr ; mais leurs proies ou leurs congénères n'y vivent pas. De toute façon, leurs évents inhalent de façon trop rapide et trop brutale pour laisser le temps à des cellules sensorielles de remplir vraiment leur office.

Au cours de l'évolution, la fonction olfactive des cétacés s'est atrophiée. Les archéocètes – pakicètes, pappocètes et autres basilosaures, jusqu'aux éocètes – continuent de posséder un assez bon « nez ». Puis tout se dégrade. Chez les mysticètes actuels, on note encore la présence de nerfs olfactifs, qui partent de l'intérieur des évents ; mais ces cordons de neurones sont grêles et quasi inopérants.

Chez les odontocètes, la structure disparaît. Dans le cerveau même, les lobes de l'odorat régressent à peu près totalement ; les lobes auditifs s'hypertrophient en proportion. On a pourtant montré qu'il subsiste de rares récepteurs chimiques sur les parois des sacs annexes de l'évent : preuve que, pour le dauphin, toute notion d'odeur n'est pas irréelle !

L'œil, et le bon !

Quand on croise un dauphin, on a l'impression que son œil « brille d'intelligence » ; que l'animal nous comprend comme nous le comprenons ; et qu'il se pose, à notre sujet, les mêmes questions qui nous passionnent à son égard.

Est-ce vrai ? Certains en doutent, d'autres y croient : on en discutera. Quoi qu'il en soit, si l'œil est le reflet de l'âme (à supposer que nous en ayons une, et le dauphin aussi !), il constitue d'abord un organe sensoriel. Chargé d'une fonction capitale : offrir une image du milieu environnant, et aider l'individu à y prospérer.

Le sens de la vue n'est pas vital chez les espèces fluviales comme le dauphin rose d'Amazonie, les platanistes du Gange et de l'Indus, ou le lipote du Yangzi. Dans des eaux troubles, encombrées de sédiments, l'œil régresse, rapetisse, devient minuscule et finit par ne plus fonctionner. Le *boto*, les *susus* et le *baïji* sont mal voyants, quasi aveugles. On observe un processus évolutif analogue chez les baleines à bec (ziphiidés), habituées à chasser dans les ténèbres des abysses.

Chez la plupart des autres cétacés, la vision reste bonne.

L'œil du dauphin s'insère en position basse, juste au-dessus de la commissure des lèvres, près de l'épaule. Niché dans sa cavité crânienne, il est bordé de deux paupières raides, dépourvues de cils et épaissies par un tissu graisseux. La supérieure protège de grosses glandes d'où sourd une humeur mucilagineuse qui préserve la cornée de l'action irritante de l'eau salée. Lorsqu'il s'échoue ou sort l'onde, le dauphin semble toujours pleurer.

Le globe oculaire est un peu aplati dans le sens antéro-postérieur. La pupille est ovale, et son iris brun-noir. Le cristallin, très arrondi, semble mieux conformé pour la vision rapprochée que pour la vision lointaine, de toute façon impossible dans l'élément liquide.

La rétine est riche en bâtonnets, ces cellules de la vision périphérique qui perçoivent en noir et blanc, notamment en lumière faible. Comme chez les requins (et les chiens, et les chats !), une couche de cellules réfléchissantes, située sous la rétine et appelée « tapis luisant » *(tapetum lucidum)*, amplifie les flux de photons et permet à l'animal de se débrouiller dans des conditions quasi nocturnes.

Les cônes sont rares, car peu utiles : ces cellules, sensibles au jaune, au vert ou au rouge, distinguent les couleurs en vision centrale, focalisée. Or, les teintes sont très vite absorbées par l'eau, à l'exception du bleu. Les dauphins passent l'essentiel de leur existence à contempler le monde en nuances d'azur et de marine, et davantage encore en noir et blanc – en variations de gris. Cela ne les empêche pas de montrer une réelle attirance pour les teintes vives – le rouge, l'orange, le jaune. Ils adorent jouer avec les poissons, les étoiles de mer ou les mollusques bariolés des récifs de coraux ; en captivité, ils transfèrent cette fantaisie sur les jouets qu'on leur propose.

La vision des cétacés est monoculaire. Ils ont les yeux insérés de part et d'autre de la tête, latéralement, et non pas sur la face, dirigés vers l'avant. Le champ binoculaire, stéréoscopique, c'est-à-dire en relief, est étroit chez les dauphins (au maximum, 20 degrés), et inexistant chez le cachalot et les grandes baleines, à l'énorme caboche, dont le plongeur doit faire le tour pour contempler, en alternance, un œil puis l'autre !

Un problème de la vision subaquatique tient au fait que les indices de réfraction de l'air et de l'eau sont différents. Lorsque nous plongeons sans masque, nous voyons trouble parce que les dispositifs optiques (les chambres transparentes, la lentille) de nos yeux sont conçus pour l'atmosphère. Les cétacés, mieux lotis, perçoivent avec netteté dans les deux milieux. Des muscles intra-oculaires puissants changent la forme de leur cristallin. Ils accommodent et compensent les aberrations optiques dues aux variations d'indices. Qui veut se persuader de la capacité du dauphin à voir aussi bien dans l'air que dans l'eau, doit se souvenir de la précision avec laquelle le tursiops jaillit du fond de son bassin de cirque pour attraper la baballe accrochée au mât, à 5 mètres au-dessus de la surface !

Un sixième sens magnétique

Les cinq sens « classiques », donc... Chez les cétacés, le toucher est bon, le goût normal, l'odorat déficient, la vue correcte et l'ouïe magnifique (nous allons y venir).

Ce n'est pas tout : il semble que ces animaux possèdent un autre moyen de « questionner » le monde. Ils ont un sixième sens, dont nous n'avons guère idée : un sens magnétique – ou électromagnétique !

On a soupçonné ce privilège, puis on en a douté. À présent, il paraît bien réel, même si les preuves anatomiques et physiologiques de son existence restent minces. Certaines zones du cerveau des dauphins et des baleines contiennent de petits cristaux d'oxyde de fer (de magnétite), grâce auxquels ces mammifères ont une aiguille aimantée interne, une boussole intégrée, aussi importante pour leurs voyages au long cours que le compas du marin.

Le champ magnétique terrestre les guide dans leurs périples au Grand Bleu. Les variations locales, les anomalies géomagnétiques, constituent pour eux autant de points de repères sur une carte des fonds, qu'ils mémorisent dans leur enfance et consultent durant leurs migrations. Même au grand large, même en profondeur, sans sextant ni chronomètre, sans nos systèmes de positionnement par satellite, les dauphins et les baleines font le point. Ils savent où ils se trouvent.

A contrario, des variations aléatoires du champ magnétique, dues par exemple à des éruptions solaires (qu'illustrent les aurores polaires), peuvent les égarer. On a évoqué cette hypothèse pour expliquer certains échouages massifs.

D'excellentes oreilles... bouchées !

Les cétacés sont des êtres acoustiques. Leur ouïe est fameuse. Elle constitue leur principale source d'information – comme l'odorat pour le chien, ou la vue pour l'aigle ou l'homme.

Ces animaux perçoivent les sons dans l'air. Ils les écoutent en sortant la tête des vagues, notamment en faisant (comme on dit) de « l'espionnage », debout, la tête dépassant de la surface.

Ils mettent surtout à profit le fait que l'élément liquide transmet les ondes acoustiques cinq fois plus vite que l'atmosphère ; et bien plus loin !

Ils n'ont pas d'oreille externe, pas de pavillon auriculaire qui perturberait l'hydrodynamisme de leur corps. La collecte des sons est assurée par les os de leur crâne, et améliorée par des dépôts de graisse qui garnissent leur mâchoire inférieure. L'orifice auditif s'ouvre juste en arrière de l'œil, mais il est minuscule ; si étroit qu'il a longtemps échappé à l'attention des anatomistes. Le canal auriculaire est fin (2 millimètres de diamètre), d'ailleurs obstrué (paradoxe, pour des créatures acoustiques !) pour éviter les surpressions : un bouchon de cire (de cérumen) y précède le tympan, lui-même épaissi et fibreux. Ce bouchon d'oreille s'accumule en strates, année après année. En comptant les couches, on a l'âge du sujet. On a longtemps utilisé cette méthode avec les baleines harponnées.

Les os vibrants de l'oreille moyenne (le marteau, l'enclume et l'étrier) sont soudés, grossis, déformés, très modifiés.

Dans l'oreille interne, on trouve les canaux semi-circulaires, responsables du sens de l'équilibre (chez les cétacés, ces organes sont courts) ; et la cochlée (ou limaçon). L'intérieur de cette dernière est tapissé de neurones sensibles aux ondes mécaniques, en densité et en quantité énormes par rapport à ce qu'on trouve chez les autres mammifères (sauf les chauves-souris, qui ont aussi un sonar). L'ensemble se prolonge par un nerf auditif d'un diamètre considérable, qui conduit l'influx à des lobes auditifs cérébraux hypertrophiés.

Il est important, pour la qualité de l'information, que les images sonores proposées par les oreilles gauche et droite ne se mélangent pas. Chez les vertébrés aériens, les deux organes de l'audition sont séparés par une série d'os du crâne. Chez les cétacés, l'indépendance est accrue par le fait que chaque oreille interne est enveloppée dans un chambre appelée « bulle tympanique » *(bulla tympanica)*, qu'isole une épaisse mixture de mucus et de graisses.

Le sens principal des dauphins reste l'écholocation ; grâce à ce sonar naturel, ils « voient avec leurs oreilles » et s'auscultent mutuellement.

L'évolution acoustique

Toute l'évolution des cétacés s'est déroulée dans le sens de l'acquisition d'une ouïe perfectionnée, que couronne un sens de l'écholocation d'une précision admirable.

Le processus a exigé des millions d'années, mais il a finalement été rapide… L'amélioration de l'ouïe a commencé sitôt que les archéocètes ont gagné la mer. Les premiers membres de l'ordre dont on soit sûr (par l'examen de la structure de leur crâne) qu'ils possèdent un sonar aussi efficace que celui des souffleurs actuels, sont les squalodons, qui peuplent les mers au Miocène voici 30 à 20 millions d'années.

Les cétacés modernes entendent non seulement les ondes sonores que nous décelons, d'une fréquence comprise (pour la meilleure oreille humaine) entre 20 et 20 000 hertz, mais un immense spectre d'ultrasons qui nous resteront à jamais étrangers. Cette bande perceptive varie avec les espèces. Chez la majorité des dauphins, elle atteint 50 000 à 150 000 hertz. Elle grimpe à 200 000 chez le dauphin sténo, le *baïji* du Yangzi et le *boto* d'Amazonie. Le record appartient aux platanistes (ou *susus*) de l'Indus et du Gange, qui émettent – et reçoivent – au-delà de 350 000 hertz.

380 000 prouvés !

L'écholocation – l'usage du sonar biologique (on écrit parfois « écholocalisation ») – consiste à « voir » avec ses oreilles. Il s'agit d'un perfectionnement extrême de l'ouïe « classique ». Non seulement l'animal écoute ce qui se trame autour de lui – les mille bruits du royaume liquide, bien loin du *Monde du silence* ! –, mais il émet des sons et des ultrasons dont il capte l'écho, et qui lui offrent une « photographie acoustique » fidèle de l'environnement.

L'écholocation existe à l'état d'ébauche chez les cétacés à fanons, qui utilisent la réverbération de leurs émissions en basses et moyennes fréquences pour se faire une idée des fonds, ou pour localiser un banc de plancton. Ce sens (il s'agit d'évolutions convergentes) caractérise aussi certains pinnipèdes, comme le phoque de Weddell (capable de plonger à plus de 800 mètres) et l'éléphant de mer (qui flirte avec les 1 500). On l'a mis en évidence chez des mammifères terrestres :

les taupes, les musaraignes, etc. Les chauves-souris l'emploient pour chasser les insectes et voler la nuit sans accident.

Chez aucun groupe zoologique, il n'est aussi perfectionné que chez les cétacés à dents. Le principe en est celui de l'écho – d'où le mot « écholocation ». Lorsque nous crions dans une vallée encaissée, nous recevons un (ou plusieurs) écho(s) de notre voix. Mais nous ne sommes pas capables d'en analyser le temps de retour, afin d'en déduire la distance à laquelle se trouvent les falaises.

Toutes choses égales, le cétacé y parvient. Son ouïe lui offre une « photographie » du paysage si précise, si fine, qu'il pourrait déceler chaque pilier, dièdre ou faille de la paroi rocheuse, chaque grotte ou buisson de la pente ; jusqu'à la texture de la pierre, jusqu'aux oiseaux qui y nichent !

Trains de clics

Le dauphin émet des flux, des trains de sons et d'ultrasons sur des longueurs d'ondes choisies. On dit qu'il « cliquette ». Pour fabriquer ces clics, il utilise son larynx en bec de canard, que relaient les trois sacs aériens annexés à la base de son évent, et qu'on baptise « vestibulaire », « nasofrontal » et « prémaxillaire ». Le cétacé joue quasiment de la flûte ou du trombone en gonflant ces poches, dont il règle l'ouverture et le débit.

Les ondes acoustiques traversent l'os frontal, puis pénètrent dans l'amas graisseux du melon, où elles sont amplifiées. Grâce à cette « lentille acoustique » déformable, l'animal module et oriente à sa guise les faisceaux sonores qu'il émet. Il adapte à chaque instant son système au type d'informations qu'il recherche. Les grandes longueurs d'ondes conviennent à la « vision » de loin – globale, panoramique. Les courtes sont propices à la perception précise, rapprochée, focalisée.

Les clics filent dans le fluide aquatique. S'ils frappent un obstacle, ils sont renvoyés en écho. Les ondes réfléchies touchent les os crâniens du cétacé émetteur, en particulier la « fenêtre » osseuse que constitue la mâchoire inférieure, riche en graisses. Ils viennent stimuler les neurones des oreilles. Le temps que ces vibrations mettent à revenir à l'envoyeur est analysé par le cerveau, qui construit une image fidèle de l'environnement. La façon dont les clics sont déformés, plus ou moins réfractés ou absorbés, renseigne l'animal sur les anomalies du paysage ; sur la nature des fonds (roche, sable, vase…) ; sur les créatures de passage (poissons, congénères…).

On estime la portée maximale utile du sonar à 300 ou 400 mètres chez les petits marsouins, 800 chez le dauphin tursiops et ses proches (sténelles, dauphin à bosse…), plus de 1 000 chez l'orque, peut-être 3 000 chez le cachalot.

Lorsque le cétacé a découvert ce qui l'intéresse – un obstacle, un passage sous-marin, une proie, un ami, un ennemi, un éventuel partenaire amoureux, etc. –, il l'explore en détail. Il augmente la fréquence de ses émissions, qu'il focalise de plus en plus à mesure de son approche. Il remue la tête à droite et à gauche, en haut et en bas. Il procède à un balayage systématique de sa « cible ».

Il est alors capable de distinguer des détails incroyables, dans l'eau la plus trouble, en pleine nuit ou dans les perpétuelles ténèbres des abysses. Il différencie (les yeux bandés, en bassin) non seulement la proie vivante de son imitation en plastique, mais une espèce d'une autre – le maquereau de la sardine, le calmar de la seiche. Toujours en captivité, et les yeux oblitérés, il va quérir une pièce de monnaie au fond de l'eau, et choisit une pièce de cuivre plutôt que son homologue en aluminium. Il retrouve, dans les mêmes conditions, un anneau de plomb de 2 millimètres de diamètre, et évite sans problème un fil tendu d'un diamètre de 0,2 millimètre…

Comme une échographie

Dans la nature, le cétacé emploie son sonar pour fouiller les forêts d'algues et y dénicher les mulets, les homards ou les poulpes ; pour sonder le sable et y localiser les anguilles jardinières, les soles ou les seiches ; pour explorer les récifs de coraux, en quête de langoustes ou de poissons tropicaux.

Il y a plus curieux.

Le dauphin continue d'actionner son sonar lorsque son museau arrive au contact de l'objet qu'il a « vu » avec ses oreilles. Dès lors, il en étudie non plus les contours, mais l'intérieur. Le cœur, les tripes, le squelette, la structure, on jurerait presque l'âme !...

L'écholocation propose une image construite à partir d'ondes sonores ; en d'autres termes, il s'agit d'une échographie – plus précise que celle dont nous nous servons dans nos hôpitaux pour examiner nos fœtus ou nos boyaux ; avec de bien plus fantastiques possibilités !

Non seulement le cétacé utilise son oreille pour « voir » la silhouette du poisson, du calmar ou du bateau qui approchent ; mais il l'emploie pour sonder le corps du voisin. Les tissus laissent plus ou moins bien passer les ondes acoustiques, en réfléchissent certaines, en réfractent d'autres, bref proposent une image à qui sait les lire.

Il est fascinant de penser que, grâce à son sonar, le dauphin « contemple » les entrailles palpitantes de l'être qu'il rencontre. Il l'ausculte. Il le voit respirer du dedans. Il le regarde digérer. Il voit pulser son cœur et ses artères. Il connaît sa structure intérieure aussi bien qu'extérieure. Il peut déterminer si l'autre est ému, joyeux ou stressé ; dans quel état psychologique il se trouve ; s'il se comporte avec sérénité ou si son cœur bat la chamade. Il « lit » le calme ou l'agitation, la colère, les pulsions agressives, l'enjouement, l'amitié ou les élans d'amour.

Chez les dauphins, Roméo voit – pour de bon – battre le cœur de Juliette ; et réciproquement.

Gageons que, si nous pratiquions l'écholocation, nos plus poignantes tragédies, nos plus grands opéras, nos peintures, nos romans, nos films et jusqu'à nos bandes dessinées seraient différents.

Nous montrerions même nos tripes sur Internet !

Cliquètements !
Le dauphin voit battre
Le cœur amoureux de la Terre...

Reproduction

Ça va, les amours ?

Les cétacés dominent l'océan ; mais leur mode de reproduction de mammifères n'est pas conçu pour les vagues. Quand on est dans l'eau, mais pas poisson, comment s'aimer d'amour tendre ?
Sexe, volupté et mise au monde !

Au beau milieu de l'Atlantique. L'archipel des Açores… L'or et le bleu. On dirait du Rimbaud :

Elle est retrouvée.
– Quoi ? – L'Éternité !
C'est la mer mêlée
Au soleil.

Les vents alizés qui poussèrent Christophe Colomb jusqu'en Amérique murmurent encore *mezzo voce.* Des fous, des goélands, des cormorans planent ou plongent. On distingue, au loin, la silhouette ocre et mauve du volcan Pico, qui domine l'île homonyme. La houle se creuse comme un berceau. L'eau prend une teinte de cobalt et d'outremer qu'on ne voit nulle part ailleurs.

Droit devant, deux dauphins soufflent comme les alizés. Deux dauphins gris, ou de Risso *(Grampus griseus)* : 3 mètres, 300 kilogrammes. Ils ont le museau camus, le ventre et le menton blancs, le dos et les flancs gris nuage ; et la peau zébrée de cicatrices, au point que l'espèce mérite son sobriquet de « Balafrée ».

Un mâle et une femelle… Ils se sont isolés de la troupe. Ils ne se préoccupent plus de rien, sauf de leur pulsion. Ils ont entamé leur parade. Ils accomplissent leur danse nuptiale… Ils se frottent l'un contre l'autre, bras sur bras, flanc sur flanc, ventre sur ventre. À tour de rôle, ils se laissent glisser sous leur partenaire. Ils viennent toucher, titiller, caresser, bécoter, savourer sa zone génitale. Le sillon sexuel de la femelle est gonflé, tumescent, palpitant. Il s'ouvre, il s'apprête. L'organe du mâle est sorti de sa gaine, pointé comme une épée, à la fois raide et souple, d'un blanc rehaussé de léger rose.

Les amoureux cliquettent, murmurent et sifflent. Ils sinuent de conserve. Ils sautent. Ils ondulent et redoublent de petits coups de bouche (dira-t-on : de « baisers »?). Ils finissent face à face, couchés sur le côté dans le grand lit de la mer. Ils s'étreignent avec leurs bras en triangles. Leurs bas-ventres se désirent, se cherchent, se frottent. Le pénis palpite et, doucement, doucement, s'enfonce dans le creux qui attend.

Frisson d'eau. Mystère de la vie.

Dans le lit de la mer

Les cétacés se reproduisent comme les autres mammifères supérieurs – ceux qu'on dit « euthériens » (les « vrais mammifères ») ou placentaires (dotés d'un placenta), à la différence des mammifères archaïques qui pondent encore des œufs (les monotrèmes, ou protothériens, comme l'ornithorynque) ou qui ont une poche marsupiale (les marsupiaux, ou métathériens, tels le kangourou et le koala).

L'évolution leur a fourni les moyens de mener la totalité de l'opération dans l'eau – des « fiançailles » au sevrage des petits. Ce n'était pas gagné ! Parce qu'ils s'aiment et accouchent dans l'élément liquide, ils incarnent (avec les siréniens : lamantins et dugongs) l'ordre le plus aquatique de leur classe ; davantage que les pinnipèdes (otaries, morses et phoques), les loutres, les castors ou les ours polaires, contraints de revenir au rivage pour donner la vie.

Les vieux cétacés – les archéocètes – avaient entamé ce processus. Quoique déjà bien adaptés au fluide aquatique, le basilosaure, le protocète et l'éocète se hissaient encore sur la terre ferme pour parader, s'accoupler, mettre bas et allaiter leurs jeunes. On se demande si leurs unions sexuelles s'effectuaient sur la plage (dans le style des otaries et des éléphants de mer) ou dans l'eau ; si les mâles se défiaient pour la conquête de harems ; si les bébés, une fois nés, tétaient à l'air libre, ou bien pouvaient déjà s'alimenter dans l'élément liquide. Les fossiles, hélas ! ne permettront guère de répondre à ces questions.

On est sûr d'une chose : lorsque les cétacés se divisent en odontocètes et mysticètes, ils ont rompu de façon définitive le lien qui les unit à la terre ferme. Toutes les étapes de leur reproduction – parade, accouplement, gestation, accouchement, allaitement, élevage des jeunes – se déroulent au large.

Là est la difficulté !

Le sexe de la femelle

Dans la nature, même sous la surface et en eau limpide, on éprouve de la peine à distinguer la femelle cétacé du mâle ; sauf si monsieur manifeste... une réelle émotion. Cela arrive souvent : le pénis, on l'a dit, sert aussi d'organe du toucher. Il tâte, il explore et s'enquiert. Il remplit une fonction sociale. Il « crée du lien », comme on dit dans le jargon sociologique des humains. Il manifeste la domination d'un individu, il est un signe de guerre ou de paix. Voyons-le comme un doigt qui se lève ; parfois, comme un sceptre !

Hors les organes génitaux eux-mêmes, il n'y a pas d'important dimorphisme. Le mâle du cachalot, de l'orque, du faux-orque, du globicéphale est plus grand que sa compagne ; avec, chez l'épaulard dominant, un aileron dorsal surélevé, monumental, tel un étendard brandi ; comme un drapeau noir de pirate !

Le plus souvent, chez les cétacés à dents, le sexe dit « fort » est, en effet, un peu plus massif que le « faible ». Mais c'est l'inverse chez les jolis animaux noir et blanc que sont le dauphin noir, ceux d'Hector et de Commerson. Chez les cétacés à fanons, madame est toujours plus longue et plus massive que monsieur. C'est d'ailleurs une femelle – celle de la baleine bleue, ou rorqual bleu – qui détient le record de poids animal, toutes espèces confondues et depuis que la vie existe sur la Terre : 190 tonnes. Cette géante de l'Antarctique fut, hélas ! harponnée en 1948. Elle aurait équilibré le poids de trois brontosaures…

La plupart des cétacés – baleines et dauphins – possèdent 22 paires de chromosomes (23 chez l'homme). Les cachalots (physétéridés) et les baleines à bec (ziphiidés) n'en ont que 21. Apparier les gènes deux à deux, en croisant les lots maternel et paternel : tel est le défi.

À relever dans l'eau !

La vulve de la femelle s'ouvre dans un sillon médian du bas-ventre, juste en avant de l'anus. On y distingue deux grandes lèvres et deux petites (ou nymphes), ainsi qu'un clitoris : précision anatomique à l'usage de ceux qui douteraient de la réalité du plaisir chez ces animaux. Le reste de l'appareil génital est « classique ». Le vagin, long et étroit, donne sur un utérus (ou matrice) bicorne, comme chez la majorité des mammifères. Le fœtus occupe de préférence la corne gauche. Le placenta se développe après que l'œuf (au stade du blastocyste) s'est implanté (a « nidifié ») sur la paroi utérine. Les annexes qui permettent la croissance de l'embryon – la poche amniotique, le cordon ombilical, etc. – sont analogues à celles des autres mammifères supérieurs. Les jumeaux semblent plus rares que chez *Homo sapiens*, mais on en voit.

L'ovule – l'ovocyte mûr – a la même taille (environ 200 microns de diamètre) chez la dauphine tursiops, la géante baleine bleue, la naine femelle marsouin du Golfe – et la femme (la femelle *Homo sapiens*).

L'ovulation dépend du jeu subtil des hormones oestrogènes, lui-même réglé par des stimuli internes et externes : probables phéromones, durée relative du jour et de la nuit, sécrétion concomitante de mélatonine, etc. La ponte ovulaire semble irrégulière, comme on le constate en comptant les cicatrices de corps jaunes dans les ovaires.

La durée du cycle menstruel reste inconnue. Chez les espèces migratrices, qui ont une saison des amours marquée, on ne compte qu'une période de chaleurs (oestrus) par an, en général au printemps. Chez les locataires des tropiques, les ovulations sont plus fréquentes.

La sécrétion de progestérone prépare l'ovocyte à l'irruption ondulante, fécondante et guillerette du spermatozoïde. La grossesse et la montée de lait bloquent toute nouvelle ponte ovulaire.

Le sexe du mâle

Sauf s'il est en érection, on ne voit pas l'organe du mâle. Question d'efficacité en mouvement dans l'eau... Pendant la nage, rien ne doit « briser » la perfection hydrodynamique du corps. Les testicules sont internes et le pénis loge dans un sillon du bas-ventre qui ressemble à celui de la femelle.

La fente du mâle s'ouvre un peu plus en avant que celle de la femelle – à mi-distance du nombril et de l'anus. Les testicules ne sont pas externes, contenus dans des bourses (un scrotum), comme chez les mammifères terrestres. Ils sont internes, insérés dans la cavité abdominale, sous l'épine dorsale, en arrière des reins. Grosses comme des prunes chez le jeune tursiops, ces glandes sexuelles atteignent la taille d'un pamplemousse chez le « pacha » de l'espèce. Jusqu'à 50 centimètres et 12 kilogrammes chez le cachalot ; 90 centimètres et 45 kilogrammes chez la baleine bleue.

Cette position interne pose un redoutable problème physiologique. Chez les cétacés comme chez les autres mammifères, les cellules sexuelles (les spermatozoïdes) sont fragiles ; notamment sensibles à l'excès de chaleur. Elles sont plus productives, elles ont un meilleur pouvoir fécondant, lorsque leur température est inférieure aux 36 ou 37 degrés Celsius du corps. Pour abaisser cette température testiculaire, les cétacés ont dû s'adapter et diminuer leur température corporelle générale : la plupart d'entre eux en sont à 35 degrés.

Même chez les espèces les plus puissantes – grandes baleines, cachalots –, les spermatozoïdes ont une longueur « banale », de l'ordre de 50 microns, flagelle (« queue ») compris. La même dimension que chez l'homme ; ou la souris !

Au repos, le pénis est replié en S dans son encoche du bas-ventre. L'excitation le déploie hors de sa loge. Il s'agit d'un organe fibro-élastique, comme chez les artiodactyles, et non pas vasculaire, comme chez les périssodactyles et les primates. En d'autres termes, le membre sexuel du dauphin ressemble à celui du taureau ou du porc, non à celui du cheval ou de l'homme. Son érection n'est pas due à un afflux de sang dans des corps caverneux, mais à un raidissement de fibres tendineuses. Durant la nage, de puissants muscles rétracteurs le tiennent enfermé dans sa gaine abdominale : s'ils se relâchent, l'érection se déclenche. Cela explique que le pénis de l'animal qu'on trouve mort, échoué, soit toujours déployé.

Danses d'amour

Les dauphins et leurs cousins s'aiment au large ou dans des baies cachées. On ignore l'essentiel de leurs parades en liberté. On les a parfois soupçonnées, mais aucun humain n'a eu la chance de les étudier réellement *in situ* ; pas plus, d'ailleurs, que les mises bas.

On a entrevu quelques scènes torrides, entre autres chez les tursiops, les sténelles, les orques, les globicéphales, les dauphins communs et ceux de Risso. Mais brièvement ; dans le flou des vagues ; avec l'incertitude de l'onde... L'essentiel de notre savoir nous vient de l'observation de sujets captifs, ce qui ne constitue guère un gage de qualité en éthologie ! Les dauphins destinés aux parcs marins sont capturés jeunes, vers 2 ou 3 ans (plus vieux, ils ne supportent pas la prison). Tous les sujets d'un bassin ont à peu près le même âge, et les accouplements qui surviennent à la puberté (l'instinct parle...) n'ont pas eu l'exemple des adultes. Les comportements sexuels sont souvent aberrants et un grave problème se pose si les jeunes femelles, sans expérience ni modèle, « tombent » enceintes. Quand elles accouchent, elles ne savent pas ce qui leur arrive et sont incapables de s'occuper de leur petit – de lui faire prendre sa première inspiration, de le soutenir dans sa nage hésitante, et de lui donner la tétée...

La saison des amours varie selon les espèces. Les parades nuptiales ont souvent lieu au printemps, parfois en automne. Pour certaines espèces ou troupes des mers chaudes, elles se produisent tout au long de l'année.

Les cétacés naissent la queue la première :
ainsi évitent-ils la noyade en cas d'accouchement difficile.

De nombreux couples et des sujets de tous âges s'adonnent aux jeux sexuels – nasardes, caresses, contacts génitaux, copulations simulées ou réelles – en dehors des époques d'ovulation. Ces coïts ne se concluent par aucune grossesse. Pratiqués pour le plaisir, ils ont aussi une fonction dans la mise en place de la hiérarchie sociale. Il est intéressant de noter qu'on retrouve de tels comportements hédonistes chez les autres espèces animales intelligentes et sociables : les grands singes (orangs-outans, gorilles, chimpanzés et bonobos) ; et, bien sûr, chez l'homme, cet anthropoïde juste plus malin (et plus pervers !) que les autres.

En amour, les cétacés sont démonstratifs.

Observons le dauphin commun de Méditerranée. Au IVe siècle av. J.-C., Aristote note déjà que, nonobstant son allure de poisson, cet animal est un mammifère. Que la femelle accouche son petit dans l'eau et le nourrit de lait. Qu'elle le serre dans ses bras et lui offre, outre la nourriture, des soins attentifs et de l'affection. Suivons *Delphinus delphis* au large de la Grèce. Les aïeux de ce cétacé nageaient en eau pure, au temps du philosophe du Lycée, voici plus de deux millénaires. Les Minoens les avaient peints en bleu sur les murs du temple de Knossos, voici 3 500 ans, et les Mycéniens les avaient représentés sur des vases.

Ces animaux hantent désormais un liquide moins préservé et moins agréable qu'au temps où ils tiraient la barque de Nérée ou le char de Poséidon. Pour le reste, leur mode de vie a peu changé. Au printemps, la mer tiédit et les jours rallongent. Les glandes activent leurs hormones. Chacun s'énerve et tournoie en écoutant son corps. La vulve des femelles devient turgescente, le pénis des mâles est souvent dégainé. Les deux sexes émettent (peut-on croire, même si on n'en a pas la preuve scientifique) des phéromones (des hormones externes) et diverses molécules excitantes pour le goût, notamment contenues dans leurs urines et leurs matières fécales.

Les mâles (c'est leur lot !) se donnent du mal pour attirer l'attention des belles. Ils exécutent toutes sortes de sauts, de cabrioles, de coups de queue à la lune, de figures d'acrobatie qui expriment leur énergie et illustrent leur puissance.

Les femelles suscitent les parades : elles veulent être séduites. Elles commencent par se refuser. Elles réclament toujours plus de démonstrations de force ou de grâce.

Copulations torrides

Lorsqu'ils se sont choisis, les amoureux s'isolent ou cherchent à le faire : pas facile ! Alentour, d'autres prétendants excités aimeraient, eux aussi…

Le mâle courtise la femelle pendant des heures, des jours, voire des semaines. Il offre un prodigieux spectacle de danses, de vrilles, de sauts, de glissades, de slaloms, de virevoltes, auquel elle répond par autant de figures passionnées.

Plus il s'émeut, plus il déteste que d'autres mâles traînent dans les parages. Il les intimide en montrant les dents et en lâchant des chapelets de bulles d'air par l'évent (une attitude de menace chez tous les cétacés). Il attaque au besoin, bec en avant. Il percute les importuns et les repousse (un coup de rostre de dauphin fait mal !). Il leur mord la queue ou les battoirs. Il peut leur infliger de vraies blessures. On a longtemps cru que les dauphins étaient pacifiques. On en a fait des parangons de la non-violence. Certes, ils chantent et cliquettent davantage qu'ils ne se battent ; mais, chez eux, les duels avec un peu de sang et de vraies plaies ne sont pas rares… En captivité, le dauphin amoureux charge non seulement ses rivaux, mais le dresseur imprudent qui s'approche d'une femelle en chaleur.

En Afrique du Sud, Vic Crockoft a observé un comportement étrange : les dominants d'un groupe se succèdent devant la belle en chaleur en lui montrant leur pénis déployé. Ils éjaculent devant elle. Celui qui émet la plus grande quantité de sperme semble avoir les meilleures chances de s'accoupler : il a donné la mesure de sa puissance !

Les dauphins ont la sensualité à fleur de peau. Les amants se frottent, se caressent, se bécotent, se stimulent mutuellement le ventre et la zone génitale avec la bouche ou les bras. Ils se mordillent les battoirs ou la caudale, ce qui semble leur procurer un plaisir intense.

Le mâle, impatient, cherche à conclure. Il tente de s'accoupler. Il passe derrière, puis sous la femelle. Il nage sur le dos, à la même vitesse que sa partenaire. Contre elle, tout contre… Son pénis en érection tâte spasmodiquement le bas-ventre pour trouver la vulve.

Elle esquive jusqu'à ce qu'elle se sente prête. Tant qu'elle se refuse, il a l'air ridicule. On a vu une dauphine nager à toute vitesse, un mâle empressé sous elle, en direction d'un rocher ; et se dégager au dernier moment. Le benêt, obsédé, n'a pas détecté l'obstacle et l'a percuté : bosse au melon !

La séduction s'exerce. Le désir devient mutuel. L'accord des corps s'effectue.

Voilà la femelle consentante…

Elle s'offre en basculant sur le côté pour faciliter l'intromission. Les corps se conjuguent dans le satin de l'onde, abdomen contre abdomen. Les partenaires se disposent parfois en croix. Ou bien le couple se dresse, debout dans l'eau, à quelques mètres de profondeur ou en surface. Il arrive qu'un troisième individu (un mâle dominé) place son corps comme une cale pour stabiliser l'étreinte des amants dans le fluide. Peut-être attend-il son tour ?

L'épisode amoureux s'accompagne de toutes sortes de clics, gazouillis, sifflements, grincements et murmures. Comme un chant de sirènes…

Le coït lui-même est bref : il dure une poignée de secondes, rarement plus de 30. Mais les partenaires le répètent. Parfois dix ou douze fois en un après-midi. Et ils recommencent plusieurs jours de suite, jusqu'au terme de l'oestrus…

Les amants de la mer
Soufflent leur plaisir :
Embruns d'éternité !

Perversions et crimes

En captivité, dans les parcs marins, la sexualité des dauphins s'exacerbe, se pervertit, se détourne. Les mâles se montrent brutaux. Ils agressent. Ils frottent leur pénis sur tout ce qui bouge. Ils ont des pulsions de viol. Ils se mettent à plusieurs pour attaquer et forcer les femelles. La masturbation devient obsessionnelle.

Les dauphines se servent d'objets pour apaiser leur libido : on a vu Dolly, une tursiops échappée d'un centre de recherche militaire en Floride, utiliser un aviron comme godemiché. D'autres femelles emploient à cette fin les jouets de leur spectacle : bouées, bâtons, ballons…

On peut s'interroger sur la pertinence du terme « perversion », appliqué aux animaux. Mais, même si nos observations sont lacunaires, on note chez les cétacés des comportements que certaine « morale » jugerait « différents », « douteux », « politiquement incorrects », « aberrants », voire « criminels ».

L'homosexualité n'est jamais absente – mâle-mâle ou femelle-femelle ; non seulement en captivité, où elle est commune, mais en liberté… Plus on épie les troupes de tursiops, de sténelles ou de globicéphales, et plus on constate que les relations entre sujets de même sexe sont fréquentes. S'agit-il d'homosexualité au sens où nous l'entendons ? Difficile à dire. Les caresses entre individus de même sexe peuvent être simplement amicales. Mais comment qualifier l'activité de deux mâles qui nagent ventre à ventre, pénis contre pénis, en érection et jusqu'à la jouissance ? Ou les motivations de deux femelles qui se frottent mutuellement la vulve, et en tirent un évident plaisir ?

De telles scènes ont été vues.

On ignore, bien sûr, la psychologie des cétacés : impossible de déterminer si certains d'entre eux aiment dominer ou être dominés ; faire souffrir ou endurer des souffrances (sadisme ou masochisme) ; ou toute autre « déviation » sexuelle que nous autres, *Homo sapiens*, goûtons et pratiquons.

Les deux comportements que nos sociétés réprouvent (et criminalisent) avec le plus de sévérité, sont aujourd'hui le viol et la pédophilie.

Le viol a été observé chez les dauphins, non seulement en bassin clos (où il est en partie explicable : toute prison rend fou), mais en liberté. Dans la baie Shark, sur le fameux site australien de Monkey Mia, longtemps réputé pour ses « gentils » tursiops (« amis des hommes » et « pacifiques »), des groupes de deux à six mâles se liguent pour isoler des femelles, y compris hors des périodes de chaleurs, et les contraindre à des relations sexuelles non consenties et douloureuses. Les victimes tentent de s'enfuir, mais les malfrats sont costauds, rapides et malins. On ne voit pas trop la différence avec une « tournante » dans une cave de banlieue...

Quant aux relations sexuelles avec des juvéniles, elles existent, mais obéissent à des règles. Chez les dauphins, comme chez certains grands singes proches de notre espèce (tel le bonobo), la participation des petits de tous âges aux jeux de l'amour – entre eux ou avec des adultes – est tolérée. Du moins, tant qu'il s'agit d'impubères, et au titre de l'apprentissage général de la vie. Chez les dauphins comme chez les bonobos, il semble qu'il y ait là une façon de désamorcer l'agressivité, d'apaiser les tensions sociales. Les caresses, les frottements, les « baisers », les masturbations, voire les simulations de coït ou de brefs accouplements (hétérosexuels ou homosexuels), sont monnaie courante. Tout le monde s'y livre avec enthousiasme.

Mais, comme chez les singes anthropoïdes et les humains, il existe chez les cétacés un tabou de l'inceste. Lorsqu'ils arrivent en âge de se reproduire (vers 10 à 12 ans, de même que chez les hommes), les jeunes mâles d'une troupe n'ont plus le droit de proposer des jeux sexuels à leurs sœurs, leurs cousines, leurs tantes, etc. ; ni, bien sûr, à leur mère. (Dans le sens père-fille, l'interdit paraît moins respecté...) Ils doivent s'en aller, quitter le groupe matriarcal, vivre une grande et périlleuse aventure. Ils nagent loin. Ils rejoignent, s'ils le peuvent (ceux qui n'y parviennent pas ont peu de chances de survivre), une bande de célibataires (dits aussi « bacheliers »), avec laquelle ils restent une bonne dizaine d'années. C'est seulement à l'âge de 20 ou 25 ans qu'ils seront assez forts pour tenter leur chance et devenir, à leur tour, des « pachas ». Afin de transmettre, avec les femelles d'une nouvelle famille, leur patrimoine génétique.

Naître au Grand Bleu

Les amours s'achèvent.
La femelle est enceinte...

Le bébé vient, en pleine eau, téter sa mère, qui possède deux mamelles à l'arrière du corps. Le lait est envoyé sous pression dans son gosier.

Dans la plupart des cas, chez les odontocètes, le temps de gestation s'établit entre 10 et 12 mois. Ce délai permet aux cétacés de concevoir le jeune au printemps, dans une mer douce et accueillante, et de lui donner le jour à la même saison, un an plus tard. Avec les meilleures chances de survie – climat propice et mère bien nourrie.

Car la mer n'est jamais un milieu facile...

En réalité, la durée de vie intra-utérine varie avec les espèces. Elle est de 10 mois et demi chez le dauphin commun et les sténelles, de 12 chez le tursiops, les dauphins à bosse, le dauphin de Risso, etc. L'amplitude va de 7 à 8 mois chez les formes naines, comme les marsouins ou le dauphin d'Hector, à plus d'1 an chez les grandes. 14 mois chez le bélouga, 15 chez le narval, l'orque, le faux-orque, l'orque pygmée et les globicéphales. Record : 16 mois chez le cachalot (à comparer avec les 22 de l'éléphant). Peut-être la gestation atteint-elle même 17 mois chez des baleines à bec comme la bérardie de Baird.

La femelle enceinte s'alourdit, mais ses formes changent peu : elle reste hydrodynamique. Son ventre ne devient ni énorme, ni difforme. Difficile, en pleine eau, de repérer une future maman...

Lorsqu'elle sent approcher le terme, la dauphine a tendance à se cacher dans une baie, un bras d'eau, une crique de corail, etc. Elle se prépare à la mise bas. Il s'agit, en réalité, d'un événement « culturel ». La parturiente intrigue les membres de la troupe : il est rare qu'elle accouche dans la solitude. Les femelles font cercle et les jeunes en profitent pour apprendre la technique. Celles qui n'ont jamais vu une aînée donner le jour à un bébé, puis s'en occuper et l'allaiter, auront du mal à s'en tirer si elles se retrouvent elles-mêmes enceintes.

La future mère trouve souvent près d'elle une ou plusieurs grandes femelles adultes, qu'on appelle (de façon anthropomorphique) les « tantes », « sages-femmes » ou « marraines ». Celles-ci assistent la mise bas. Elles portent le petit en surface pour sa première inspiration, si la mère, épuisée, est incapable de le faire... En vérité, bien qu'on en ait beaucoup parlé, on n'a jamais observé ce comportement social dans la nature, pour la simple raison que personne n'a jamais vu non plus une dauphine accoucher dans la mer. Des chercheurs chanceux ont assisté au début de la scène aux Bahamas, avec une sténelle tachetée. D'autres ont vu la fin d'une naissance de cachalot, près du Sri Lanka (Ceylan). Aucun humain n'a contemplé la totalité de l'événement... Chez la baleine à bosse (ou mégaptère), un animal qu'on avait pris pour une « marraine » s'est révélé être... un mâle en rut, animé d'intentions non pas altruistes, mais franchement érotiques !

La future mère choisit donc une anse ou quelque abri protégé des orques ou des requins. Elle respire de plus en plus vite. Elle évacue son intestin. Elle entre en travail. Les contractions se rapprochent. La poche des eaux se rompt dans un nuage ensanglanté. La vulve dilatée laisse paraître la queue du bébé, dont les deux lobes sont enroulés comme deux feuilles de papier à cigarette.

Un spasme ultime, et le fœtus est expulsé...

Les nageoires pectorales ne gênent pas le passage, car elles restent plaquées sur le corps, de même que l'aileron dorsal. Grâce à des points de faiblesse, le court cordon ombilical (40 à 50 pour 100 de la longueur du bébé) se rompt au ras du ventre du nouveau-né. Si tout se passe bien, la mise bas dure entre 30 minutes et 2 heures, pour une femelle multipare. Les annexes (placenta, etc.) sont expulsées 1 à 2 heures plus tard, ce qui évite de répandre inutilement du sang dans la mer. (Des carnassiers pourraient flairer l'aubaine.) En captivité, on a vu la compagne de la parturiente la libérer des délivres en tirant dessus avec la bouche.

Sitôt dehors, le bébé (grassouillet) gicle vers la surface comme un bouchon, souvent poussé vers le haut par sa mère, et aidé (peut-être) du museau ou du bras par une « marraine ». L'évent du delphineau s'ouvre : et « pfouff ! »... Magie du premier souffle ! On a vu une femelle faire émerger plusieurs fois de suite son enfant, comme pour lui apprendre l'apnée ; ou pour célébrer le plaisir de la mise au monde ! Il arrive aussi que la mère soutienne obstinément en surface, pendant des heures ou des jours, un petit mort-né. La douleur de celle qui ne comprend plus fait peine à voir.

La présentation du fœtus par la queue est logique chez les cétacés, bien qu'on ait vu (en captivité) des naissances la tête la première. Ce mode de parturition a été observé par des marins avant qu'on ne le note dans la littérature scientifique. Il est nécessité par le fait qu'en cas de difficulté, le bébé risque moins de boire de l'eau, voire de se noyer. Il a donné lieu à des légendes... Aristote croyait que le jeune dauphin pouvait rentrer dans le ventre maternel en cas de danger. Les Inuit pensaient que le jeune passait quelques jours la queue hors du ventre de la femelle pour apprendre à nager !

Comparé à la femelle adulte, le bébé est imposant. Un gros pépère ! Le nouveau-né de tursiops pèse 30 kilogrammes et mesure 1,20 mètre ; sa mère, 200 kilogrammes et 2,80 mètres. À proportion identique, une femme de 50 kilogrammes et de 1,60 mètre accoucherait d'un enfant de 7,5 kilogrammes et 65 centimètres ! Cette différence s'explique par le fait que le dauphin, lorsqu'il naît, doit être prêt à nager. On dirait, si c'était un oiseau, qu'il est « nidifuge » (vite sorti du nid), et non pas « nidicole » (casanier). Il est plus promptement « terminé » que le petit singe ou le petit homme – lequel reste longtemps blotti dans les bras de sa mère !

Sitôt inhalée la première bouffée d'air, le delphineau sinue et ondule. Étonné d'être là... Ses nageoires pectorales et caudales se déroulent et s'étalent. Il gardera visibles, pendant plusieurs mois, les marques claires des plis de sa position fœtale. Le réflexe locomoteur existe, comme chez le nouveau-né humain. Mais ici, point de délai : le jeune doit prouver le mouvement en nageant ! Il apprend à coordonner sa respiration. Sa trajectoire devient plus assurée : au bout d'une demi-heure, il se débrouille.

Maman l'encourage, le câline, le cajole, le stimule, le rassure, lui dispense mille tendresses.

Bienvenue au Grand Bleu !

Dauphin du jour :
La jeunesse de la Terre
Naît de la mer...

Vie sociale

Les peuples de l'eau

Les dauphins, animaux sociaux, forment dans l'univers liquide un ensemble de peuples. Ils ont leurs lois, leurs hiérarchies, leurs codes, leurs interdits, leurs obligations. Et leurs plaisirs partagés…
Petite sociologie humide !

Chaleur. Humidité. Forêt vierge… Dans l'île de Sumatra, le delta du fleuve Kampar, né sur les pentes du volcan Malintang… La pirogue fend l'eau brun-rouge, chargée de sédiments et d'acide humique. Un songe équatorial… Des calaos et des perroquets volent entre les troncs des figuiers étrangleurs. On entrevoit, dans les frondaisons, le dos roux d'un orang-outan. Au bord de la rivière, des macaques poussent des cris qu'eux seuls comprennent.

C'est à cet instant qu'ils passent avec un sourire.

Les dauphins…

Ce sont des dauphins de fleuve, ou plutôt des nomades qui vont de la mer à la rivière, et *vice versa*, selon la saison. Peau grise et ventre rose. Pas de bec, mais un museau en oblique sous un melon tout rond… On appelle l'espèce « orcelle de Bornéo » ou « dauphin de l'Irraouaddy » *(Orcaella brevirostris)*. Une dizaine d'adultes et deux petits filent vers l'amont. Réunis en clan familial, les cétacés vont chasser dans les lacs de l'intérieur de la grande île en profitant de la crue. Ils sont organisés. Solidaires. Unis par des comportements dont la somme crée quelque chose comme un tissu social. Une manière de clan.

L'un des membres de la famille s'avance, souffle et considère l'embarcation. Un autre plonge et sinue près du canot.

Un petit vient en surface et crache un jet d'eau par la bouche, comme le fait souvent l'espèce. Un autre individu se dresse et, le corps aux trois quarts hors de l'onde, nage debout, en équilibre sur la queue, comme dans un numéro de cirque ; sauf qu'il s'agit d'un animal libre et sauvage…

Le cétologiste immerge son hydrophone. Dans son casque, il écoute les sons que les cétacés émettent. Il a l'impression d'un dialogue. Les orcelles se parlent. Les membres du groupe ne cessent d'échanger des « mots », des « phrases », sous forme de trains de clics, de coups de sifflets, de murmures, de grincements. Les dauphins offrent l'image d'une société qui acquiert et transmet des informations, bref qui possède au moins un embryon de « culture ».

Tétée sous pression

Apprendre : le premier devoir du jeune.

L'éducation du dauphin commence sitôt qu'il quitte le ventre maternel. Faible, sans défense, il n'a ni tanière confortable, ni aucun nid douillet. La mer est traîtresse, les vagues sans pitié, les courants puissants, l'air en surface difficile à prendre. Le petit nage et respire mal. Il « boit la tasse » plus souvent qu'à son tour. Encore incapable de plonger…

Mais maman est vigilante… Bébé requiert toute son attention, et celle du clan. Sans la sollicitude des adultes, le nouveau-né n'aurait aucune chance. Les autres le surveillent du coin de l'œil ; ou plutôt, de l'oreille – au sonar, bien sûr. S'il se trouve en difficulté, s'il court un danger, un congénère vole à son secours.

La première acquisition du delphineau, après les rudiments de la nage et un bon rythme de respiration, consiste à téter dans les règles. Il ne réclame pas son premier repas juste après sa naissance, mais dans les 24 heures. Il tapote le ventre de sa mère du bout du museau. On ignore comment (il n'a pas d'odorat, à la différence des petits mammifères terrestres…), mais il localise la source tiède et onctueuse.

Les deux mamelles sont dissimulées chacune dans une encoche du bas-ventre, de part et d'autre de la vulve. (Il existe deux tétons résiduels chez le mâle.) Les glandes à lait (galactogènes) sont internes. Elles alimentent chacune un mamelon érectile. De puissants muscles sous-cutanés expédient sous pression le liquide dans la bouche gourmande. C'est un mode d'alimentation… par injection directe, qu'on retrouve chez l'hippopotame. Une preuve supplémentaire que les lignées sont proches ? Une convergence évolutive, sachant qu'il est difficile de téter dans l'eau ?

Bébé prend son souffle. Il se place derrière sa mère qui s'incline et nage lentement sur le côté. Il attrape le mamelon dans l'angle des mandibules, et forme une gouttière avec sa langue. Maman contracte ses muscles mammaires. Le lait gicle au fond de la gorge avide, sans se perdre au dehors ni se diluer. Le nourrissage dure une poignée de secondes et se répète deux à trois fois par heure, à longueur de journée, peut-être même la nuit.

La scène évoque l'absorption goulue d'un tube de lait concentré sucré par un gamin gourmand. Mais la tendresse est au rendez-vous. La mère câline son enfant avec ses grandes mains en triangles. Le sentiment maternel ne se divise pas – même chez les cétacés.

Lait concentré non sucré

Le lait de la dauphine est concentré, mais non sucré. L'analyse le révèle très riche en graisses et en protéines, mais pauvre en lactose. Il contient dix fois plus de lipides, deux fois plus de protides, cinq à six fois plus de calories et deux fois plus de sels minéraux (surtout de calcium et de phosphore) que celui de vache ou de femme. On y relève des taux de chlore, de sodium, de potassium, de fer, de magnésium, de vitamines, etc., voisins de ceux des mammifères terrestres.

Cette richesse en calories et en protéines est une nécessité. Il faut compenser les déperditions de chaleur dans l'eau. Et la croissance est ultrarapide ! Le cétacé double son poids de naissance en 8 à 10 jours, alors qu'il en faut 47 au petit de vache et 180 à celui d'homme. À 1 an, le delphineau a plus que doublé sa longueur et multiplié son poids par sept. Il atteint les quatre cinquièmes de ses dimensions définitives, contre le tiers pour *Homo sapiens*.

L'allaitement dure 6 à 10 mois (selon l'espèce) chez les baleines à fanons (un baleineau de baleine bleue tète 100 litres par jour !), et environ 1 an chez les odontocètes. Souvent davantage. Chez nombre de cétacés à dents, le jeune de 2 à 5 ans, à peu près aussi grand que sa mère, et capable depuis belle lurette de se nourrir par lui-même de poissons ou de calmars, quémande encore du lait. Au moins, le goût des mamelles… Et la femelle accepte ! Même si elle n'a plus grand-chose (ou plus rien du tout) à offrir, elle consent, de façon symbolique. Il s'agit d'un acte social. Manière de maintenir le lien…

Devenu grand, le cétacé conserve des rapports privilégiés avec celle qui l'a conçu. Ce « sentiment » filial peut durer jusqu'à la mort. Dans l'océan Pacifique, l'Australienne Helen Marsh et le Japonais Toshio Kasuya ont observé les relations qui se nouent entre de vieilles mères et leurs grands enfants chez le globicéphale tropical *(Globicephala macrorhynchus).*

Chez cette baleine-pilote, comme chez les autres cétacés, les gestations sont loin de se produire tous les ans : elles sont séparées de 2 ou 3 ans pour les femelles de moins de 40 ans. Elles s'espacent lorsque la « dame » vieillit et approche de la ménopause (qui intervient autour de 50 ans). Entre 12 (la puberté) et 40 ans, la dauphine conçoit en moyenne une douzaine à une quinzaine de bébés, dont la moitié survivent (la mortalité néonatale est forte) : c'est à peu près le nombre total d'enfants (et de survivants) qu'avaient les femmes avant la médecine moderne et l'apparition des moyens anticonceptionnels.

Après la quarantaine, la mère globicéphale conçoit encore un ou deux petits. Ceux-ci restent avec elle bien plus longtemps que leurs aînés. Elle les allaite non pas une année, mais 10 ou 15 ; bien au-delà de leur puberté ! Alors même qu'ils ont acquis leur taille adulte et commencent de se reproduire à leur tour… Juste par affection : la tétée n'est plus que symbolique… On imagine que ces contacts prolongés créent les conditions d'apparition, non seulement d'une authentique tendresse (quel que soit le nom qu'on donne à cet attachement mutuel), mais d'un savoir commun ; d'une « culture » de clan, que les femelles détiennent, améliorent et transmettent.

L'effet Bernoulli

Maman cétacé est attentive. Elle rappelle son rejeton à la moindre inquiétude, soit en sifflant, soit d'un geste du bras (« Reviens ! ») qui ressemble un peu au nôtre. Elle le touche, le rassure, le serre contre elle et lui fait un rempart de son corps.

S'il s'éloigne trop, elle le corrige d'une « gifle » (une vraie baffe à main ouverte…) ou d'un coup de nez. Elle lui mordille l'aileron ou la queue. L'éducation paraît parfois rude et la punition sévère. Chez la sténelle tachetée de l'Atlantique, Denise Herzing a observé que la mère plaque son petit désobéissant au fond de l'eau jusqu'à ce qu'il crie de douleur. Pour lui « faire comprendre »…

À l'opposé, maman veille et protège en toute circonstance. Maints témoins soulignent que la femelle s'interpose avec « courage », si ce mot a un sens animal, entre un prédateur (ou un humain agressif) et son rejeton.

Lorsqu'il a peur, le jeune cliquette et siffle fort, convulsivement, un peu comme un bébé humain pleure : c'est sa manière d'appeler sa mère. Celle-ci accourt. Elle l'encourage et le met en sécurité.

La femelle aide son petit à nager s'il est fatigué, ou s'il faut accomplir un long voyage. Elle utilise, à cet effet, une technique particulière, qu'on appelle la « nage en échelons » ou l'« effet Bernoulli » (du nom du physicien suisse qui, au XVIIIe siècle, fonda la science hydrodynamique). Le jeune vient se placer derrière la partie la plus large du dos maternel, entre l'évent et l'aileron dorsal. Dans l'espace compris entre les deux corps en mouvement, l'eau sous pression voit sa vitesse augmenter. Il en résulte une diminution des forces de frottement sur le delphineau (selon le physicien, un écoulement plus laminaire du liquide). Le petit se trouve « aspiré », entraîné vers l'avant. Il avance en déployant peu d'efforts. Il réalise un gain d'énergie de 25 à 30 pour 100, voire plus du tiers. C'est, en version aquatique, l'art de se faire « porter sur le dos » par un adulte.

Lorsque la mère s'amuse avec son bébé, après la tétée, par exemple, elle déploie une patience infinie. C'est peu de dire que le petit est turbulent. Mais la femelle accepte les nasardes, les mordillements, les coups de queue ou de tête dont il la gratifie. Y compris quand elle préférerait faire la sieste... L'une des distractions favorites du delphineau consiste à s'élancer dans l'eau pour grimper perpendiculairement sur sa mère qui se repose en surface, et à faire de la glissade sur son flanc !

Avec persévérance, maman enseigne à son petit les postures, les gestes du bras ou de la queue, les crachotements de bulles, les mimiques et le langage sonore du groupe : trains de clics, coups de sifflet, murmures, grincements... Elle lui montre comment sauter, plonger et faire fonctionner son sonar. Le sens de l'écholocation se met en place vers un mois et réclame de l'entraînement pour devenir efficace.

La dauphine révèle chaque jour à son enfant les dangers de l'univers liquide. Dès qu'elle a moins de lait, elle lui offre des proies à goûter, puis à gober. Elle lui apporte des poissons ou des calmars vivants pour titiller son instinct de chasse et améliorer sa technique. Elle le guide et l'assiste quand il essaie de se procurer lui-même sa nourriture.

Il mémorise, grâce à elle, les routes de migration du clan, les récifs et les passages périlleux, les hauts fonds et les fosses, les baies calmes où dormir, les oasis prodigues en nourriture, les havres favorables sur les chemins du tropique ou du pôle, les aires de jeux ou les pistes d'azur réservées aux parades nuptiales...

La stratégie antirequins

« Solidarité » ! Un maître mot des sociétés de dauphins...

Le troupeau entier voue assistance aux sujets qui le composent. On appelle, avec une certaine cuistrerie, « comportement épimélétique » l'action qui consiste à donner l'alerte et à secourir ses semblables. Chez les cétacés, cette attitude n'est pas réservée au duo mère-enfant. Elle concerne tous les individus du groupe. Un cétacé attaqué par un ennemi reçoit l'aide du clan entier ; au moins des dominants, dont le rôle est aussi de protéger les plus faibles.

Un cas spectaculaire d'assistance mutuelle concerne les situations où les dauphins se retrouvent face à des requins

– de grands requins dangereux, tels le requin blanc, le requin-tigre, le longimane, le requin bleu, le requin-taureau ou le grand requin-marteau. Les squales se méfient et n'attaquent pas volontiers les princes de l'océan. Affamés, ils osent parfois s'en prendre à un cétacé – un vieux, un malade ou un bébé imprudent éloigné de la bande.

Si le péril est imminent, les dauphins lancent l'alerte, se regroupent et préparent la contre-attaque. Ils se concertent à l'aide de clics et de coups de sifflets. Ils entourent les prédateurs. Ils chargent... Au signal de l'un d'eux, il foncent à toute vitesse, de toute leur puissance, en assenant de grands coups de rostre dans le ventre des poissons, dont ils savent l'énorme foie fragile : un impact de bec de dauphin furieux fait des dégâts... La plupart du temps, les squales s'égaillent. Mais il arrive que leur agression réussisse. Nombre de cétacés portent des cicatrices de morsures que leur ont infligées les « dents de la mer » !

Ces conflits de superprédateurs existent depuis longtemps : au Miocène, voici environ 15 millions d'années, les ancêtres des dauphins actuels devaient résister au puissant appétit du « superrequin blanc » *Procarcharodon megalodon*, long de 15 mètres et doté de dents triangulaires aiguës, hautes de 15 centimètres, crénelées et d'aspect terrifiant. Les cétacés en ont fait leur affaire. La preuve ? Ils ont engendré une prospère descendance !

On a longtemps pensé que les dauphins et les squales étaient ennemis jurés et ne se supportaient pas une minute, princes concurrents de la mer, toujours prêts à en découdre. Ce n'est pas exact. Ils ne se bagarrent pas volontiers. Il leur arrive même d'être complices en prédation. De faire cause commune pour manger... Ils poursuivent ensemble les bancs de calmars ou de poissons grégaires (anchois, sardines, maquereaux...), comme cela se produit aussi entre dauphins et thons, marlins ou espadons.

Aux îles Bahamas et en Floride, les sténelles tachetées et les requins de récifs nouent de tels liens de commensalisme. À Moreton Bay, près de Brisbane (Australie), les tursiops présentent presque tous des marques de morsures sur le corps, qui leur ont été infligées par des squales : preuve que les conflits existent. Mais, à d'autres moment, on voit les uns et les autres chasser de conserve... À l'île Cocos, au large du Costa Rica, dans l'océan Pacifique, les tursiops se mêlent aux requins-marteaux, qui pullulent dans ces eaux ; les deux espèces développent une stratégie de groupe inhabituelle, mais efficace.

Les cétacés, a-t-on souvent observé, détestent voir un sujet de leur clan en état de détresse respiratoire ou en difficulté dans les vagues. Ils s'en inquiètent. Ils entourent le malade ou le blessé, le soulèvent avec leur rostre ou leur tête, le portent en surface, le soutiennent et lui permettent de s'oxygéner pendant des heures. Cette aide s'étend à d'autres espèces – de cétacés, d'abord, mais aussi de mammifères terrestres ; sans oublier l'espèce humaine !

On a glosé sur ces conduites « épimélétiques ». Peut-on parler d'« altruisme » ? Les dauphins ont-ils un embryon de « sens moral » ? Obéissent-ils à ce qu'on pourrait appeler un « devoir d'assistance » ? Le fait qu'ils se « dévouent » pour

Les dauphins, comme ces péponocéphales
(ou têtes-de-melons),
sont organisés en sociétés complexes et hiérarchisées.

leurs semblables implique-t-il qu'ils ont (au moins à l'état d'ébauche) une certaine « conscience » d'eux-mêmes et de leurs congénères ?

Interrogations fascinantes !

Face à de tels comportements, on peut s'en tenir à une explication utilitariste : le succès du fameux « gène égoïste » de chacun est statistiquement mieux garanti s'il existe une solidarité de l'espèce, et si tout le monde respecte la règle. Une façon de favoriser son patrimoine génétique consiste à exacerber la pulsion d'assistance au sein de la lignée dont on fait partie. Le népotisme paie.

Mais on peut aller plus loin et se dire que le cétacé, grâce à son gros cerveau et à sa vie sociale complexe, commence d'incarner ce que le philosophe humain appelle un « être moral ».

Harems ou matriarcats

Les deux sexes atteignent la puberté (maturité sexuelle) et la taille adulte (maturité physique) avant d'être aptes à transmettre réellement la vie. Les femelles sont sexuellement prêtes une ou deux saisons avant leurs compagnons. Elles peuvent avoir très vite un premier petit.

Chez les mâles, la fondation d'une « famille » constitue une longue patience ; souvent même, ils n'y ont pas droit !

L'âge de la puberté varie selon les espèces : 5 à 6 ans pour les cétacés de taille inférieure (marsouins, petits dauphins) ; 12 à 15 pour les grandes formes (orque, pseudorque, globicéphales, bélouga, narval, cachalot) ; en moyenne, 10 à 12, comme chez le tursiops, le dauphin commun, les sténelles, le sténo, les dauphins à flancs blancs, etc.

Chez les mâles, il ne suffit pas d'avoir les gonades en état de marche (et dont les hormones titillent le corps !) pour devenir père : il faut encore conquérir un statut social. Devenir un dominant – un pacha ; et c'est le plus difficile !

Les cétacés à fanons (baleines franches, baleines grises, rorquals...) vivent en petits groupes familiaux – la mère et son petit, qu'accompagnent une ou deux autres femelles ou un mâle ; avec, parfois, des congrès plus nombreux sur les champs de plancton, en été, à la saison des ripailles.

Les cétacés à dents sont tous très sociables, mais l'honnêteté intellectuelle oblige à écrire qu'on ignore la composition des troupeaux chez la majorité des espèces. Les bandes, ou « écoles » (un vieux mot de baleinier, également utilisé en anglais : *schools*), sont souvent fortes de cinq à trente individus. On a contemplé des réunions de milliers de sujets chez le marsouin commun, le marsouin de Dall, le bélouga, le tête-de-melon, les sténelles, etc. Chez le dauphin commun, on a noté (au large du Japon et de l'Afrique occidentale) des associations de millions d'individus : vertigineux grégarisme !

La structure du groupe dépend en partie du mode de vie et des ressources alimentaires disponibles. Les cétacés du large (pélagiques) apprécient de nager en foule : c'est une bonne manière de localiser, puis de regrouper des proies rapides (poissons, calmars...), qui se déplacent elles-mêmes en bancs. Les espèces côtières ou fluviales composent des clans plus modestes, qui fouillent les abords des rochers ou des bancs de sable en quête d'animaux sédentaires. Les dauphins roses *(botos)* de l'Amazone nagent en couples – mâle et femelle, plutôt fidèles. On voit aussi, sur les récifs de coraux ou dans les forêts d'algues, des dauphins solitaires, occupés à « picorer » des proies dans le dédale des madrépores ou des stipes ; mais ces animaux rejoignent une bande au terme de leur chasse égoïste.

Les sociétés de cétacés sont hiérarchisées. Elles s'organisent autour d'un noyau de dominants – de reproducteurs – que les jeunes entourent.

Diverses combinaisons ont été décrites.

Chez quelques populations de globicéphales, de cachalots, d'orques, etc., à certaines saisons de l'année, le groupe de base est le harem, comme chez les pinnipèdes (phoques, morses et otaries). Les grands mâles se défient en combats symboliques (cris, sauts, postures d'intimidation, crachements de bulles, coups de queue sur la vague...), qui dégénèrent parfois en bousculades, avec contusions, morsures et dégâts collatéraux. Le triomphateur – devenu pacha –, dont le pouvoir est éphémère, règne sur les femelles qu'il rassemble et s'arroge le droit de féconder.

Le harem n'est cependant jamais très défini, ni très stable, ni aussi contraignant que chez les otaries ou les éléphants de mer. Il arrive que plusieurs mâles s'allient pour asseoir leur seigneurie, et se partagent l'agréable devoir du coït. Ces complices sont frères ou cousins. On observe le même style de pouvoir familial chez les lions, les guépards, les babouins, les chimpanzés communs.

Chez la plupart des populations de cachalots, de globicéphales, d'orques épaulards, d'orques nains, de pseudorques, de bélougas et de narvals, ainsi que chez les tursiops, les sténelles et les dauphins communs, la société est matriarcale. Une grande femelle conduit le groupe reproducteur, comme chez les éléphants, les hyènes ou les chimpanzés bonobos. Cette dominante, ou matriarche, est une « dame » mûre. Expérimentée et obéie… Ses filles héritent de la prééminence.

Les mâles *alpha* tournent autour du groupe et viennent s'enquérir de l'état hormonal des belles. Prêts à profiter d'une « ouverture »…

Célibataires et vieillards

Qu'il s'agisse d'un harem, d'un matriarcat ou d'une combinaison des deux (avec des dominants des deux sexes et des structures ouvertes, qui varient selon les saisons), le groupe reproducteur constitue la base de la structure sociale. Mais ce n'est pas le seul.

Les jeunes mâles adolescents, chassés par leur mère et les pachas dès l'instant où ils atteignent leur maturité sexuelle, font contre mauvaise fortune bon cœur. Ils s'unissent en bandes homogènes, dites « de célibataires » (ou « de bacheliers »). Ils vivent ainsi, comptant les uns sur les autres, soudés par la nécessité, durant une dizaine d'années – entre la puberté (10 à 12 ans) et l'âge de la maturité sociale (20 à 25 ans).

Lorsqu'ils se sentent assez costauds, ils viennent défier les dominants attachés à une troupe qui n'est pas celle dont ils sont issus. D'abord timidement, juste pour voir ; puis avec davantage d'assurance. Ils doivent affronter la puissance et la détermination d'individus soucieux de conserver leurs privilèges. Ces défis entre mâles sont moins pacifiques, moins symboliques qu'on ne le croyait naguère. Les bagarres ne sont pas toutes « pour de faux ». Lorsque les rivaux se jugent de taille et de force égale, il y a de vrais coups de rostre ; des gifles ; des morsures ; des lésions ; du sang répandu.

Mais rien de mortel ! Le dauphin battu, dominé, vaincu se retire avant d'avoir subi d'irrémédiables blessures. En espérant avoir une meilleure chance la prochaine fois ! Certains ne connaîtront jamais la joie de séduire une belle. Mais – on l'a dit – les pachas ne restent pas longtemps au pouvoir. Leur tâche est à la fois exaltante et pénible. Le « chef » doit être là en permanence ; défendre ses avantages ; inspirer désir et confiance aux femelles ; protéger le groupe contre les prédateurs ; et oublier de manger pour entamer des parades nuptiales emplies d'agrément, mais longues et fatigantes…

Au bout de 3 ou 4 ans de ce surrégime, les individus *alpha* perdent leur ardeur. Ils se font battre par plus jeune et plus entreprenant. Mais ils continuent de tourner autour des femelles, afin de profiter d'occasions de raccroc ; comme, d'ailleurs, le font leur vie durant certains dominés malingres, mais rusés ; opportunistes !

Les femelles qui atteignent la ménopause, puis deviennent vieilles, ne sont pas abandonnées par leurs congénères. Elles achèvent paisiblement leur existence au sein protecteur du groupe principal.

Après avoir été supplantés comme chefs, certains mâles choisissent la solitude. Les baleiniers racontaient que les cachalots ridés et blanchis par les ans nagent jusqu'à la banquise pour y mourir dans la gloire d'une aurore polaire. Et qu'ils rendent le dernier soupir dans un « cimetière des baleines » analogue aux fameux « cimetières des éléphants » d'Afrique…

L'espérance de vie des cétacés varie *grosso modo* à proportion de leur taille. Les marsouins et les petits dauphins atteignent 15 ans, parfois 20 ou 25. Les animaux de dimension moyenne s'éteignent entre 25 et 40 ans – jusqu'à 50 pour le tursiops ; près de 60, peut-être 70 pour certaines femelles de cette espèce, ainsi qu'on l'a découvert récemment. (En captivité, les mêmes sujets ne dépassent guère 25 ans : ils se morfondent, tombent malades et se laissent dépérir.)

Les grands odontocètes (baleines à bec, narvals, bélougas, etc.) et les baleines à fanons meurent à 50 ou 60 ans. Les femelles de globicéphales et d'orques dépassent 60 ou 80. Le cachalot géant atteint un âge encore plus respectable. On parle, à son propos (et avec une certaine vraisemblance), d'individus centenaires !

Il est touchant de songer que les cétacés et les hommes (du moins, nos semblables avant les progrès de la médecine) parcourent à peu près la même ligne de vie. Gestation. Petite enfance surprotégée. Puberté vers 12 ans. Maturité sociale et début de la reproduction entre 15 ans (femelles) et 20 à 25 (mâles). Au total, entre douze et quinze grossesses pour les femelles (environ la moitié des bébés survivent au-delà d'1 an). Ménopause vers 50 ans. Vieillesse. Derniers jours vers 60 ou 80...

Frères dauphins,
Frères humains,
Dans le bleu de la mer !

Tursiops en société

Ils se matérialisent dans la vague comme une magie d'azur...

Les dauphins tursiops viennent (dirait-on) saluer les naturalistes au travail sur le Banc d'Argent, au nord d'Haïti. Sur ce récif coulèrent jadis maints galions de la Flotte de l'Or espagnole, chargés des richesses du Nouveau Monde. Les coraux, les éponges et les gorgones ont recouvert les ducats et les lingots. Temps suspendu... Une anémone de mer cramoisie scintille comme un rubis. Un ver spirobranche aux tentacules déployés semble une topaze. Un bouquet d'hydraires jaunes évoque des pièces d'or. Une colonie d'ascidies prend des allures de collier d'émeraudes.

Les dauphins n'ont que faire de ces illusions de richesse humaine.

Comment vivent-ils en société ? On connaît un peu mieux, depuis une dizaine d'années, leurs mœurs et leurs règles communautaires. Tursiops *(Tursiops truncatus)* – le grand souffleur, ou grand dauphin – n'a pas partout les mêmes habitudes.

En captivité (dans les conditions de la prison), on voit souvent s'imposer un mâle violent, qui règne par la force sur un harem. Ce chef caricatural montre les dents, charge tout ce qui bouge, bondit pour intimider, claque de la queue en surface pour asseoir sa domination, et émet mille sons d'avertissement ou de menace, y compris de curieuses détonations qu'il produit par cavitation, en ouvrant soudain la bouche. Avec les femelles, il joue les machos ou les tyrans. Il impose sa loi sexuelle. Il opprime les jeunes, que leur mère doit protéger contre ses colères imprévisibles.

Cependant, même en bassin, on observe de jolies scènes de tendresse et de grâce : nage et sauts en harmonie, ondulations, caresses, « baisers » du bout du bec... Les femelles provoquent, s'offrent, tendent le ventre et copulent même hors des périodes d'oestrus.

En liberté dans la mer, l'organisation du groupe et les conduites sociales sont plus complexes et plus subtiles. L'agressivité est faible. Les bandes varient de deux ou trois sujets à plus de cent. En phase dite « grégaire », durant certains congrès saisonniers sur les lieux de nourrissage prodigues, on voit nager, se frôler, se croiser des milliers d'individus. Les échanges et les mélanges sont incessants, mais il existe des sous-groupes stables, des clans de deux à vingt sujets solidaires, à l'intérieur desquels la domination est parfois le fait d'un pacha, parfois celle d'un petit groupe de mâles (des frères ou des cousins), mais la plupart du temps celle d'une femelle expérimentée – une matriarche.

Berndt et Melany Wörsig ont étudié l'espèce au large de l'Argentine. De l'automne au printemps, quand les anchois nagent en grands bancs dans l'océan Atlantique, les groupes de tursiops sont nombreux et les interactions entre clans plus faciles qu'en été, saison à laquelle il faut traquer, en petit nombre, des proies sédentaires le long des rochers côtiers.

En Floride, l'Américain Randall S. Wells et son équipe ont suivi les tursiops de Sarasota. Ils ont noté les rencontres d'individus de troupes variées : bonds, poursuites, frottis-frottas, poussettes, coups de bec, mordillements, palpations et attouchements génitaux, que concluent des accouplements hétérosexuels ou homosexuels. Le tout panaché de clics, sifflements, glapissements et grincements de dents...

Les groupes restent stables pendant de longues années. Les petits tètent maman 1 an ou davantage, et l'accompagnent

Ces sténelles de l'Atlantique forment un clan dans lequel les relations entre individus sont codifiées et permettent la solidarité.

pendant 4 à 6 ans (voire jusqu'à 10). Lorsqu'ils quittent leur mère, les jeunes rejoignent des bandes de subadultes mixtes (mâles et femelles), où ils passent encore 6 à 8 ans. Les femelles nubiles intègrent ensuite un groupe reproducteur – celui dont elles viennent ou un autre. Les mâles doivent chercher fortune loin de leur clan d'origine (tabou de l'inceste !) et se battre avec d'autres dominants – conquérir un rang social – s'ils veulent perpétuer leur patrimoine génétique.

À l'intérieur de la troupe, la solidarité est de règle. Le comportement d'assistance se transforme en « loi morale ». Lorsqu'elles nagent en pleine eau, comme lorsqu'elles se reposent dans une baie, les femelles des bandes matriarcales adoptent une efficace formation en U. Elles créent une nurserie à l'intérieur de laquelle les petits jouent en sécurité, préservés du danger des requins, des orques ou des hommes. Lorsqu'une mère s'absente pour aller chasser dans les profondeurs, elle confie son jeune aux autres femelles. Utile et réciproque « baby-sitting » !

On s'est aperçu, de la Floride au Brésil et de l'Europe à l'Asie, à l'Australie et à la Californie, que les côtes accueillent souvent deux types de clans de tursiops : les uns résidents, ou sédentaires, habitués des eaux littorales ; les autres nomades (ou vagabonds ; en transit ; les Anglo-Saxons disent : *transients*), qui nagent plus au large. Ces populations ne consomment pas les mêmes proies. Les dauphins sédentaires, plus timides, moins agressifs, semblent redouter l'arrivée de leurs congénères pélagiques. Ils ne répondent pas à leurs appels. Ils gardent un silence craintif quand ils entendent cliqueter les autres. Ils refusent de les rencontrer. Comme s'ils craignaient une agression, un mauvais coup, peut-être un rapt de femelles, sur le modèle humain de l'enlèvement des Sabines !

On connaît mal les tursiops nomades : il semble que leurs bandes soient populeuses. On étudie plus facilement les mœurs de certains sédentaires : leurs sociétés sont petites ; une demi-douzaine à une douzaine de sujets... En France, l'un de ces groupes résidents hante la baie du Mont-Saint-Michel, un autre les pertuis de Charente, un autre le bassin d'Arcachon. Il en existe près des Calanques et des îles de Marseille, en Corse, etc. Des clans analogues ont été repérés en Dalmatie, dans les Cyclades grecques, en mer Rouge, en Arabie et à Oman, autour des Maldives ou de Madagascar, en Indonésie, en Australie, à Hawaii, aux Tuamotu, aux Galapagos, etc.

Dans nombre de cas, par exemple dans le bassin d Arcachon, il s'agit d'une unité matriarcale ; quelques femelles menées par une « cheffe », qui se trouve être la mère, la grand-mère ou la tante de ses compagnes ; et un mâle reproducteur, normalement séparé de la bande, mais qui la rejoint lorsqu'il y localise une belle en chaleur.

Sténelles en société

Si les troupeaux de tursiops sont structurés, ceux de sténelles ont une apparence anarchique. On jurerait qu'il y règne une liberté… digne de l'abbaye de Thélème chère à Rabelais ! « Fays ce que vouldras ! »

Un rêve antiautoritaire. Mai 68 au Grand Bleu !

La sténelle à long bec *(Stenella longirostris)* a fait l'objet de nombreuses recherches à Hawaii, menées notamment par Kenneth S. Norris et son équipe. Sa cousine tachetée de l'Atlantique *(Stenella plagiodon)* a été observée aux Bahamas (notamment aux îles Turks et Caïcos) par Denise Herzing et d'autres cétologistes.

Les troupes de sténelles à long bec paraissent à géométrie variable. La nuit, ces animaux s'unissent par centaines au large pour cerner les bancs de poissons ou de calmars, plus faciles à attraper dans la semi-léthargie des heures noires. Au matin, de petits groupes se reforment, un peu au hasard, même si certaines structures familiales restent cohérentes. Telle femelle passe plusieurs jours avec une bande d'accueil, avant de réintégrer son clan d'origine : peut-être va-t-elle diversifier le patrimoine génétique de sa lignée ! Les mâles vagabondent. Ils ne manifestent guère de comportements territoriaux. On a de la peine à repérer une hiérarchie dans leurs rangs. Lorsqu'ils jouent aux jeux de l'amour avec une belle, ils semblent accepter que d'autres prennent la suite. Pas de jalousie ! Peut-être ces animaux incarnent-ils la seule utopie pacifique sur la Terre !

Les sténelles tachetées de l'Atlantique, de leur côté, vivent en bancs de 30 à 60 sujets. L'égalité des sexes y paraît la règle : ni harem, ni matriarcat, ni partenaire unique ; le mélange et la démocratie directe ; avec, aimerait-on dire, cette devise : « Jouissez sans entraves ! » Jeunes et moins jeunes partagent les bonheurs du sexe, pour ainsi dire en toute saison et à toute heure. Les vieux mâles ne sont pas expulsés des bandes : ils participent de la vie collective. Ils sont notamment chargés de protéger les petits et de leur faire la leçon. Ils partagent cette tâche éducative avec quelques femelles expérimentées.

Bien sûr, même chez les sténelles, tout n'est pas toujours pour le mieux dans le meilleur des mondes. Il arrive à Candide de se faire bousculer, mordre, rejeter, expulser, exiler ; ou de voir Cunégonde le quitter ! Mais, avec ces cétacés, il semble qu'on se rapproche du dauphin « idéal », de celui qui n'existe pas mais qu'on imagine. Dont on fait un modèle... Un être de puissance et de grâce, qui choisit l'hédonisme, réfrène ses pulsions agressives et, conformément au vœu soixante-huitard, pratique l'amour, pas la guerre !

Orques en société

Les orques... Les plus grands et les plus beaux des dauphins : les princes des océans, les rois des prédateurs...

Il existe dans l'ouest du Canada, en Colombie britannique, à l'île de Vancouver, une baie d'argent bordée de conifères vert sombre (épinettes, cèdres et thuyas), au fond de laquelle saille un rocher rond sur lequel, tour à tour, les orques se frottent le ventre et le bas-ventre. Les femelles, vulve gonflée, béante... Les mâles, pénis déployé, blanc et rose, vibrant de désir...

Un peu plus au nord, dans l'archipel de la Reine-Charlotte, une anse secrète aux eaux foncées comme un mystère, offre un fond de galets à la sensualité d'une autre bande de ces super-dauphins noir et blanc. L'un après l'autre, les animaux viennent s'y donner du plaisir. Les petits et les adolescents participent à la cérémonie érotique. Peut-être même s'agit-il d'une aire vouée à l'initiation des jeunes.

La vie privée des orques *(Orcinus orca)* est un roman. Chasseurs organisés, prédateurs rusés, troupes unies... Le cétologiste identifie chaque sujet à ses nageoires, plus ou moins entaillées de cicatrices, et à la forme de la tache grise (appelée « selle ») qui s'étale en arrière de son aileron dorsal. Désormais, on réussit à associer certains cris ou « phrases » à un « locuteur » plutôt qu'à un autre. Lorsqu'on immerge un hydrophone, on devine qui « parle ». Cela facilite la compréhension des interactions entre individus.

En Colombie britannique, sur quelque 350 milles de côtes, ces animaux se répartissent en trois grandes populations : deux sédentaires (l'une au nord, l'autre au sud) et une nomade, qui voyage dans la totalité de la contrée et au-delà. Les résidents occupent une portion de rivage, qu'ils exploitent selon la saison et les migrations des proies ; ils vivent de poissons, surtout de saumons. Les migrants *(transients)* viennent de loin – de la mer de Béring et de l'Alaska – et descendent jusqu'en Californie. Ils chassent volontiers de grandes victimes : lions de mer, otaries, phoques, baleines grises, baleines franches...

Au total, quelque 270 cétacés forment une trentaine de petits groupes familiaux de 5 à 20 sujets. Les épaulards sont bavards : clics, sifflets, appels modulés, grincements, craquements... Chaque famille a son dialecte, que les autres comprennent mal ; ou pas du tout. Les sédentaires ont peur des nomades. Ils font silence et se cachent quand ils les entendent arriver.

Chez ces animaux, la taille des troupes dépend en partie des proies principales. Les épaulards de Norvège cernent au large les harengs et les poissons grégaires : ils vivent en bandes de 30 à 40 sujets, car il faut du monde pour rassembler cette nourriture glissante et frétillante, qu'on oblige à s'unir en boules avant de l'assommer à coups de queue. Les orques de Patagonie, des Kerguelen ou de Crozet traquent les otaries, les éléphants de mer ou les manchots : ils composent de petites troupes familiales de 3 à 6 individus, adaptées à l'affût le long des plages.

En Colombie britannique, on rencontre quelques orques solitaires et des bandes où se côtoient des femelles et plusieurs mâles d'âges variés (peut-être sur le mode du harem). Mais la cellule familiale typique obéit au schéma matriarcal, centré sur une femelle autoritaire et expérimentée. La matriarche fonde sa lignée : elle garde auprès d'elle sa descendance – filles, petites filles, nièces, etc., et les enfants prépubères de ces dernières. Elle joue son rôle de dominante jusqu'à sa mort.

À l'adolescence, les femelles sont autorisées à rester dans la troupe, leur vie entière si elles le désirent (mais quelques-unes s'en vont). Les jeunes mâles, devenus « grands », n'ont plus le droit de jouer avec n'importe qui aux jeux du sexe, ce dont ils ne se sont guère privés durant leur enfance. Ils sont priés d'aller tenter leur chance auprès de femelles d'autres familles, avec lesquelles ils n'ont aucun lien de parenté. Tabou de l'inceste.

Les grands mâles reproducteurs rôdent autour du groupe matriarcal et rivalisent de puissance à la saison des amours. Ils se battent de façon symbolique, à coups de clics et d'émissions sonores, de sauts énormes, de charges d'intimidation, de menaces gueule ouverte (deux rangées d'énormes dents blanches dissuadent !), de frappes de battoirs sur la vague, de spectaculaires coups de queue sur la mer. Les attaques sanglantes et les vrais claquements de mâchoires sont rares.

Vient la parade nuptiale : tendre danse érotique en noir et blanc. Plusieurs tonnes de passion et de grâce dans le lit bleu de l'eau…

Globicéphales en société

Au large de la Grèce. Le plongeur a trouvé des amphores. Des récipients antiques, incrustés d'éponges et d'ascidies, et qu'une tempête envoyée par Éole jeta au royaume de Poséidon voici plus de vingt siècles…

Une énorme ombre noire se profile derrière lui. Plus de 6 mètres de longueur, une tête au gros melon hémisphérique, la bouche en oblique et la peau d'un noir velouté, profond comme un ciel de nuit sans lune… Un cétacé. Un globicéphale, qu'on appelle aussi « baleine-pilote » parce que les Anciens pensaient qu'il tirait le char du dieu de la mer, ou qu'il guidait les bateaux perdus jusqu'au port.

L'animal semble s'intéresser au travail du plongeur. On dirait qu'il cherche à comprendre. Il observe un moment, puis donne un coup de queue et s'évanouit au mystère du Grand Bleu.

Les globicéphales... Ils sont intelligents et forts. Ils comptent parmi les plus sociaux des cétacés. On en connaît deux espèces : le noir, à longues nageoires *(Globicephala melaena)*, commun en Méditerranée et dans les trois grands océans ; et le tropical à courtes nageoires *(G. macrorhynchus)*. Chez ces odontocètes, une fois de plus, la structure des clans varie selon les mers, les ressources nutritives et ce qu'on pourrait appeler une « tradition » ou une « culture » locale. Certaines bandes, à certaines saisons, sont structurées en harems, avec un pacha.

La plupart du temps, la famille se compose d'une grande femelle – la matriarche ; de ses filles, petites-filles, etc., auxquelles s'ajoutent les enfants, élevés de façon communautaire. La *« mater familias »* meurt parfois à 80 ans. La famille éclate et les filles aînées fondent leur clan.

Les bébés et les jeunes des deux sexes jouent à toutes sortes de jeux, y compris érotiques, avec tout le monde. Après la puberté, les mâles sont encore tolérés de longues années dans le groupe matriarcal ; en respectant certaines règles. Ils peuvent inviter à des manèges sexuels (y compris avec pénétration et éjaculation) n'importe quelle femelle de la bande, sans exclure leurs sœurs et leurs cousines ; mais ils n'ont pas le droit de le faire pendant l'oestrus, quand les belles sont fécondes !

S'ils désirent une descendance, ces Roméos noirs doivent tenter une escapade lointaine. Nager. Émigrer. Rejoindre une autre famille matriarcale et entreprendre d'y séduire une femelle ; à condition de s'imposer à d'autres mâles tout aussi passionnés par l'idée... De tels voyages, à travers des milles et des milles d'une mer semée de pièges et d'ennemis, expliquent que l'espérance de vie des globicéphales mâles ne dépasse pas 50 ans. Tandis que les femelles deviennent souvent octogénaires.

La force du lien social, chez les baleines-pilotes, s'exprime aussi dans le fait que ces animaux comptent parmi les plus impliqués dans des échouages en masse. Si la matriarche se jette à la côte, malade ou désorientée, tous la suivent ; par un effet « moutons de Panurge » ; ou comme s'ils n'imaginaient même pas de ne pas tenter de la secourir, fût-ce au péril de leur vie…

Bélougas en société

Fin août. Première neige sur l'estuaire du Saint-Laurent : flocons légers sur les remous gris du fleuve ; comme une soupe froide…

Le bateau s'engage entre les formidables falaises de granit gris du fjord du Saguenay. Combinaisons, scaphandres, vérification des détendeurs, pour une descente en eau froide. Sous une couche d'eau douce superficielle brune, chargée d'humus, les plongeurs découvrent une lentille d'eau salée limpide, profonde de plus de 200 mètres, où abondent plancton, crabes, homards, concombres de mer, petits poissons grégaires et grandes morues.

Sans oublier les âmes du lieu : les bélougas…

Les baleines blanches…

Ces cétacés d'ivoire, à reflets de vanille ou d'acier, profitent du garde-manger du Saguenay. Ils sont superbes – ombres en négatif, fantômes dans l'eau glauque, avec ce melon déformable, ce cou souple, ce dos sans aileron, cette bouche oblique, ces battoirs arrondis, cette silhouette rondouillarde et rapide, taillée pour la nage sinueuse entre les glaces de la banquise…

Ils sifflent, crient, chantent, grincent, cacardent, cliquettent ou chantent d'étranges mélopées : voici les « canaris de la mer ». De temps à autre, un sujet claque des mâchoires ou crache des bulles par l'évent, en signe d'énervement. Il arrive que l'un d'eux émette un tintement de cloche étrange, à la façon des morses. Hélas ! Les bélougas du Saint-Laurent sont en sursis – affaiblis et stérilisés par les pollutions du fleuve ; dioxines, PCB et métaux lourds…

L'espèce *(Delphinapterus leucas)* semble conçue pour la vie sociale. Dans l'océan Arctique, elle se déplace en troupes de 10 à 30 sujets, structurées selon le mode matriarcal, avec une nette ségrégation des sexes. La femelle dominante conduit son clan : elle forme un bloc soudé avec ses filles, ses petites-filles et leurs jeunes. Les mâles, subadultes et adultes, se regroupent à part, en bandes homogènes. Les plus costauds viennent semer une douce zizanie dans les rangs des reproductrices à la saison des amours – au printemps, avant la migration vers le nord. En septembre-octobre, au terme de ce périple alimentaire, les animaux dodus et rassasiés se retrouvent en congrès de milliers de sujets. Après quoi, la « grande manif » se disperse : les familles matriarcales et les bandes de mâles se reconstituent.

Les Américains Kenneth S. Norris et Tom Smith ont observé l'attroupement de quelque 1 700 bélougas qui, chaque année, à la belle saison, enchantent l'île Somerset, dans le Grand Nord canadien. On ne sait pas d'où viennent ces animaux ; probablement de la mer de Baffin et des parages du Groenland. Ils convergent en foule dans l'estuaire du fleuve Cunningham, qu'ils remontent et dans lequel ils s'installent.

Ils se tortillent dans très peu d'eau. On jurerait qu'ils souffrent : en réalité, ils se grattent avec volupté sur les galets. Leur peau se desquame. Ils muent. On dirait qu'il se font « bronzer » au pâle soleil de l'Arctique. Ils ont besoin de chaleur. Et leur derme réclame sa dose d'ultraviolets indispensables pour synthétiser la vitamine D.

Ils s'échouent souvent, de façon délibérée, à marée basse, et attendent le flux suivant pour repartir. Un délicieux farniente, le corps immobile, à moitié hors de l'eau. Mais un plaisir risqué… Il arrive qu'un ours blanc les attaque avant que l'eau ne les reprenne. Certains y laissent la vie.

Narvals en société

Comme son cousin le bélouga, le narval, ou licorne de mer *(Monodon monoceros)*, a été conçu pour les eaux de l'Arctique que la banquise rend hostiles à la plupart des cétacés.

L'espèce vit en troupeaux de 5 à 20 sujets, les uns matriarcaux, les autres composés de mâles d'âges variés, quelquefois mixtes, et qui se réunissent en populeux congrès en automne.

La période de la reproduction se situe en avril-mai. Les femelles se refusent longtemps, mais titillent les mâles dominants. Ceux-ci – corne torsadée brandie, longue chez certains de près de 3 mètres – deviennent nerveux. On les a décrits occupés à « croiser l'épée » pour les « beaux yeux » (faut-il plutôt dire : les « belles oreilles », pour ces créatures acoustiques ?) d'une « dame » narval. L'image, chevaleresque, n'est pas fausse : l'arme impressionne la concurrence. Parfois, l'un des champions fonce et pique. Les cicatrices qu'ils portent tous sur les flancs prouvent que ces assauts ne sont pas uniquement symboliques. La corne blesse parfois aussi une femelle, comme l'ont constaté des biologistes canadiens dans le détroit de Lancaster, entre l'île Devon et la terre de Baffin.

On suppose, aujourd'hui, que cette incisive de gloire, ce glaive d'ivoire, joue surtout un rôle dans les émissions de sons et d'ultrasons. Le narval, comme le bélouga, est bavard : sifflements, grincements, cris, clics, etc., composent son langage. Le Canadien Peter Beamish a noté que, au passage des trains de clics de haute fréquence, la corne se met à vibrer. Elle amplifie et dirige les flux d'ultrasons.

Lorsque les mâles se battent en « croisant l'épée », ils se livrent, en vérité, à un duel sonore à la « lance acoustique » !

Dauphins en société :
Écoutez la musique
De la mer !

Intelligence

Les cerveaux de la mer

Les dauphins se parlent et se comprennent. Ils se font une certaine idée du monde. Ils ont peut-être une conscience. Difficile d'évaluer leur intelligence ! Une chose est sûre : ce sont nos frères en neurones.
Malins comme la mer même...

Les plongeurs s'enfoncent dans l'eau bleu cobalt des îles Canaries.

Un grand corps couleur de nuage se matérialise dans l'épaisseur liquide, et un autre, et d'autres encore. Ces caboches au melon rond, ces bouches obliques, cette peau striée de cicatrices, ces ailerons en forme de faux : ce sont des dauphins gris, ou dauphins de Risso *(Grampus griseus)*... Un gros mâle, trois femelles, deux petits : un groupe familial, un clan.

Ils approchent dans un concert de sifflets et de clics d'écholocation. Le « chef » tourne autour des humains. Il mesure 3 mètres et pèse 300 kilogrammes. Les équipiers ont beau se répéter qu'aucun dauphin n'a jamais agressé un plongeur, ils se sentent fragiles. Vulnérables. Presque rien dans l'immensité de l'eau.

Le mâle les dévisage et les ausculte au sonar. En ouvrant la bouche, il expose sa langue rose et les dents coniques de sa mâchoire inférieure. Ses longs battoirs courbes battent en rythme, comme s'il dirigeait un invisible orchestre. Peut-être est-ce une illusion ; mais, en tirant la langue, il a l'air ironique. On dirait qu'il se moque.

Le reste ne se raconte guère : l'animal plonge de quelques mètres et remonte en frôlant les humains. Il tourne le ventre dans leur direction et… lâche sur eux ses plus gros besoins. Une cataracte ! Un déferlement ! L'eau devient brune sur des mètres cubes. Rabelaisien personnage : le dauphin gris s'amuse-t-il de la farce ?

Postures éloquentes

La grasse plaisanterie du dauphin gris n'est pas exceptionnelle. D'autres cétacés l'ont infligée à des hommes : le globicéphale, le tursiops, l'orque, etc.

Chez ces animaux, chaque geste semble avoir un sens. Celui qui consiste à déféquer sur l'importun (de mépris ? pour l'impressionner ?) n'est pas fortuit. Les dauphins l'utilisent à l'intention d'autres sujets de leur espèce, lorsqu'ils veulent les éloigner sans en arriver à la violence. On a déjà évoqué le rôle des excréments dans les conduites de territoire et de domination, chez les odontocètes comme chez les hippopotames.

D'une façon générale, les postures, les attitudes composent un langage chez toutes les créatures dotées d'yeux et d'un cerveau efficaces ; même chez certains insectes et mollusques évolués, comme les calmars et les poulpes ; bien sûr, chez les vertébrés – des poissons aux mammifères. Plus grande est la capacité cérébrale, plus les gestes varient, et plus riche est leur sens.

Des signaux corporels élaborés font augurer que l'espèce possède un haut degré d'intelligence. Or, les dauphins aiment s'exprimer avec leur corps.

Le problème est de comprendre ce qu'ils disent (et, peut-être, nous disent). C'est à peine si nous parvenons à traduire, avec nos mots, certaines attitudes (soumission, domination, agressivité, colère, plaisir…) du chien, du chat ou du chimpanzé. Avec les animaux aquatiques, la tâche se complique. Dans la mer ou les fleuves, les rencontres sont rares : comment interpréter un comportement qu'on entrevoit à peine ? Pour s'initier au langage (gestuel et sonore) des grands singes, George Schaller et Dian Fossey (avec les gorilles), ou Jane Goodall (avec les chimpanzés), ont passé des années à suivre les animaux, en notant chaque attitude et chaque réaction, dans un grand nombre de situations. Impossible de faire de même dans l'eau, où les observations de cétacés durent au mieux quelques minutes, et sont souvent perturbées par le matériel (bateaux, scaphandres…) nécessaire aux biologistes.

Les gestes des marsouins, du dauphin commun, des dauphins à flancs blancs, du tursiops, de l'orque, des sténelles, du bélouga, du narval ou du cachalot nous resteront longtemps des énigmes ; sans parler de ceux, fantomatiques, des baleines à bec, dont la plupart n'ont même pas encore été aperçues par des hommes dans la mer, et qu'on ne connaît que par de rares échouages…

Il n'empêche : nous avons des raisons de penser que ces comportements sont complexes, codifiés et emplis de sens.

Les cétacés déploient un important répertoire de caresses. Ils se touchent du bout du rostre, avec la main ou l'aileron dorsal, gorge à gorge ou ventre à ventre. Les jeunes pratiquent, entre eux, de curieux frottements mutuels des dents. À chaque occasion, les adultes comme les jeunes frôlent le corps de leurs congénères, en particulier la zone génitale, même loin de la saison des amours, y compris entre individus de même sexe. Lorsqu'il veut en savoir davantage ou attirer l'attention, le tursiops ou la sténelle insère le bout de sa main ou son bec dans la fente sexuelle d'autrui.

Le mâle, surtout s'il est dominant, ne cesse d'explorer le corps de ses proches avec son pénis déployé, dont il se sert comme d'un long doigt souple ou d'une antenne.

Mimiques expressives

Le « visage » des cétacés est peu mobile. Mais ces animaux utilisent des mimiques pour s'exprimer.

Le fameux « sourire » du dauphin (qui n'existe que chez quelques espèces : tursiops, sténelles…) n'a d'autre sens qu'une structure héréditaire des os et des tissus des mâchoires : il n'indique aucun sentiment particulier. Mais les postures bouche ouverte sont éloquentes. Montrer les dents trahit la colère ou l'agressivité. Au contraire, tirer la langue semble une invitation au plaisir mutuel ; à la caresse ou aux jeux sensuels.

Sur le front, le melon change de forme, s'aplatit, se bombe, s'allonge ou se déporte d'un côté ou de l'autre. Ces modifications correspondent aux besoins de l'écholocation (il faut moduler et diriger les trains de clics), mais aussi à un langage. Pour les membres de l'espèce, elles sont riches de sens. Le bélouga, le narval et les autres « parlent » avec leur bosse frontale. Ils utilisent les variations d'aspect de cette gibbosité graisseuse pour communiquer. Chez le bélouga, par exemple, un tassement vers l'arrière annonce : « Ne vous en faites pas : j'ai des intentions pacifiques ! » ; tandis qu'un bombement vers l'avant signifie l'inquiétude et son corollaire : l'agressivité.

Pour annoncer leur nervosité, leur agacement, leur fureur, enfin l'imminence du passage à l'acte, nombre d'espèces montrent les dents ou soufflent par l'évent des chapelets bulles dans l'eau. L'escalade se poursuit par de petits coups de rostre sur les flancs de l'importun, des claquements de battoirs ou de queue sur la mer. Vient le moment des bousculades sévères, des charges arrêtées *in extremis*, des mordillements à la queue ou aux bras...

Jusqu'à l'éventuel grand coup de boutoir dans la poitrine et le ventre ; ou à la morsure cruelle ! Mais il est rare qu'on atteigne ce niveau de violence.

La fin des hostilités se conclut nez à nez, flanc à flanc, dans une débauche de frôlements, de câlins, de courses synchronisées ou de grands bonds libérateurs sur la vague.

Comme les bonobos des forêts du Congo, et peut-être mieux que les hommes, les dauphins aiment – et savent – faire la paix !

Chandelle et espionnage...

Langage des corps...

Un comportement spectaculaire, qu'à peu près tous les cétacés utilisent et qu'Herman Melville a peint en mots émerveillés dans *Moby Dick*, reçoit le nom de « chandelle » ou « queue en l'air » (*lobtailing*). On pourrait dire aussi : « poirier ». Il consiste à se planter à la verticale dans l'eau, la tête en bas, en laissant dépasser la caudale au-dessus de la surface. L'animal balance son appendice comme une bannière ou un sémaphore, de façon rythmée, et achève volontiers sa démonstration en assenant un formidable coup à plat sur la vague. Chez un colosse de la taille du cachalot, le bruit retentit ainsi qu'un coup de canon : on l'entend à un mille !

On a vu des dauphins (lagénorhynques, tursiops, sténelles…) pratiquer en groupe cette figure, avec un sens aigu de la chorégraphie : une épreuve de nage synchronisée aux Jeux Olympiques de la nature !

Mais pour dire quoi ? La queue en l'air est-elle une manière de signaler sa présence ? Une façon d'affirmer son rang hiérarchique ? Est-ce une déclaration d'amour ? Une invitation à table ou au voyage ? Une proposition de jeu ? Ou (lorsque le geste finit en gifle sur la vague) un défi, une menace ?

Une autre attitude, commune à la plupart des cétacés (des marsouins aux baleines majeures), a été baptisée « espionnage » (*spy-hoping*). C'est l'inverse ou le symétrique de la chandelle. Le sujet se dispose à la verticale dans l'eau, la tête en haut, émergé jusqu'aux yeux. Il godille pour conserver la position. Il pivote sur lui-même, comme s'il désirait contempler les alentours sur 360 degrés.

Certains dauphins (tursiops, sténos, sténelles, orcelle…) poussent la figure à l'extrême. Ils arrivent à se dresser encore plus haut, debout sur la vague, le corps dépassant du liquide bien au-dessus du ventre. On dirait qu'ils « marchent » sur la queue, en avant ou en arrière ! Ils se plaisent à offrir ce numéro en couples, en trio, à plusieurs… Les dresseurs de parcs marins exploitent cette propension naturelle.

À quoi sert l'espionnage ?

D'évidence, l'attitude est utile : elle permet au cétacé d'observer les environs. L'animal a besoin de se positionner par rapport à la côte ou au soleil, surtout lorsque l'eau est trouble ou que des bruits parasites (déferlantes, moteurs de bateaux) perturbent le sonar.

Mais la posture est investie de multiples autres significations.

Dans certains cas, il s'agit d'une marque de domination. Les matriarches y recourent pour conduire leur troupe. Après avoir inspecté les parages et décidé où elles iront, elles rallient ainsi la bande et donnent l'ordre de départ. De leur côté, les mâles emploient l'espionnage lorsqu'ils lancent des défis aux autres pachas : celui qui hisse son rostre le plus haut prend un avantage. Ils s'y adonnent encore en entamant leurs joutes amoureuses avec les belles…

En vérité, nombre de gestes et de postures ont, pour les cétacés, un sens que nous ne pénétrons pas ; et sur lequel nous pouvons seulement conjecturer… Entre autres :

- les salutations d'un bras, ou des deux bras à la fois, le corps allongé sur le dos en surface. On dirait que l'animal lance « bonjour » ou « au revoir » ; il adresse parfois ce signe aux humains…
- les coups de battoirs répétitifs sur la vague. Ont-ils quelque chose à voir avec un état de nervosité ? Servent-ils de menace ou, au contraire, d'avertissement aux congénères pour les éloigner d'un péril ?
- les ondulations du corps, qui paraît serpenter dans l'élément liquide. Cette bizarre façon de nager semble une invitation érotique ; mais on la voit adoptée par des femelles devant des femelles, et par des mâles à l'intention de mâles.
- les spasmes de l'aileron dorsal, que l'animal claque ensuite avec force sur l'écume *(finning)*. On suppose qu'il y a là une attitude de dissuasion.
- les petits balancements latéraux de la queue. Élégants, mais énigmatiques…
- les contractions de l'abdomen. Ce ne sont pas des symptômes de souffrance, mais des signaux ; qui veulent dire quoi ?
- les jets d'eau par la bouche… Une manière de jouer (là encore, les dresseurs de parcs marins profitent de la tendance) ; peut-être un défi…

Le sortilège du saut

Au large de Cabo San Lucas et de la pointe ultime de la péninsule de Basse-Californie…

L'eau bleu-vert de la mer de Cortez et l'eau bleu cobalt de l'océan Pacifique se mêlent. Venue du grand dessous, une torpille crève la surface à quelques brasses du canot. Emperlée d'écume que le soleil exalte, la forme vivante n'en finit pas de monter. Elle décolle de l'onde et vrille deux fois dans l'atmosphère, avant de retomber dans un éclaboussement libérateur.

Alentour, comme un sortilège, des dizaines, des centaines de corps gris-bleu surgissent et sautent. Des dauphins communs, avec au flanc cet X jaunâtre caractéristique de l'espèce… Ailerons qui fendent l'eau, coups de queue, sillages d'écume, accélérations, décollages, essors et amerrissages dans des aspersions d'embruns : une sublime anarchie dans la mer. On dirait que l'hydrosphère a une âme. Les cétacés offrent à quelques humains stupéfaits ce ballet tiré de l'opéra sauvage de la Terre.

Quel est le sens du spectacle ?

Pourquoi les dauphins éprouvent-ils le besoin de sauter en chœur ? Aucun danger ne les guette, aucun prédateur ne les poursuit, et eux-mêmes ne sont pas en chasse… Que représente cette danse collective, cette manifestation de vitesse et de force qu'on qualifierait d'« aéronavale », si la connotation militaire du mot ne contredisait l'innocence des acteurs ?

Le saut (en anglais : *breaching* ; les baleiniers français parlaient de « brèche ») reste le comportement le plus spectaculaire que nous offre le cétacé. L'animal descend en profondeur puis s'élance de toute sa puissance vers la lumière. Il crève la surface tel un bolide, s'élève le plus haut possible dans l'atmosphère, et retombe sur le côté ou le dos dans une gerbe d'argent…

Parfois, le bond semble raccourci, retenu, quasi tronqué : les orques, les pseudorques, les têtes-de-melons goûtent ce qu'on nomme le « demi-saut » (*half breaching).*

À d'autres moments, l'exercice tient de l'exploit sportif : le tursiops décolle de 6 mètres au-dessus de la surface ; deux fois la longueur de son corps ! Lorsque le champion s'extirpe du liquide, il ajoute la fantaisie à la performance : ondulations, basculements, coups de queue à la lune, rotations corps tendu ou dos arqué, etc. Il s'agit non seulement d'aller haut, mais de faire beau.

L'enchaînement de vrilles constitue une figure majeure. L'acrobate de la gent delphine est, ici, la sténelle à long bec *(Stenella longirostris).* Cette dernière mérite ses autres noms de « dauphin fileur » (au sens où elle file la quenouille) ou de « dauphin-derviche » ; on a compté, chez elle, jusqu'à sept tours en l'air, autour de l'axe longitudinal du corps, avant le « splash » final ! Nul danseur d'opéra, nul patineur artistique, n'approchera jamais ce record.

D'autres sauts, très rapides, ressemblent à une course de haies au ras du clapot. Ils se pratiquent sur le ventre, dans l'axe de la nage. L'animal décolle à peine et file de lame en lame. On parle de « marsouinage ». Ce type de propulsion permet surtout d'avancer vite. Il économise l'énergie, puisqu'il fait passer autant de temps hors de l'eau que dedans : or, la résistance à l'avancement du gaz est bien plus faible que celle du liquide. Mais même cette locomotion se trouve souvent investie d'une fonction symbolique et devient une fête !

Pourquoi tant de grâce ?

Pourquoi les dauphins sont-ils des acrobates ?

On a prétendu expliquer de façon « objective » leurs démonstrations de force, de vitesse et de grâce. On a vu, dans leurs sauts, une méthode pour regarder le paysage de haut, par exemple pour s'orienter en prenant des repères sur la côte.

On a supposé que c'était une méthode pour se débarrasser de parasites gênants : « poux » des baleines et autres crustacés grattouilleurs ou suceurs de sang, rémoras trop bien collés ou algues traînantes.

On a émis l'hypothèse (plausible) que ces exercices aident à circonscrire les bancs de poissons ou de calmars, affolés par les chocs sur les vagues et l'écume.

On a formulé la théorie (douteuse, cette fois !) que les bonds ont pour fonction de « faire descendre » dans l'œsophage des proies volumineuses, difficiles à gober…

En vérité, les sauts sont aussi des messages. Ils composent un langage.

Ils affirment, ils proclament haut et fort la présence de l'acteur, surtout si la tempête ou des bruits parasites brouillent les sonars. Ils aident à maintenir la structure du groupe durant la migration, en particulier par mauvais temps.

Mais, d'abord, ils indiquent le défi, la puissance, la volonté de conquête. Ils affirment la domination. Ils contribuent à établir la hiérarchie.

Ils peuvent se changer, l'instant d'après, en danses de séduction à l'adresse de congénères choisis, notamment de sexe opposé. Ils deviennent parades nuptiales ou offrandes sexuelles...

On a surtout l'impression que ce sont, souvent, de pures parties de plaisir ; la manifestation allègre et dynamique du bonheur de vivre libre dans l'immensité de l'eau, sans autre justification que la satisfaction qu'ils procurent...

Bref, ce sont des jeux.

Des jeux et du surf

Le jeu – l'activité ludique – est une façon, pour le cétacé juvénile (comme pour le petit d'homme), d'apprendre à vivre. Une répétition, un entraînement pour les muscles et les nerfs, une occasion d'affiner les sens, de développer les réflexes, la mémoire et les connaissances.

Pour l'adulte, c'est l'opportunité d'exprimer des émotions, de décharger un trop-plein d'agressivité, d'extérioriser une bouffée d'émotion – peine ou joie. Ou de retomber en enfance !

Aux yeux de l'observateur, le caractère distinctif du jeu est sa gratuité. Chez les cétacés, nombre de comportements quotidiens utiles sont « détournés » en épisodes inutiles, mais agréables : c'est le cas des pirouettes dans l'eau, de la chandelle queue en l'air, de l'espionnage, des claquements de bras ou de queue sur l'écume, et bien sûr des sauts...

Les dauphins et leurs cousins s'offrent mille autres amusements. Ils pratiquent la « glisse » plus qu'ils n'en ont besoin dans leur vie quotidienne. Ils roulent et fusent dans la houle. Ils ondulent avec les courants.

Presque partout, on les voit s'adonner au surf. Ils adorent se laisser porter par la vague ; attraper la bonne crête, puis chevaucher la déferlante ; prendre de la vitesse et filer sous l'écume, en empruntant l'un de ces « tuyaux de pipe » chers aux champions humains ! Les marsouins et les petits delphinidés brillent dans ce sport. Les grands s'y livrent. Les globicéphales, les bélougas, les orques s'en délectent, tout comme les cachalots et les baleines à fanons.

Les cétacés font du surf pendant des heures, sur les vagues naturelles, mais aussi (détournement ludique de fonction) sur la lame d'étrave des navires, du cargo au croiseur ou au pétrolier. Ils « grimpent » sur la crête écumeuse et se laissent propulser vers l'avant avec un bonheur tangible. Rien n'est admirable comme une bande de tursiops ou de sténelles en train de gicler devant le bulbe d'un tanker géant – incarnations de la légèreté de la nature, devant la monstruosité du navire gorgé de mazout. La vie jouant avec la mort ; toute l'ironie de la biosphère : ô allégorie !

On a supposé que le surf des cétacés pouvait être la continuation, sur le mode ludique, de la nage en échelons, ou « effet Bernoulli », qui permet au jeune d'avancer sans effort derrière le dos de sa mère. Ce serait une manière de rester enfant. Une douce régression. Nous connaissons ces tentations-là !

Les cétacés font aussi de la « voile ».

Lorsque la brise est favorable, ils nagent en surface en recourbant vers le haut la partie postérieure de leur corps. Ils hissent leur queue au-dessus de l'eau, étalent leur caudale et se laissent pousser par le vent, comme dans une régate. Ils se plaisent à sortir d'une baie entraînés par le vent de terre ou à y entrer mus par la brise de mer. Les baleines franches noires et divers dauphins pratiquent ce sport dans les golfes de la péninsule Valdés, en Argentine (où souffle le *pampero* venu des Andes). D'autres espèces les imitent en Australie, en Polynésie, en Nouvelle-Angleterre, en Méditerranée, etc.

Les cétacés connaissent à merveille les courants, notamment ceux de marée. Il faut voir avec quelle maestria les tursiops de la passe de Rangiroa, aux îles Tuamotu, utilisent les flux entrants ou sortants du lagon, pour comprendre ce que signifie réellement « savoir nager »…

On a prétendu (même si c'est plus une légende qu'un fait avéré) que les sténelles bleu et blanc du détroit de Gibraltar connaissent et s'approprient les deux courants de la passe : le superficiel, qui va de l'Atlantique à la Méditerranée ; et celui qui coule en sens inverse, à plus de 150 mètres de profondeur. Chez ces animaux, nul besoin de se fatiguer pour passer les Colonnes d'Hercule : on choisit un « tapis roulant », en surface ou en plongée, selon la direction qu'on désire... Il semblerait que les anciens Phéniciens (tel Hannon le Navigateur), après avoir observé le manège des cétacés, aient adopté cette façon de gagner l'océan malgré la force contraire du flux de surface : en mouillant une voile lestée, qui descendait à l'étage du courant sortant et les tractait vers l'ouest !

L'océanographe, le géographe, le marin, le poète se plaisent à rêver qu'un jour, comme les dauphins, nous nous laisserons porter par la force d'un courant, dans le bleu du grand large puis le noir des abysses ; et que nous jouerons comme des bébés à renaître dans le liquide amniotique de notre mère la Mer !

Jeux innocents, jeux cruels...

Les dauphins inventent des jouets. Ils s'amusent avec toutes sortes d'objets.

Dans la nature, ils ont le choix. Le tursiops, les sténelles et leurs cousins plongent et ramassent au fond des cailloux colorés, des coquillages, des algues, des étoiles ou des concombres de mer, voire des bouteilles de verre, des récipients de plastique ou d'autres résidus peu glorieux de l'activité humaine, dont ils usent comme de poupées, de pelotes, de volants, de ballons, de hochets ; à la façon des chats ou des enfants d'*Homo sapiens*... Ils cueillent un gros escargot de mer au pied rouge, par exemple, et le lancent vers le haut dans le fluide aquatique. Ils le regardent couler en zigzags, avant de le rattraper du bout du bec et de recommencer. Ils peuvent, durant de longues minutes, disputer à un congénère une fronde de laminaire ou un bout de sargasse. Rien d'étonnant si, dans les parcs marins, ils réussissent à distraire les spectateurs : saisir la balle au bond ou passer dans un cerceau leur semble aussi drôle qu'à nous. Peu d'animaux perdraient leur énergie à de telles futilités !

Aux Antilles, aux Galapagos, en mer Rouge, en Afrique du Sud, en Australie, etc., on a vu des dauphins se constituer un trésor d'Ali Baba dans une grotte de roche ou de corail. L'animal, de temps à autre, vient prendre quelque chose pour s'amuser. Par exemple, une palme ou des lunettes de soleil, un tube de crème à bronzer ou un appareil de photo perdus par des touristes !

Les cétacés choisissent aussi, pour se distraire, non pas des objets inanimés ou des créatures qui leur servent normalement de proies (mollusques, crustacés, poissons…), mais des espèces plus élevées dans la hiérarchie de l'évolution. Dès lors, ils offrent (à nos yeux humains) un spectacle inquiétant ; pas très « joli-joli » ; voire cruel !

Le « gentil » dauphin se transmue en « vilain » tortionnaire ; en persécuteur « sadique » ! Bien sûr, l'innocence essentielle du cétacé demeure ; difficile d'appliquer à des animaux nos normes morales ! Mais, si l'on se met à la place de l'oiseau ou du mammifère transformé en souffre-douleur, on peut frissonner…

Car ces cas de harcèlement ou de franche torture ne manquent guère. En Bretagne, le tursiops attaque sans raison alimentaire le goéland ou le fou de Bassan, et le noie après l'avoir épuisé. Aux îles Galapagos, des dauphins tourmentent (rien que pour « rire ») les otaries à fourrure et les lions de mer, ainsi que les iguanes marins (que les lions de mer eux-mêmes prennent pour jouets : le monde est dur !). Dans les îles Subantarctiques ou en Patagonie, l'orque saisit le manchot ou le jeune éléphant de mer, dont il fait son repas ; mais c'est d'abord pour le réduire au rôle de ballon de basket ou de football : il le jette à plusieurs mètres en l'air et le rattrape au ras des vagues, plusieurs fois de suite, avec une franche jouissance. Ou bien il expédie le malheureux à des dizaines de mètres par-dessus la surface, d'un énorme coup de caudale, avant de le reprendre et de réitérer…

En 1996, Ben Wilson et son équipe ont trouvé, sur une plage du Moray Firth, en Écosse, un cadavre de marsouin des ports (ou marsouin commun). L'animal portait des plaies profondes, parallèles, qui couraient sur ses deux flancs et avaient causé une hémorragie fatale. Les lésions s'accompagnaient de traumatismes internes : côtes cassées, poumons perforés… Après avoir soupçonné divers prédateurs (dont les requins, éternels accusés), les scientifiques ont dû admettre que les balafres avaient été infligées par un tursiops : la distance entre les stries sanglantes était exactement celle qui sépare les dents de « gentil » Flipper !

Des observations analogues ont été menées ailleurs dans le monde, en particulier dans l'Atlantique Nord, par exemple en 1997, par T.M. Cox et ses amis, à Virginia Beach (Virginie). On a, dans la foulée, attribué aux tursiops d'anciens massacres de marsouins restés jusque-là inexpliqués.

Une réputation se ruine ! Le « doux » souffleur ne l'est pas avec tout le monde. Il poursuit d'autres cétacés plus petits que lui, pour le plaisir de les faire souffrir. Il les attrape ; les mord ; les lacère durant de longues minutes ; et finit par les tuer. Non pas pour les manger : pour l'émotion. Parce que ça l'amuse. Parce que ce comportement, digne d'*Orange mécanique*, fait passer le temps. Parce qu'il permet au tortionnaire de décharger à bon compte, et sans risque, une agressivité probablement accumulée lors de conflits internes à sa troupe...

Jeux dangereux

Chez les cétacés, comme chez les autres mammifères, les petits jouent plus que les grands.

Ils se font des niches et des farces, mesurent leurs muscles, se poursuivent, se cachent, se disputent, se mordillent, miment des charges, se volent des brimborions : algues, bois flottés, coquillages... Ils testent ainsi leurs forces et préparent les luttes hiérarchiques à venir.

Les adultes ne sont pas en reste. Le Français Christophe Guinet a observé, dans les eaux froides de l'île de la Possession, dans l'archipel de Crozet (au sud de l'océan Indien), un comportement des orques plutôt insolite.

Entre deux chasses à l'otarie, à l'éléphant de mer ou au manchot royal, quelques femelles et des jeunes font alliance contre un congénère distrait. Le but est de lui foncer dessus et de le bousculer par surprise, jusqu'à le contraindre à s'échouer sur la plage... Mêlée confuse, éclaboussements d'où jaillit beaucoup d'écume blanche ! Après avoir été tenue une bonne minute sur le sable par ses « adversaires », la « victime » se dégage, se contorsionne et regagne la mer. Et la partie recommence avec un autre « souffre-douleur »...

Parfois, un orque s'élance et s'échoue de son propre gré, avant de se laisser glisser vers les vagues en s'aidant du bras.

Deux femelles portent en surface une congénère qui respire mal : un cas patent d'assistance à personne en danger !

Les jeunes adultes des deux sexes se passionnent pour ce jeu. Les grands mâles et les matriarches s'abstiennent : ils paraissent investis d'une certaine « respectabilité » ; à tout le moins, ils sont conscients du danger qu'ils courraient à monter sur le sable, vu leur masse. Les bébés, eux aussi, sont exclus de la partie. Une poussée mal dosée, trop violente, de la part de « complices » enthousiastes, et le léger corps serait expédié trop haut sur la plage ; en un lieu d'où il serait impossible à l'animal de regagner l'océan ; et où nul orque ne pourrait aller le chercher.

De tels jeux sont « gratuits » ; raison pour laquelle ils méritent le nom même de « jeux ». Pour les jeunes qui apprennent à chasser, ils constituent cependant un entraînement irremplaçable : dans ces mers australes, la prédation des manchots et des pinnipèdes sur la plage constitue une habitude de l'espèce. Une tradition, une « culture » locale ; et une nécessité. Pour survivre dans les îles Subantarctiques, il faut oser s'élancer et se hisser sur le sable ou les galets. Apprendre à débarquer pour dîner...

Les jeunes orques s'éduquent en jouant. Parfois, malgré eux. Poussés par les adultes.

Comme au cours d'une initiation.

Parler dauphin ?

L'Amazonie. Craillements d'aras macaus et de singes à face rouge. Vols de papillons morphos bleus. Un rio tranquille, un *igarapé* tiède et doux... Comme l'étrange tortue mata-mata, comme l'anaconda aux lourds anneaux gris et noir, le plongeur se coule dans l'eau brun-rouge : liquide maternel... L'humain se sent bien. Il se laisse aller. Il s'abandonne. Moment de paix au giron de la grande nature !

Voici que, dans l'épaisseur fluide, se propagent d'étranges appels très doux. Des clics, des crissements, des sifflets, des murmures... « Chip ! Chip ! Chip ! », « Frrtt ! », « Pschhh ! »... Parfois, comme une porte de château qui grince. Le plongeur ne distingue pas, dans l'eau trouble, les animaux qui lui offrent ce récital de musique concrète, mais il les connaît.

Et les voilà qui soufflent !

« Pfouff ! Pfouff !... » Deux jets de vapeur, deux aérosols montent dans l'air humide. Un couple de dauphins roses, ou *botos (Inia geoffrensis)*...

Les cétacés couinent et cliquettent. Ils émettent quantité de sons divers. Mais se parlent-ils ? Si oui, pour se dire quoi ? Sont-ils capables d'échanger des informations ? Tiennent-ils des discours d'une certaine abstraction ? Que pourraient-ils nous dire si, un jour, nous réussissions à apprendre leur langue ?

Les dauphins produisent des sons. Nombre de scientifiques, de poètes, d'amis de la mer, paieraient cher la traduction simultanée !

Nous devons nous méfier de quelques illusions.

Deux cétacés discutent ? Nous imaginons aussitôt un duo d'amour : Pâris et Hélène, Roméo et Juliette, Tristan et Iseut des contrées aquatiques... Or, rien ne dit qu'il ne s'agit pas d'une scène de ménage. Souvent même, nous ignorons le sexe des « locuteurs » : un couple ? Deux mâles ? Deux femelles ? Une mère et son petit ?

Il semble déjà presque impossible d'interpréter le dialogue de deux individus. *A fortiori*, comment discerner et traduire le babil foisonnant d'une troupe ?

Beaucoup d'amis des dauphins ont « marché » (et même couru !), dans les années 1960, lorsque les fameux professeurs John Lilly (un Américain) et Wilhelm Dudok van Heel (un Hollandais) ont étudié des cétacés en captivité.

John Lilly, ayant observé (ou cru observer) que ces animaux imitent les bruits, notamment ceux que les humains font avec la bouche, a tenté de leur apprendre l'anglais. Il lançait *« cup of tea »*, et croyait entendre les tursiops répéter fidèlement ces mots. Force est d'écrire qu'un témoin objectif ne décelait, dans la « réponse » des animaux, qu'un borborygme suivi de sifflements. (On se demande, au reste, ce que pourrait évoquer l'expression « tasse de thé » pour un dauphin...)

Après quoi, John Lilly imagina un système informatique censé transcrire directement des messages de l'humain en dauphin, et vice versa. De ce projet « JANUS » (*Joint Analog Numeric Understanding System*), rien n'est sorti, sinon du rêve. L'illusion qu'un jour, une rencontre aurait lieu sous la surface, un peu comme avec des extraterrestres. Que nous leur parlerions, et qu'ils nous répondraient. Qu'ils nous diraient leur monde, et que nous leur esquisserions le nôtre. Qu'ils nous rendraient peut-être meilleurs, rien qu'en étant eux-mêmes.

La structure du discours

Les dauphins produisent des bruits variés et rythmés : on jurerait des mots et des phrases. Mais parlent-ils ? Nombre d'éthologistes, de philosophes, de linguistes ne le croient pas. D'autres l'admettent.

Le langage parlé est plus complexe que celui des gestes et des postures. Il se compose de sons (les phonèmes), rassemblés en mots (le vocabulaire, ou lexique), eux-mêmes régis par une syntaxe (une grammaire). Porté par des vibrations acoustiques, il exprime des images, des concepts, des raisonnements. Il véhicule des informations et des idées. Nous autres, humains, en avons longtemps fait notre prérogative. Aujourd'hui, cet orgueil n'a plus lieu d'être : nous avons compris que maints animaux en possèdent au moins une ébauche. Notamment, les grands singes anthropoïdes.

Peut-on supposer que les cétacés sont dans le même cas ? Dès 1804, Bernard de Lacépède accordait à ces mammifères « un rudiment bien imparfait, mais néanmoins assez clair, de langage. »

Fertile intuition ?

Les cétacés produisent des sons en quantité stupéfiante. Avec eux, ce n'est pas ce qui manque ! Aristote avait déjà abordé la question dans son *Histoire des animaux* : « En effet, dans le cas du dauphin, il s'agit d'une voix. Il possède un poumon et une trachée-artère ; mais comme sa langue n'est pas déliée, il ne peut pas émettre de sons articulés. »

On a compris, de nos jours, comment naissent ces ondes acoustiques. Les dauphins et leurs cousins les fabriquent, pour l'essentiel, grâce à trois sacs aériens déformables (le vestibulaire, le nasofrontal et le prémaxillaire) ; ces ballons bossus sont annexés à la base de leur évent. Pour le reste, ils utilisent leur larynx en bec de canard, qui n'a pas de cordes vocales, mais peut vibrer. Une partie des flux sonores consiste en clics rapides pour l'écholocation. Le reste intervient dans la communication.

Les cétacés produisent, en outre, une variété fabuleuse de cris, gazouillis, sifflements, grincements, craquements, ronrons, « gloups » et autres « toc-toc » ou « pfrrtt »! Presque à l'infini!... Les fréquences de ces émissions couvrent celles que perçoit l'oreille humaine (de 20 à 20 000 hertz), mais montent bien plus haut dans les ultrasons. Jusqu'à 150 000 hertz chez la plupart des delphinidés. 380 000 chez les *susus*, ou platanistes, de l'Indus et du Gange.

Peut-on parler d'un langage ?

Le vrai langage obéit à trois lois.

Primo, chaque « locuteur » signe son discours par un timbre de voix unique, qui permet à ses congénères de l'identifier.

Secundo, les dialogues sont d'autant plus riches qu'ils concernent des épisodes « émotionnels » de la vie sociale : l'amour, les relations mère-enfant, la chasse ou la survenue d'un péril (face auquel il faut lancer l'alarme et coordonner la fuite ou la riposte).

Tertio, les « paroles » ne sont pas émises au hasard, en une « bouillie acoustique », mais structurées en thèmes séparés par des espaces réguliers, avec des répétitions, des séquences *(leitmotive)*, un rythme, des échanges. Bref, des mots, des phrases, qui répondent à d'autres mots et phrases.

Signature et diversité

À la suite des travaux du Français René-Guy Busnel, dans les années 1960-1970, les spécialistes en bioacoustique ont essayé (et tentent encore) de déterminer si ces lois (signature, diversité et structure) se vérifient chez les cétacés.

Ils immergent des hydrophones, enregistrent, puis analysent les courbes complexes qu'ils obtiennent, et qu'ils appellent des « sonogrammes ».

Dès 1979, les Américains Melba C. et David K. Caldwell établissent que la signature vocale existe bel et bien chez les tursiops. On l'a mise en évidence, depuis lors, chez les sténelles, les dauphins communs, les globicéphales, les orques, les bélougas, les narvals, etc. Chaque animal possède un

« contour acoustique », un « timbre » qui permet au cétologiste (*a fortiori*, aux autres dauphins) de l'identifier avec certitude. Chez le bébé, l'acquisition du « code » individuel s'effectue très tôt – entre 1 et 2 ans.

Non seulement chaque cétacé parle avec « sa » voix, mais il arrive qu'on l'imite dans la troupe ! Peter Tyack s'est aperçu, le premier, que certains contrefont la signature d'autrui. Dans quel but ? Prendre sa place dans la hiérarchie ? S'approprier une femelle par la ruse ? Voler une proie ? Quémander une tétée indue ? Mystère...

Le deuxième critère (la diversité et l'abondance des sons, notamment dans les phases sociales propices à l'émotion) semble, lui aussi, rempli. Chez quelques espèces, cette diversité semble même stupéfiante.

En 1982, les Américains Marilyn E. Dahleim et Franck Awbrey s'attachent à classer et à caractériser les émissions d'un troupeau d'orques. Ils suivent treize animaux, dont les « mots » et les « phrases » sont « signés ». Ces cétacés produisent vingt et une sortes de vocalisations, d'une fréquence comprise entre 40 et 20 000 hertz. Parmi ces émissions, les chercheurs décrivent le cri ascendant *(upscream)* ; le cri descendant *(downscream)* ; le grincement *(creak)* ; la plainte *(moan)* ; le sifflement *(whistle)* ; la modulation *(tone)* ; le bourdon *(buzz)* ; le ricochet *(ricochet)* ; l'explosion de clics *(click burst)* ; le bavardage *(chat)* ; la « scie de mer » *(seasaw)*...

Le tursiops et les globicéphales comptent parmi les plus bavards. Le narval « cause » beaucoup, lui aussi. Ils sont battus par le bélouga, qui mérite son surnom de « canari des mers ». Les navigateurs du Grand Nord aimaient les sifflements mélodieux de cette espèce, qu'on entend même en surface et que le Québécois Pierre Béland étudie depuis des années.

Si l'on plonge un hydrophone dans les eaux que hante cet animal, on perçoit une musique folle, comme un orchestre symphonique en train de s'accorder. Outre une gamme de sifflets et de gazouillis, les « baleines blanches » emplissent l'espace marin d'un prodigieux répertoire de cris, roucoulements, coups de klaxon, crincrins, sonneries, claquements, jappements, ronrons, bourdonnements, crissements... On jurerait parfois une cour de ferme : certains couinent comme des porcs, bêlent comme des moutons, hennissent comme des chevaux ! On perçoit d'étranges tintements de cloches, analogues à ceux des morses.

Lorsqu'ils sont effrayés, les bélougas lâchent des explosions de sifflets : signaux de ralliement. Au reste, ce sont les champions de l'imitation : ils contrefont tout ce qui bouge ; les oiseaux, les crevettes, les poissons, les phoques, les autres cétacés, mais aussi les moteurs de bateaux ; y compris ceux des sous-marins atomiques. Durant la guerre froide, quand Soviétiques et Américains s'espionnaient, ces dauphins immaculés ont plusieurs fois déclenché l'alerte rouge et manqué provoquer l'apocalypse !

Les mots et les phrases

Le troisième critère du langage authentique (la division du « propos » en mots et en phrases, avec une construction, un vocabulaire, une syntaxe) est plus ardu à mettre en évidence.

L'analyse des sonogrammes du tursiops et des autres odontocètes, ainsi que ceux de la baleine à bosse (ou jubarte, ou mégaptère : la « baleine qui chante ») prouve la régularité des émissions, leur aspect structuré, l'ordonnancement de leur construction. Les animaux semblent s'appeler, se répondre, échanger des propos ; bref, dialoguer. Est-ce suffisant ? Les avis des spécialistes diffèrent.

On a comparé (René-Guy Busnel le premier) l'hypothétique langage sonore des dauphins avec les langues sifflées que des êtres humains utilisent (ou plutôt « utilisaient », car ces pratiques se perdent) dans trois lieux du monde : à Mazateco, au Mexique ; à Silbo Gomero, dans les îles Canaries ; et à Aas, petit village du Béarn, dans les Pyrénées françaises.

Les études de sonogrammes menées sur ces singuliers modes de communication humains prouvent qu'il est possible d'échanger, d'une vallée à l'autre, ou d'une vallée à la montagne, de véritables dialogues, c'est-à-dire de transmettre des informations, d'envoyer des instructions… Les siffleurs des villages, explique René-Guy Busnel, utilisent la modulation de fréquence (de 1 200 à 2 200 hertz) et la modulation d'amplitude. Chaque sifflement, d'une forte intensité (110 décibels à

1 mètre) se propage sur plusieurs kilomètres. La phrase sifflée comporte des montées, des inflexions, des accentuations qui restituent assez bien les consonnes : ainsi l'auditeur parvient-il à comprendre les mots. De nombreux harmoniques donnent le timbre de la voix ; sa signature.

Les dialogues des cétacés ressemblent (en mieux) aux langages humains sifflés, avec des modulations, des accentuations, des phrasés. Des questions et des réponses.

Du moins en a-t-on l'impression...

Autre chose est de démontrer que ces « mots » et ces « phrases » véhiculent réellement de l'information. Si oui, de quelle nature ? Et jusqu'à quel degré d'abstraction ?

On n'a guère avancé, dans ce domaine, depuis la belle et troublante expérience de l'Américain Javis Bastian, en Californie.

Intrigué par une histoire de tursiops sauvages venus inspecter des micros sous-marins, et au cours de laquelle un des cétacés paraissait « expliquer » quelque chose à des congénères, avant que n'éclate une « discussion générale », le professeur Bastian imagine le dispositif suivant. Deux dauphins (un mâle : Buzz ; une femelle : Doris) sont enfermés dans un bassin. Tout d'abord, on leur apprend à actionner le levier d'un système de distribution de poisson, sachant qu'ils doivent pousser à gauche ou à droite en fonction d'un signal lumineux clignotant ou continu. Dans un deuxième temps, on enseigne à Doris que seul Buzz a la permission de manipuler le levier. Pour finir, on sépare les animaux par un rideau opaque aux rayons lumineux (ils ne peuvent pas se voir), mais perméable aux flux acoustiques (ils s'entendent).

On montre le signal lumineux à Doris seule. Elle siffle et cliquette. Aussitôt, Buzz appuie sur le levier – de façon correcte ! Il a compris ce qu'elle lui a dit...

On refait l'expérience. Le hasard n'est pas en cause : à chaque fois, le test est positif. Mais, si les partenaires se trouvent isolés par un obstacle qui arrête les ondes acoustiques, Buzz est perdu.

La phrase sonore de la femelle a un sens précis pour le mâle. Preuve est faite qu'il y a langage.

Babel sous la mer

Comment faire avancer l'enquête ?

On ne progresse guère en étudiant des cétacés captifs. Pour percer le secret de la communication sonore des dauphins, il faut aller sur le terrain. En mer ou dans les fleuves… Et là, tout se complique !

Pour subodorer, soupçonner, discerner le sens éventuel des « phrases » émises par les animaux, il faudrait que, chaque fois qu'on enregistre quelque chose, on sache qui a « parlé » ; à l'adresse de quel autre animal ; dans quelles circonstances ; et avec quels résultats… On est loin du compte.

La difficulté se trouve encore augmentée par le fait que, chez les dauphins et leurs cousins, chaque troupe semble avoir son « idiome », son « parler local », mettons : son « patois ». Chez les orques de Colombie britannique, John Ford et Dean Fisher ont identifié au moins douze types d'appels différents, chacun composé de très nombreux sons organisés, rythmés, structurés. Les trois populations locales (deux sédentaires et une nomade) n'emploient d'ailleurs pas les mêmes « expressions ». Chaque famille utilise ses « tours » particuliers. On dirait qu'elle a un « accent ».

Rappelons ici qu'il existe soixante-huit espèces de cétacés à dents ; en comptant plusieurs « dialectes » et « sous-dialectes » par espèce et sous-espèce, la tâche du traducteur devient insurmontable. À côté, la tour de Babel était une plaisanterie.

Il est probable, au reste, qu'entre les langues de l'orque ou du tursiops et celle du mésoplodon ou du marsouin des ports, il y a autant de différences de nature, de niveau et de complexité qu'entre celles de l'homme et du chimpanzé, ou du gorille et du babouin, voire du lémurien et de l'aye-aye.

Par leur complexité, leur structure et leur mode de fonctionnement, les émissions sonores des cétacés ressemblent à un langage parlé. On a prouvé que, dans bien des cas, elles modifient le comportement d'autres individus de la troupe, qui perçoivent le message et agissent en fonction de ce qu'ils en ont compris.

On en est là… Reste un colossal – et patient – travail à mener. Difficile. Forcément fragmentaire et frustrant. Mais excitant !

Dans l'immensité de l'eau, le naturaliste se sent perdu, tel Fabrice à Waterloo, au cœur d'une action confuse dont la signification générale lui échappe. Raison de plus pour y aller : la tâche du cétologiste ne fait que débuter !

Que nous enseigneront les dauphins, si nous apprenons à parler avec eux ?

Pensent-ils d'ailleurs quelque chose de nous ?

On peut sourire en imaginant que la première phrase « delphine » que nous réussirons peut-être à traduire sera : « Attention, v'là les hommes ! », dans laquelle « les hommes » seront synonymes de « fous furieux, bruyants, sales et dangereux » !

On peut craindre qu'il nous manque à jamais un document intermédiaire ; cette pierre de Rosette qui permit à Champollion de déchiffrer les hiéroglyphes.

Voici 30 ans, la plupart des cétologistes pensaient que, dans 30 ans, nous disposerions au moins d'une esquisse de vocabulaire et de grammaire de la langue de quelques espèces delphines. Force est de constater que nous ne possédons rien de tel.

Les cétacés chanteront-ils notre espèce ?

Chanterons-nous quelque chose ensemble ?

Le rêve subsiste. Liquide, sonore et doux comme un « chip-chip-chip » de dauphin rose dans un *igarapé* d'Amazonie. Fluide et subtil comme un crissement de tursiops dans le bleu infini de la mer.

Dauphin qui murmure :
L'eau compose un haïku
De mots d'écume.

L'intelligence de la mer

En Méditerranée, près des îles de Marseille ; au début des années 1970…

Vol de goélands leucophées entre les Calanques et les falaises de Riou : blanc et blanc sur bleu. Le mistral lève de courtes vagues. Les hommes de la *Calypso* du commandant Cousteau ont capturé (en douceur) un dauphin commun *(Delphinus delphis)*. Un costaud de 130 kilogrammes. Ils lui ont attaché une brassière sur laquelle est fixée une caméra miniature. But de l'opération : « embaucher » l'animal comme opérateur de cinéma. Le cétacé ira rejoindre son troupeau. Il filmera la vie de ses congénères, leurs plongées, leurs disputes, leurs jeux, leurs amours... À bord, tout le monde pense que c'est une bonne idée. Personne n'a jamais essayé.

Les équipiers relâchent le dauphin harnaché et... catastrophe ! Le pauvre n'avance plus. Il ne réussit pas à rejoindre les siens qui tournent dans les parages. Il s'immobilise et se laisse couler, comme s'il « désirait » mourir. Les plongeurs le rattrapent et le libèrent *in extremis*.

Au contraire du tursiops, des sténelles, du faux-orque ou de l'orque, le dauphin commun (comme le narval et de nombreux autres) refuse obstinément de collaborer avec l'homme. Il n'est pas « dressable ». Il n'a pas envie d'obéir. Il hait la captivité. Ou bien il se laisse dépérir de tristesse ; ou bien il fonce la tête la première et s'assomme sur les murs de son bassin.

Désire-t-il en finir ? Se suicider ?

Question fascinante : si la réponse est « oui », on peut affirmer, *primo*, que l'animal possède une forme d'intelligence, qu'il jauge la situation et comprend l'abomination de la prison ; *secundo*, qu'il a au moins une ébauche de conscience de lui-même...

Les dauphins peuvent-ils être crédités serait-ce d'une esquisse de ces deux fonctions supérieures du cerveau – l'intelligence et la conscience –, dont les humains s'enorgueillissent ? Et dont ils croyaient jusqu'ici détenir l'exclusivité ?

Des poètes, des romanciers, des mystiques, des rêveurs de la « nouvelle alliance » entre l'homme et l'animal, de l'« écologie profonde » ou du *New Age*, se sont emparés de cette idée sans s'embarrasser de considérations scientifiques. Certains n'ont pas hésité à donner aux dauphins un niveau d'intelligence égal ou supérieur au nôtre. D'autres ont évoqué une « compréhension intuitive », une « empathie » entre eux et nous. Saisis par un doux délire fantastique, quelques-uns ont parlé de « télépathie » entre leur espèce et la nôtre ; allant jusqu'à en faire des créatures de science-fiction ou de mythe, des messagers quasi divins, non pas nés

La femelle soutient son petit, lui apprend à nager,
lui enseigne le vaste monde !

de l'évolution dans la mer, mais descendus de la planète Vénus à bord d'un vaisseau spatial...

Élucubrations sympathiques ! On peut tout dire, à condition de se ranger sous la bannière du conte.

À l'inverse, des esprits scientistes, sceptiques ou hyper-rationalistes, suggèrent que les cétacés ne sont guère plus malins que des rats ; que nous leur attribuons un haut degré d'intelligence pour la raison principale qu'ils agissent de façon « amicale » avec nous, sans agressivité, avec curiosité, voire (chez le tursiops et les sténelles) avec douceur et caresses. Nous ne pouvons pas nous empêcher de penser qu'une créature qui nous témoigne tant d'intérêt ne saurait être tout à fait stupide... Et nous oublions que, pour les poissons et les calmars, les dauphins sont des monstres assoiffés de sang...

Dans la même veine, nombre de nos fantasmes sur l'« intelligence » des cétacés viendraient du fait qu'ils exercent leurs talents d'imitateurs. Ils singent nos gestes ou nos postures dans l'élément liquide. Ils tourbillonnent et crachent des bulles ou de l'eau comme nous aimons le faire et le voir faire. Qu'un animal se « moque » ainsi de nous ne nous semble possible que s'il possède un certain « sens de l'humour », lequel requiert un important niveau de développement cérébral. En vérité, dit le scientiste, l'imitation est un comportement répandu dans la nature, chez les oiseaux comme chez les mammifères. Les « tours prodigieux » des dauphins, qu'on présente et vante dans les parcs d'attraction, prouvent davantage la patience et la ruse des dresseurs, que l'astuce des animaux.

Un gros cerveau complexe

Comment débrouiller cet écheveau ?

Les cétacés sont de grands mammifères évolués. Ils communiquent entre eux, et peut-être avec d'autres espèces. Ils échangent des informations, mais nous ne savons pas traduire les nombreux langages ou idiomes dans lesquels ils s'expriment.

Nous n'avons aucune idée réelle du niveau de complexité et d'abstraction auquel ils parviennent, et qui varie forcément selon les espèces. Ils utilisent, pour « parler », un ensemble de signes, basés les uns sur les sons, les autres sur des postures, des gestes ou des caresses.

Toutes ces capacités n'en font pas *ipso facto* des intellectuels des mers. Quantité d'animaux ont les mêmes, à des degrés divers – de la mésange au perroquet, du pic au corbeau, du chien à l'éléphant, du gorille au bonobo.

La première approximation, quand on essaie d'estimer l'intelligence d'une créature, consiste à peser son cerveau. Les dauphins en ont un lourd. Plus gros que le nôtre chez le tursiops. Énorme chez l'orque et le cachalot !

On améliore ce critère de la masse en calculant ce qu'on nomme le « coefficient de céphalisation », c'est-à-dire le poids de l'organe rapporté au poids total du corps. Un homme de 70 kilogrammes utilise un cerveau de 1,3 kilogramme, soit 1,8 pour 100 de sa masse globale. Un tursiops de 200 kilogrammes en a un de 1,5 kilogramme : 0,75 pour 100. On trouve un pourcentage voisin chez le chimpanzé (500 grammes pour 70 kilogrammes), mais 0,025 pour 100 chez le cachalot, lequel possède cependant, dans l'absolu, le plus gros encéphale du monde : 10 kilogrammes. Le chiffre tombe à 0,007 pour 100 chez la baleine bleue.

Le poids (brut ou relatif) du cerveau ne signifie, en vérité, pas grand-chose. Au sein de notre espèce, des génies ont eu un encéphale de 1 kilogramme, et des personnalités moins... subtiles un organe de 1,5 ! Tout dépend de la distribution des neurones, de l'abondance de leurs connexions et de la proportion de ceux qui jouent un rôle dans les processus « nobles » de la connaissance – ceux qui forment la « matière grise » du néocortex frontal.

Le cerveau du dauphin a un néocortex épais ; une matière grise plus abondante que celle de la plupart des mammifères (singes exceptés), mais moins fournie que la nôtre... Chez le tursiops et ses cousins, l'organe central de la « pensée » présente (critère important) des circonvolutions complexes et nombreuses, avec de profonds sillons (ou scissures). Cependant, certains spécialistes qualifient sa structure tissulaire de « plutôt primitive et indifférenciée ». Environ 60 pour 100 de ses neurones sont concernés par la fonction auditive. Pour le reste, mystère... Il faut se souvenir que, chez l'homme, à peine

10 pour 100 des cellules cérébrales contribuent aux facultés supérieures de l'intelligence, ou de ce qu'on appelle ainsi. Le reste permet les perceptions, les mouvements, les réflexes...

« Intelligence »...

Le psychologue, le philosophe, le sociologue savent à quel point ce mot est « piégé ». Presque impossible à définir. Délicat à employer. On y range une diversité de fonctions mentales dont la plupart ne sont ni mesurables, ni comparables d'un sujet à un autre, *a fortiori* d'une espèce à sa voisine.

Qu'est-ce que l'intelligence ?

On peut la définir comme la capacité d'acquérir un savoir et des connaissances, pour agir de manière adaptée. Mais quel type de savoir ? De quel degré d'abstraction ou de symbolisme ? Et pour quel genre d'action ?

L'intelligence dépend-elle d'une structure innée, comme le pensaient Kant et les philosophes idéalistes ? Résulte-t-elle d'un apprentissage organique ou social, selon la conception des empiristes, des sensualistes ou des matérialistes ? Est-elle une combinaison des deux ?

On dit souvent qu'elle inclut les processus mentaux grâce auxquels le sujet analyse le monde et répond de façon correcte à des situations nouvelles, que les comportements inscrits dans le patrimoine génétique (ce qu'on nomme globalement l'« instinct ») sont incapables de traiter.

Mais qu'est-ce qu'une « réponse correcte » ?

La capacité de comprendre

Difficile à définir, l'intelligence est compliquée à étudier.

Chez les cétacés, les observations de conduites « réfléchies » en liberté sont rares. On sait que, dans de nombreux cas, ces animaux se concertent avant d'agir. Quand ils chassent, ils appliquent une stratégie et une tactique qui dépendent du type de proies recherchées et du terrain (grand large, récifs, estuaires, mangroves, profondeurs, etc.). Chaque sujet connaît sa fonction, sa place et le moment auquel il doit intervenir. On retrouve cette distribution des rôles chez d'autres grands prédateurs, comme les lions (ou plutôt les

© Denis-Huot / M&C / Bios

L'étrave du pétrolier géant soulève une vague où seul le dauphin ose surfer !

Grand spectacle au grand large : le saut du tursiops.

© Seitre / Bios

Le dauphin à bosse, ou *sousa*, de l'Indo-Pacifique.

© Carwardine / Still Pictures / Bios

Le dauphin du Yangzi, ou *baïji* : espèce en danger.

© Visser / Fotonatura / Bios

L'orque épaulard, le roi des mers : la force et la grâce.

© Ausloos / Bios

En surface, la tête du globicéphale, ou dauphin-pilote.

L'organisation sociale des sténelles de l'Atlantique obéit à des lois que nous ne comprenons guère.

© Carwardine / Still Pictures / Bios

Caresses et contacts chez les sténelles, aux Bahamas.

La sténelle de l'Atlantique : long bec et corps musclé.

Silhouette fantomatique : le tursiops reste une énigme.

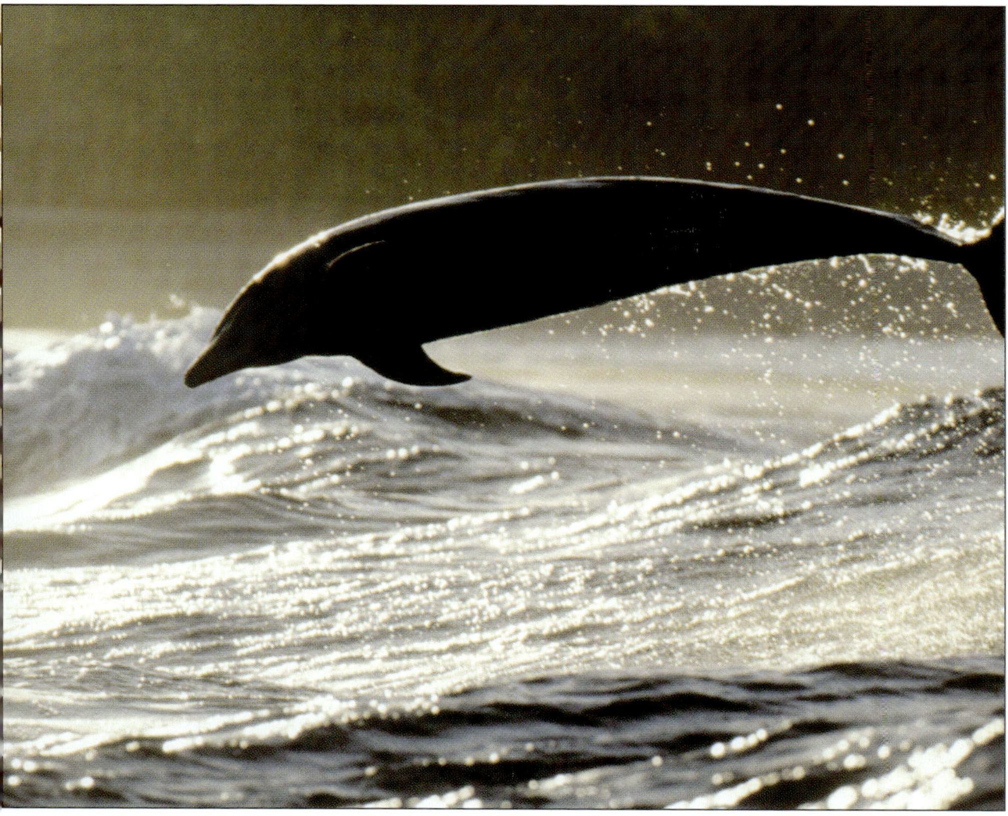

Le dauphin tursiops surfe : mille jeux dans les vagues !

Dans l'eau noire de l'Arctique, le blanc des bélougas...

Chez le tursiops, la mère apprend le monde à son petit.

Scène d'affection après la tétée chez les sténelles.

En chœur, le bond de deux tursiops signifie quelque chose...

lionnes) et les loups. Mais chez peu d'espèces, la concertation est aussi précise, et la discipline aussi bien respectée.

Les orques semblent les plus malins. On jurerait qu'ils comprennent jusqu'au principe de causalité. Dans l'Antarctique, ils font des vagues avec la queue pour déséquilibrer et faire tomber à la mer les phoques et les manchots réfugiés sur les radeaux de glace. À Crozet, ils savent que la crue du fleuve entraîne vers l'océan les jeunes éléphants de mer : ils attendent leurs futurs repas à l'embouchure. Du temps de la chasse à la baleine, les épaulards distinguaient fort bien les bateaux ordinaires, qu'ils approchaient sans crainte, de ceux qui portaient un canon lance-harpon – à fuir d'urgence !

Les sténelles et les tursiops sont capables du même genre de conduite élaborée. Leurs chasses sont subtiles : formation en demi-cercle, attaque au coup de sifflet, etc. Leurs capacités de compréhension étonnent. Ils réussissent à défaire avec leur bouche les noeuds d'un filet de pêche ; même s'ils tirent sur les cordes de façon un peu désordonnée, ils montrent qu'ils ont saisi le principe même du lien.

Les cachalots pourchassés par les baleiniers (le braconnage n'a pas disparu) se réfugient en plongée dans des couches d'eau profondes, qui dispersent les ondes sonar des bateaux : ils deviennent indétectables. Du temps de la marine en bois, ces géants partaient au lof devant les voiliers des harponneurs, comme s'ils avaient compris que leurs poursuivants ne pourraient pas les poursuivre vent debout : singulière « science » de la navigation !

Plus troublantes sont les expériences menées à Honolulu par l'Américain Louis M. Herman et ses collaborateurs (Melissa F. Shyan, Jane Taylor, Paul H. Forestell). Elles laissent penser que les dauphins atteignent un niveau exceptionnel de maniement des « idées ».

Les sujets de cette étude sont deux tursiops captifs. Deux femelles, Akeakamai (en polynésien : « Amie de la sagesse » ; en abrégé : « Ake ») et Phoenix (ou « Phoe »). Louis Herman commence par enseigner à Ake un langage gestuel en partie basé sur celui des sourds-muets ; et à Phoe un langage sonore assisté par ordinateur. Les tursiops associent tel geste ou telle émission sonore à tel objet (« balle », « queue »...).

Très vite, ils acquièrent un vocabulaire de verbes (« toucher », « chercher », « sauter »...). Puis ils associent les uns aux autres : « chercher frisbee », « toucher panier », « sauter cerceau »... Ils mémorisent aussi des notions adverbiales : « en haut », « en bas », « dessus », « dessous », « derrière », « devant », « à droite », « à gauche », « dedans », « dehors »...

Enfin, ils se débrouillent avec des phrases qui comptent jusqu'à cinq de ces éléments : « toucher balle queue chercher frisbee », ou « mettre frisbee panier toucher balle ».

Si on leur propose ces « mots » en désordre, ils réussissent quand même à interpréter le message. À la phrase visuelle « droite frisbee balle dedans », Ake porte la balle dans le frisbee sur sa droite. À la phrase sonore « surface cerceau à travers », Phoe fait surface à travers le cerceau.

Les dauphins montrent ici qu'ils maîtrisent le sens des mots, c'est-à-dire la sémantique. Ils acquièrent en peu de temps un vocabulaire de plusieurs dizaines de termes.

Ils dominent la construction des phrases (sujet, verbe, adverbe, complément), autrement dit la syntaxe. Ils exécutent des consignes complexes.

Ils ont accès au symbole, à une forme de logique et d'abstraction. Non seulement ils peuvent dire si tel objet se trouve dans leur bassin, ce qui semble facile, mais s'il en est absent, ce qui nécessite un plus haut degré de représentation mentale.

Et ils ont de la mémoire – autre ingrédient de l'authentique intelligence, laquelle peut alors se transmuer en culture. Après 6 mois d'interruption, Ake et Phoe ont repris leurs exercices comme s'ils s'étaient arrêtés la veille. Ils n'avaient rien oublié.

Le début d'une « culture »

Dans la nature, les orques, les dauphins, les bélougas, les cachalots, etc., montrent qu'ils possèdent des traditions locales, des façons de « penser » ou de réagir propres à une « communauté », on dirait presque à un « peuple ». Ils ont leurs proies favorites, qui varient selon les lieux et les saisons, et qu'ils capturent en recourant à des méthodes ou à des stratégies qu'ignorent leurs congénères des autres mers.

Les orques sédentaires de Colombie britannique chassent en famille le saumon au « cri qui tue ». Les nomades des mêmes eaux se comportent comme des « loups » marins, capables de déchiqueter en meute une baleine à fanons. Les épaulards de Norvège réunissent les harengs en boules, puis les assomment avec leur queue. Ceux de Patagonie et des îles Subantarctiques viennent presque s'échouer sur les plages pour happer par surprise pinnipèdes et manchots. Ceux de l'Antarctique font tomber leurs proies des radeaux de glace où elles se réfugient…

Les cétacés accomplissent de grands voyages « organisés » pour gagner divers lieux secrets favorables à leur ventre – ou à leur sexe ! Les orques de Colombie britannique fréquentent leurs « baies des plaisirs », où ils viennent se frotter le ventre et le bas-ventre sur des rochers ou des galets ; en groupes ; génération après génération ; comme en une cérémonie étrange et barbare !

D'une manière générale, la structure matriarcale des groupes d'odontocètes favorise, chez eux, l'existence d'authentiques « civilisations » marines ; au moins, de l'esquisse de ces « cultures »… Les femelles dominantes – les matriarches – concentrent les savoirs, les techniques, les connaissances, les traditions, les lois, les habitudes, voire les « obsessions » ou les « manies » de leur espèce et de leur population.

Par l'éducation, elles offrent aux générations ultérieures ce précieux héritage, augmenté de quelques acquisitions récentes : ainsi se fixent les « briques » du progrès.

Leurs filles, petites-filles, nièces, etc., servent d'intermédiaires, notamment celles qui héritent de leur place dans la hiérarchie. On constate le même type de transmission matrilinéaire du patrimoine culturel (le mot « matrimoine » conviendrait donc mieux !) chez les singes, en particulier les macaques (celui du Japon), les babouins, les gorilles, les orangs-outans et les chimpanzés (de Tanzanie comme de Côte d'Ivoire) ; bien sûr, chez les bonobos, qui nous sont si proches qu'on pourrait les nommer « australopithèques » !

L'embryon d'une conscience

Fascinés par l'« intelligence » et la « culture » delphines, les spécialistes observent tant qu'ils peuvent les cétacés dans la nature. Et imaginent, en bassin, de nouveaux protocoles expérimentaux...

L'une des questions majeures qui surgissent, après celle de l'intelligence et de la culture, concerne la conscience.

Les dauphins et leurs cousins ont-ils, fût-ce à l'état embryonnaire, une idée de leur propre existence ? Se considèrent-ils comme des individus uniques, des sujets distincts du reste du monde et de leurs semblables ? Ou bien (selon la conception cartésienne) n'incarnent-ils que des machines, certes complexes, mais sans « âme » ?

On a tenté de poser en termes scientifiques ce problème crucial. On a soumis des cétacés à la fameuse expérience du miroir. Lorsqu'ils se découvrent dans une glace, ils sont d'abord surpris, puis intrigués. Ils finissent par prendre un air intéressé, puis passionné. Le « test de la tache » est positif : on leur barbouille un rond de peinture sur le museau. En le découvrant sur leur reflet, ils semblent inquiets : on jurerait qu'ils ont compris que l'anomalie les concerne. Hormis *Homo sapiens* (et encore : pas avant l'âge d'1 an), on n'observe ce comportement que chez de rares espèces au gros cerveau. Même pas chez tous les singes ; uniquement chez nos proches cousins anthropoïdes : orangs-outans, gorilles, chimpanzés et bonobos.

La constatation est d'autant plus fascinante que, chez les cétacés, le sens de la vue est loin d'être essentiel. L'ouïe passe bien avant. L'expérience du miroir nous paraît convaincante parce que nous sommes, nous-mêmes, des créatures visuelles. Quel niveau de « conscience de soi » manifestent les cétacés lorsque, comme c'est probable, ils s'explorent au sonar ?

Pour creuser la question de l'identité, Louis Herman et ses collaborateurs ont également recouru à la vidéo. Ils ont filmé des tursiops (Ake et Phoe) dans leur bassin, puis leur ont montré ces images sur un moniteur.

Les dauphins se reconnaissent. Ils identifient l'autre dès qu'il arrive sur l'écran. Ils comprennent ce qui se passe lorsque vient leur tour. Et ils ne se trompent jamais de scénario : leur réaction n'est pas la même s'ils voient leur compagnon « en vrai », ou s'il s'agit de son simulacre électronique.

Les dauphins sont malins. « Intelligents » – comment dire autrement ? Ils possèdent un langage complexe et un bon niveau d'abstraction. Ils sont dotés d'une mémoire fidèle. On relève, dans leurs rangs, des accumulations d'astuces, de techniques et de savoirs qui ressemblent aux prémices d'une « culture ». Au reste, ils paraissent posséder les éléments d'une conscience d'eux-mêmes.

Ce qui les rapproche de l'état de philosophes !

Mais que d'énigmes subsistent...

Diverses observations paraissent contredire les impressions favorables.

Exemple : la mortelle panique qui saisit ces animaux lorsqu'ils se retrouvent prisonniers de filets de pêche... On assiste, hélas ! chaque jour, au spectacle lamentable de sténelles, de sténos, de tursiops, de marsouins, etc., qui se retrouvent coincés dans d'immenses sennes tournantes pour la pêche au thon, ou empêtrés dans de grands chaluts ou des filets dérivants ; et qui en meurent par troupeaux entiers.

Affolés dans les mailles, les cétacés sont incapables de sauter par-dessus le boudin superficiel en caoutchouc, épais à peine de 20 ou 30 centimètres, qui couronne le piège en surface et au-delà duquel ils recouvreraient la liberté. Ils ne leur vient même pas à l'idée de sauter par-dessus et de s'enfuir, eux qui bondissent, s'ils le veulent, à plus de 5 mètres dans l'atmosphère. Incompréhensible...

La panique est-elle la seule cause de cette conduite, que d'aucuns jugent « stupide » ?

L'Américain Kenneth S. Norris émet une hypothèse étonnante, mais plutôt convaincante. Il pense qu'en troupeau, les dauphins se transmettent des informations non seulement par des émissions sonores, mais par un subtil langage des corps. En inclinant l'aileron, en faisant jouer la lumière sur leur queue, etc., ils se « parlent ». Une fraction de seconde suffit à coordonner le groupe : tourner, plonger, faire surface en chœur, devient un jeu d'enfant... Si les cétacés se retrouvent prisonniers d'un filet, entassés les uns sur les autres, ce langage visuel et tactile leur fait défaut. Non seulement leur sonar est saturé mais ils n'ont plus assez de distance entre eux pour coordonner leurs mouvements. Les interférences lumineuses brouillent la communication. Ou bien ils réussissent très vite à s'échapper ; ou bien, ils coulent en masse, victimes d'un stress fatal.

Les cétacés sont-ils intelligents, cultivés et conscients d'eux-mêmes ?

Il n'existera peut-être jamais de réponse définitive à ces questions : car tout dépend du sens qu'on glisse derrière les mots. À tout le moins, les dauphins et leurs cousins comprennent des situations complexes et y répondent de façon adaptée, réfléchie, éloignée des automatismes et des stéréotypes, c'est-à-dire de l'instinct.

Ils atteignent, dans certaines expériences, un étonnant degré de savoir et d'abstraction.

Les orques passent pour les plus subtiles créatures de l'ordre. Ils ont réussi à coloniser le plus vaste milieu naturel de la Terre : la mer. La mer tout entière. Les sept dixièmes de la superficie du globe, avec un inégalable éventail de situations, de climats, de problèmes, de ressources…

Seul *Homo sapiens* a, lui aussi, conquis la planète, de l'équateur aux pôles. Faut-il voir, dans ces destins parallèles, le symbole d'une double ascension vers l'intelligence, l'une dans les océans, l'autre sur les continents ?

Les dauphins rêvent-ils ?

Le soleil se noie à l'horizon dans un fouillis de nuages or, rose et mauve, qu'on dirait peints par Delacroix et Monet : la nature ne craint pas le mélange des styles. La mer se nuance de cuivre, de turquoise et d'améthyste. Du côté de la terre, la dentelle des cocotiers devient noire. L'eau des Caraïbes semble tiède comme un ventre de femme.

C'est l'heure crépusculaire où les dauphins finissent leur sieste. Ce sont des tursiops, ou nez-en-bouteille *(Tursiops truncatus)*. Sublimes torpilles gris-bleu, à la peau douce et frémissante, dont la figure au long nez s'illumine d'un sourire énigmatique…

Une grande femelle – une matriarche – est éveillée. Elle tourne autour de ses congénères. Ceux qui dorment, flottent juste sous la surface. Alanguis, les paupières closes, ils s'enfoncent lentement en fermant leur évent. Ils donnent un bref coup de queue et remontent prendre une goulée d'air toutes les 20 à 30 secondes.

Aristote décrivait déjà les dauphins endormis, « tenant hors de l'eau l'évent par lequel ils respirent, et agitant doucement leurs nageoires ». Le philosophe précise que des témoins ont pu « les entendre ronfler »... Ce sommeil semble parfois profond. On a supposé qu'il est la cause d'accidents : collisions de bateaux, blessures d'hélices... Anne Collet et Raymond Duguy ne croient pas à cette « curieuse légende ». En vérité, le cétacé ne dort que légèrement. Si on lui administre un somnifère sans le soutenir en surface, il se noie.

Quel est le secret de ce sommeil aquatique ? La respiration des cétacés est volontaire, et non pas réflexe comme la nôtre. Comment font-ils ? Certains disent qu'ils ne dorment jamais : difficile à croire, tant le sommeil est nécessaire à tous les êtres, qu'il répare. D'autres prétendent qu'ils se reposent par mini-séquences de quelques minutes, immobiles en pleine eau, ou même en nageant.

Une hypothèse plus fantastique a été formulée par le Russe Lev Moukhametov. Ce dernier a pratiqué des électroencéphalogrammes sur trois espèces : le tursiops, le marsouin commun et le dauphin rose d'Amazonie. Ces cétacés dorment au total environ 8 heures par jour, comme nous-mêmes, mais de façon bien différente. Discontinue. Par tranches de 5 minutes à 2 heures.

Et ils ont recours à une incroyable « ruse » physiologique pour goûter les plaisirs de Morphée. Leurs deux hémisphères cérébraux ne fonctionnent pas en phase : pendant le sommeil, ils sont dissociés, disjonctés, indépendants... Tandis que le droit dort, le gauche veille ; et vice versa. L'un des deux assure la tonicité du corps, notamment l'activité des muscles respiratoires et locomoteurs. On ignore comment les cétacés se débrouillent : chez le chat, même quand on sectionne (pour les besoins de l'expérience) le « pont » (ou corps calleux) qui unit les deux moitiés de l'encéphale, le sommeil demeure global.

Kenneth S. Norris a observé, au large de Hawaii, le sommeil des sténelles à long bec *(Stenella longirostis).* Cette espèce sociable, plutôt nocturne (les calmars remontent sous la lune), dort la journée, en eau peu profonde, par troupes de quarante à soixante sujets. Au repos, ces cétacés cessent leurs émissions sonores, quasi incessantes pendant la journée. Ils nagent lentement en rond. Ils dorment – littéralement ! – d'un œil. L'œil dirigé vers le cœur de la troupe est fermé, tandis que celui qui s'oriente vers la mer reste ouvert, en alerte. Au bout d'un moment, les dormeurs changent de position ; donc d'œil ; donc de moitié de cerveau en alerte... Deux ou trois individus montent la garde, « éveillés des deux yeux », attentifs aux plus grands dangers : requins, orques ou bateaux en vadrouille.

Le dauphin à flancs blancs du Pacifique *(Lagenorhynchus obliquidens)* est diurne. Le tursiops calque son mode de vie sur celui de ses proies : tantôt calmars nocturnes et tantôt poissons diurnes. Le dauphin commun se repose ou chasse à n'importe quelle heure.

Les cétacés dorment d'un œil. Mais rêvent-ils ?

Les travaux des Russes Avenir Tomiline et Lev Moukhametov semblent prouver que non.

Les dauphins présentent, pour chacun de leurs hémisphères cérébraux, des phases d'endormissement typiques, puis de sommeil profond, enfin de réveil. Mais ce sont les seuls mammifères connus (avec les échidnés, monotrèmes d'Australie, créatures primitives encore proches des reptiles) qui n'ont aucune phase de sommeil paradoxal – celui qui voit les neurones décharger leur énergie électrochimique de façon anarchique, en créant ces images incohérentes, hors de toute logique, poétiques ou terrifiantes, et qu'on appelle les « rêves ».

Si le fait est avéré, il va à l'encontre d'une « loi » de l'évolution, selon laquelle le rêve caractérise les niveaux d'organisation les plus élevés du système nerveux. Il n'existe pas chez les poissons, les amphibiens et les reptiles. Il apparaît avec les oiseaux et les mammifères. Il devient fréquent et important chez les carnivores (chats, chiens...), les pinnipèdes, les éléphants, les primates, bref chez les espèces les mieux loties en neurones.

Pourquoi ne concernerait-il pas les cétacés ?

Il est possible qu'on n'ait, tout simplement, pas réussi à enregistrer les ondes typiques du sommeil paradoxal chez ces créatures ; ni les manifestations physiologiques qui les accompagnent (corps immobile, mais rapides mouvements oculaires…).

On ne peut pas non plus écarter l'hypothèse que les dauphins rêvent d'une autre façon que nous. De même qu'ils ne possèdent pas la même intelligence, de même leurs décharges neuronales n'ont peut-être rien de commun avec celles qui nous enchantent ou nous glacent – rêves roses ou cauchemars. Kenneth S. Norris suggère que le sommeil paradoxal, tel que les neurologues l'ont « codifié » grâce à des séries d'électroencéphalogrammes chez les animaux de la terre ferme, est peut-être lié à la vision binoculaire. Or, les dauphins ne contemplent pas le même spectacle avec leurs deux yeux : leur vision est monoculaire.

Pour le Néo-Zélandais Wade Doak, l'explication est plus belle encore : animaux « acoustiques », les cétacés se forment des images de leur environnement grâce à leur sonar. Pourquoi ne pas imaginer que ces princes de l'océan rêvent différemment de nous – sans représentations visuelles, mais avec d'autres sensations (auditives, tactiles…) analogues à celles des humains aveugles de naissance, qui passionnaient déjà Denis Diderot lorsque, au XVIIIe siècle, il écrivait *Le Rêve de d'Alembert* ?

La question du « suicide »

Sombre jour. Triste scène…

Le globicéphale nage obstinément vers la plage. Il se propulse vers le sable. Il est essoufflé, luisant, pathétique, les yeux emplis de « larmes ». Il pourrait encore repartir vers le large. Mais le rivage l'attire : il y mourra, échoué à marée basse, déshydraté, étouffé sous son propre poids. Rien ni personne n'empêchera ce « suicide ».

Le « suicide » : un comportement extrême et fascinant… On est sûr d'une chose : lorsque le cétacé retourne à la terre ferme, que ses ancêtres ont quittée voici plus de 55 millions d'années, c'est pour y terminer ses jours. Mais un animal peut-il choisir de se donner la mort ?

La presse à sensation ne s'embarrasse guère de nuances. Demain les journaux feront leurs gros titres : « Suicide massif : une centaine de baleines-pilotes échouées ! »

Pour décider de se donner la mort, il faut avoir conscience d'exister. On a vu des chiens ou des chats mourir (dirait-on) de « désespoir » après avoir perdu leur maître. Une telle conduite n'est pas un suicide, mais le résultat d'un stress dévastateur qui détruit les équilibres essentiels du système nerveux.

Chez les cétacés, le problème semble plus complexe. Les échouages en masse ne datent pas d'hier, même si nos pollutions n'arrangent rien. Dès le Ier siècle de notre ère, Pline le Naturaliste en décrit un : « Sous le règne de Tibère, l'océan, en se retirant, abandonna en face du littoral de la Province lyonnaise, dans une île, plus de trois cents énormes bêtes d'une espèce et grandeur étonnantes, et pas moins sur le littoral des Santons. » On suppose qu'il s'agissait de cachalots ou de globicéphales. À la Renaissance, Guillaume Rondelet examine des dauphins morts sur la grève et tente de déterminer la cause de leur décès : il l'attribue à des parasites voisins des « œstres », et qui « piquent aussi les thons ».

Depuis 1913, en Angleterre, des scientifiques tiennent une chronique des échouages. D'autres pays aident à la tâche. En France, le Muséum d'Histoire naturelle de La Rochelle centralise les observations : identification des espèces, géographie des sites, facteurs de mortalité (accidents, parasites, maladies, pollutions)...

La quasi-totalité des cétacés sont concernés. Certaines baleines à bec ne nous sont connues que par quelques cadavres oubliés à marée basse. On a des surprises : le faux-orque *(Pseudorca crassidens)* est décrit comme un fossile lorsque, en 1862, une centaine de ces animaux s'échouent près de Kiel, en mer Baltique. Quand dix dauphins meurent à Tréguier, en Bretagne, en 1984, on hésite à les identifier : ces dauphins de Fraser *(Lagenodelphis hosei)* n'étaient pas censés visiter l'Europe. Certains cétacés très sociables se jettent sur le rivage par troupeaux entiers. Les globicéphales sont coutumiers du fait. Le « record » appartient au faux-orque : en 1964, pas moins de huit cents de ces souffleurs couleur de ténèbres se sont « suicidés » ensemble sur une plage d'Argentine.

L'échouage des cétacés excite l'imagination des foules ; et celle spécialistes : car il demeure une énigme. Les hypothèses formulées à son sujet sont aussi nombreuses que celles qui expliquent l'extinction des dinosaures.

Mentionnons, pour mémoire et en ironique hommage à la fantaisie des hommes, les thèses qui établissent un lien entre les arrivées de cétacés à la côte et les apparitions d'ovni ou de comètes. Glissons sur les mauvaises conjonctions d'horoscopes. Et venons-en aux pistes sérieuses.

Une quinzaine de théories s'affrontent ou se complètent.

1. Certains animaux s'échouent, mais ils étaient déjà morts en mer – de vieillesse, de maladie ou d'accident. À l'autopsie, les principales affections qu'on leur découvre sont l'insuffisance cardiaque, l'œdème pulmonaire et la broncho-pneumonie. Dans le golfe de Gascogne, les pics d'échouages coïncident avec les grosses tempêtes du large. Des jours entiers de vagues énormes épuisent même les meilleurs nageurs.

2. Parmi les cétacés qui finissent sur le rivage, certains souffrent d'empoisonnements dus à des pollutions : mazout de marées noires, rejets agricoles, domestiques et industriels, « cocktails » fatals de métaux lourds, de PCB et de pesticides, surcharges en isotopes radioactifs…

3. Entre mille pollutions d'origine humaine, on a aujourd'hui la certitude que les nuisances sonores jouent un rôle décisif. Le tintamarre des moteurs de bateaux, ajouté à celui des milliers de sonars qui scrutent l'océan, perturbent le système d'écholocation des odontocètes. Ces dernières années, les programmes de la Marine américaine, destinés à espionner les « ennemis » à l'aide de super-sonars émettant avec des puissances énormes, ont fait la preuve de leur nocivité. Non seulement ces pollutions sonores perturbent les cétacés au point qu'ils ne parviennent plus à trouver de partenaires sexuels et à se reproduire, mais ils les « aveuglent », les égarent et provoquent des échouages. Une hécatombe !

4. On ne peut pas exclure que certains « suicides » aient pour cause… la violence d'autres cétacés. Anne Collet cite le cas d'un dauphin bleu et blanc *(Stenella cœruleoalba)*

mourant sur le sable, le corps tailladé de coups de dents par ses congénères : l'animal avait été « condamné » pour une raison mystérieuse... Les orques de Crozet « jouent » à se pousser les uns les autres sur le sable : une erreur peut survenir. Et on a vu des marsouins se jeter sur le sable, terrorisés par l'arrivée d'une troupe d'épaulards ou même de tursiops.

5. Chez les cétacés comme chez d'autres espèces, une explosion démographique peut forcer certains sujets à quitter des parages connus, et à se perdre en cherchant un nouveau territoire.

6. Les cétacés qui expirent à la côte sont souvent affaiblis par des parasites. En 1972, S. H. Ridgway et M. D. Dailey ont trouvé, dans le cerveau de dauphins morts au sud de la Californie, un grouillement de vers trématodes.

7. En 1979, le Français J. Maigret a étudié les échouages répétés de dauphins et de globicéphales à la presqu'île du Cap-Vert, au Sénégal. Ces accidents surviennent surtout à la fin du printemps, en même temps que des pullulations de plancton végétal – des « marées rouges » d'algues unicellulaires de la classe des dinophycées, tels les toxiques *Gonyaulax*. Les cétacés s'empoisonnent en buvant un peu de cette « soupe de sorcière », ou en avalant des poissons contaminés.

8. Chez les odontocètes, la structure et la hiérarchie du troupeau sont centrées sur un grand mâle (le pacha), et plus souvent encore sur une femelle dominante (la matriarche). S'il arrive que ce leader ou cette meneuse s'échoue, le groupe entier suit. C'est ce qu'on nomme l'« effet moutons de Panurge ».

9. Encore faut-il déterminer pour quelle raison le chef (ou la « cheffe ») perd sa route. On a supposé que certains fonds de vase absorbent les ondes sonar. Cette explication semble... vaseuse. Les tursiops qui chassent près des côtes fangeuses de Caroline du Sud, et montent gober les poissons jusque sur la rive, n'ont aucun problème d'écholocation.

10. Une hypothèse voisine a été énoncée par le Hollandais W. H. Dudok van Heel : les cétacés pourraient être abusés à la fois par une côte vaseuse en pente douce et par une tempête. On n'y croit guère.

11. Les facteurs internes restent les plus probables. Un dauphin sourd est perdu. Les maladies du système auditif

peuvent avoir diverses causes (malformations, infections, etc.). Lorsqu'elles sont dues à des parasites transmissibles (virus, bactéries ou vers), elles peuvent expliquer les échouages en masse. En 1973, l'Américain J. R. Geraci a découvert, dans les sinus auditifs de cétacés en difficulté, des invasions de petits nématodes, vers ronds cousins des ascaris et des oxyures. Dès 1955, le Russe S. L. Delyamure avait soupçonné le rôle de parasites analogues dans des échouages de marsouins devenus sourds, en Crimée.

12. On a supposé que certains cétacés iraient à la mort en voulant franchir un bras de mer qui existait jadis, dont leur espèce aurait gardé la mémoire, mais qui aurait été supprimé par des bouleversements géologiques ou un changement du niveau des mers. Science-fiction.

13. J. R. Geraci et F. G. Wood ont bâti une autre hypothèse. Les cétacés, rappellent-ils, descendent de mammifères terrestres, puis amphibies. Effrayés ou blessés, ces derniers se réfugiaient d'instinct sur la terre ferme. Les échouages pourraient constituer une résurgence de ce comportement. Inquiets ou malades, les dauphins et leurs cousins auraient le réflexe de se précipiter sur une plage pour se mettre à l'abri. Issu d'iguanes terrestres, l'iguane marin des Galapagos adopte cette conduite. Mais son évolution ne date que de 8 millions d'années – pas de plus de 55 !

14. Lorsque des cétacés s'échouent, il arrive que de bonnes âmes humaines tentent de les remettre à flot. Au désespoir de leurs « sauveteurs », les animaux reviennent avec obstination sur le sable. Tout se passe comme si l'aiguille de leur « boussole » interne restait bloquée en position erronée. Cette remarque a suggéré à certains scientifiques de creuser la piste du sens magnétique. Les dauphins et leurs cousins possèdent, dans le cerveau, de petits cristaux de magnétite grâce auxquels ils sont sensibles à d'infimes changements d'intensité du champ magnétique terrestre. Celui-ci varie localement : les souffleurs apprennent à se déplacer selon des lignes appelées « isodynames » (d'égal champ). Les gros orages, les éruptions solaires, peut-être certains cycles lunaires, modifient les données normales : les cétacés perdent (littéralement !) la boussole.

15. Aristote, déjà intrigué par les échouages de dauphins, avouait en ignorer la cause. Louable humilité du philosophe : concluons comme lui !

Dans l'état actuel de nos connaissances, l'ultime hypothèse de la « volonté de mort » chez certains cétacés ne saurait être rayée d'un trait de plume scientiste.

Attendons de meilleures preuves pour attribuer – ou nier – à ces animaux la conscience d'exister, poussée jusqu'à son ultime conséquence : l'éventuel désir de cesser de vivre.

Envoi

Là-bas, là-bas…

Sur l'infini de l'océan.

La lune pâlit. L'aurore point. C'est à ce moment que les dauphins deviennent prodigieux. La mer est leur empire. Le poète assure qu'ils gouvernent le cosmos.

En suivant durant des mois les vagabondages au grand large des dauphins à flancs blancs du Pacifique *(Lagenorhynchus obliquidens)*, la naturaliste Dawn Goley a effectué de sublimes découvertes. Elle s'est aperçue que ces cétacés dorment la nuit ; mais qu'à l'aube, ils se réunissent en surface et « chantent ». Ils lancent dans l'eau des musiques, des crissements d'insectes et des gazouillis d'oiseaux, des coassements et des murmures qui s'accordent, puis montent en harmonie vers la lumière naissante. Les trémolos et les trilles s'amplifient.

Les dauphins saluent l'aube. Ils composent une sonate à la beauté. Ils sont l'orchestre des matins du monde.

Et la Terre, souillée par notre espèce, retrouve un peu de son innocence originelle.

L'aurore sur la mer.
Les dauphins réinventent
La vie rêvée des hommes !

Saccages et pollutions

Les hommes contre

La planète est petite, les hommes prolifèrent. Notre espèce envahit la mer après la terre ferme. Nous tuons des cétacés, nous leur volons leurs poissons, nous ravageons les eaux et nous les salissons.
Pas de quoi être fiers !

Les cétacés nous séduisent.

Nous aimerions les approcher, les observer, les caresser, devenir leurs compagnons de nage et de jeux, dans un élément liquide idéal qui ressemblerait au petit océan maternel où nous avons barboté durant 9 mois.

Les dauphins voudront-ils de nous ?

Pas sûr qu'ils désirent nous côtoyer…

Entre eux et nous, tout n'a pas toujours été rose. Des flots de sang chaud ont coulé dans la mer. Toujours du même côté…

Si quelqu'un a maltraité l'autre, c'est *Homo sapiens* ! Nous savons nous montrer cruels envers tout ce qui bouge. Nous aimons aujourd'hui les cétacés, au point que certains d'entre nous les tiennent pour un autre peuple ou pour des demi-dieux.

Mais, à l'heure où ces lignes sont écrites, des humains continuent ce que nos pères ont toujours fait : ils les piègent, les harponnent, les massacrent ou les torturent. Ils se moquent des terreurs et des souffrances des ces mammifères sensibles. Ils considèrent que leur seule présence est gênante. Ils les accusent d'être de déloyaux concurrents de leurs pêches. Ou bien ils les jugent plus profitables débités en quartiers de viande ou pressurés en bidons d'huile, que vivants et en liberté dans les vagues…

Les cétacés souffrent de nos grands filets, de nos moteurs de bateaux, de nos sonars, de nos pollutions et de nos saccages ; bref de notre mépris, de nos violences et de nos saletés. Ce chapitre en fournit une démonstration lamentable.

Changerons-nous de comportement envers eux ?

Nous pourrions méditer sur ce que nous sommes et nous inquiéter de notre avenir en prenant conscience des tourments que nous leur infligeons. Car ce que nous faisons subir aux créatures de la mer, nous le subirons nous-mêmes un jour. En leur faisant la guerre, c'est nos pareils que nous agressons. En les empoisonnant, c'est nos enfants que nous intoxiquons.

Nous avons embarqué ensemble sur un bateau spatial appelé Terre, et nous n'avons pas de canot de sauvetage.

Antique attitude

Nous gagnerions beaucoup à nous rappeler l'attitude des Anciens, que résume au IIe siècle le poète Oppien, dans ses *Halieutiques* :

« C'est offenser les dieux que de chasser les dauphins. [...] Les dieux tiennent le massacre des monarques des profondeurs pour aussi exécrable que l'assassinat d'un homme. »

Dans certaines cités grecques, le meurtre d'un dauphin pouvait être puni de mort. On n'ira pas jusqu'à redemander ce verdict. On soulignera seulement qu'il y avait un tabou, et qu'il a été transgressé.

En réalité, les relations de l'homme et des cétacés ont beaucoup varié avec le temps et les lieux. L'Antiquité crétoise, phénicienne, grecque et romaine honore et respecte les « monarques des mers ». Elle peint ces créatures sur ses vases et les grave sur ses pièces de monnaie. Elle les représente en fresques sublimes sur les murs de ses temples, comme à Knossos. Elle les sculpte ou les représente en mosaïques pour décorer ses palais ou ses thermes.

La mythologie grecque fait des dauphins les entremetteurs avisés (voire gentiment pervers) du mariage de Poséidon et d'Amphitrite ; les coursiers qui tirent le char du dieu des vagues ; ou les montures sous-marines de la déesse océane Téthys.

La légende les dit sensibles aux accents de la lyre du poète Arion. Selon l'*Odyssée* d'Homère, ils sont les sauveteurs de Télémaque, fils d'Ulysse. Les Anciens y reconnaissent des pirates repentis, mais métamorphosés en créatures de l'onde par Poséidon. On raconte qu'Apollon se change en dauphin pour aborder le site qu'il baptise « Delphes », et où s'élèvera son temple. Ou que la déesse Ino, s'étant jetée à la mer avec sa fille Mélicerte pour échapper à un ennemi, fut transformée en déesse marine et vit son enfant portée par un cétacé jusqu'aux rives de Corinthe.

Les récits antiques détaillent vingt épisodes dans lesquels les dauphins aident des naufragés ou portent des enfants sur leur dos – à Iasos et à Porosolène, en Asie Mineure ; à Byzance ; à Baïes, en baie de Naples ; sur les eaux du lac de Bizerte...

Chasses barbares

Le Moyen Âge n'a pas la même amitié pour les souffleurs, ni la même complicité avec leur genre. Certes, « Dauphin » devient le noble nom de l'héritier du trône de France lorsque (en 1343) la province du Dauphiné – dont le blason montre un « dauphin d'azur, crêté de gueules, sur champ d'or » – est rattachée au royaume.

Mais l'intérêt qu'on porte aux cétacés est plus prosaïque. Beaucoup passent à la casserole. En France, on appelle le marsouin « pourcille », « pourceau », « cochon » ou « sanglier » de mer. Les Anglais disent *porpoise* (du latin *porcus piscus*, « poisson-porc »). Quand il s'échoue, ce « cochon »-là est déclaré bon à trancher et à cuire. On le range parmi les poissons. Puisqu'il est « viande maigre », on peut même le manger en carême.

À la Renaissance, la chair de l'animal est jugée « dure, de mauvais suc et excrémenteuse » par le médecin et naturaliste Guillaume Rondelet *(De Piscibus*..., 1554). Mais on en sert à la table de François Ier et de Henry VIII. « On la sale, précise un recueil de cuisine de l'époque ; on la cuit avec oignons, persil et semblables ; aucuns la rôtissent et la mangent avec de l'orange ou une sauce frite avec sucre et épices ; d'autres la rôtissent sur le gril ; les parties les plus friandes sont le foie et la langue. »

On estime surtout le lard, qu'on vend sous les vocables commerciaux de « lard de Carême », « graspois » ou « craspois ». Bien entendu, le roi lève un impôt (la « graspade ») sur ce produit. Du reste, marsouins, dauphins et baleines sont déclarés « poissons royaux ». En Normandie, près de Rouen, l'abbaye de Jumièges reçoit le privilège de nourrir ses moines avec les marsouins qu'on attrape dans la Seine, et dont l'huile alimente les lampes des copistes. Guillaume le Conquérant accorde une prérogative analogue aux pensionnaires de l'abbaye de Hastings.

Après que les Basques ont appris (dès le IXe siècle, mais surtout à la Renaissance) à chasser au harpon et en barque l'énorme baleine franche noire, ou baleine de Biscaye, dont ils se contentaient auparavant de débiter des individus échoués, les Français, les Anglais, les Hollandais, les Allemands, les Russes, les Scandinaves inventent diverses façons de traquer les cétacés. On dispose des filets (appelés « vasces » en Normandie) à l'embouchure des fleuves côtiers. On y rabat les souffleurs, qu'on achève à la lance.

Partout dans le monde, dauphins et marsouins ont été chassés pour leur chair et leur lard.

Les Inuit (Esquimaux) de l'Alaska, du Canada et du Groenland, comme leurs cousins Tchouktches et Samoyèdes de Sibérie, harponnaient (et harponnent encore) les narvals et les bélougas, dont ils mangeaient la viande, la graisse et la peau, et dont ils utilisaient soigneusement chaque organe ou tissu : cuir, os, dents, boyaux, etc.

Jusqu'au XVIIIe siècle, les indigènes des bouches de l'Amour et du Kamtchatka, ainsi que les Aïnous du Japon, tuaient des cétacés de toutes tailles avec des harpons empoisonnés (pense-t-on) aux extraits d'aconit.

En Colombie britannique, les Indiens des îles de la Reine-Charlotte et de Vancouver s'en prenaient aux orques, dont ils mimaient l'agonie lors de danses magiques, en crachant de l'eau teintée de rouge et en demandant pardon aux animaux d'être obligés de les tuer pour vivre.

Au Japon, le plus vieux livre connu, le *Kojiki (Récit des choses anciennes)*, parle de la chasse aux cétacés, notamment à la baleine franche noire du Pacifique et à divers dauphins. Les Vietnamiens, les Malais, les Indonésiens, les peuples marins de l'Inde, de Madagascar, de l'Afrique, des Caraïbes, de la Polynésie ou de l'Australie, inscrivent de temps à autre un dauphin ou une baleine à leur menu. En Amazonie, il arrive qu'un dauphin rose finisse rôti au feu d'un clan d'Indiens Yanomanis ou Jivaros.

Ces chasses traditionnelles ne mettent aucune espèce en péril. Elles complètent l'approvisionnement humain en protéines et en calories, et respectent la ressource. Aujourd'hui encore, la Commission baleinière internationale (CBI) les autorise et les réglemente, en édictant ce qu'on appelle la « clause d'exemption aborigène ».

Un manteau de pourpre flottante

Aux XIXe et XXe siècles, l'Europe, les États-Unis, le Japon et l'Union soviétique bouleversent les données du problème.

À l'ère industrielle, ces contrées développent une forme de chasse qui mérite le même adjectif. Des flottes de plus en plus rapides, puissantes et ravageuses traquent les géants des mers.

Le cri du baleinier retentit : « Là ! Là !... Elle souffle !... » Oui : elle souffle, mais surtout son sang... La baleine « fleurit », comme disent les harponneurs avec une cruelle poésie... Baleine franche noire, baleine franche boréale (ou du Groenland), baleine à bosse, baleine grise, cachalot, rorqual commun, rorqual bleu, moyen et petit rorquals : massacres ! Tueries insensées !... Des centaines de milliers, des millions de cétacés de toutes tailles périssent sous la loi du harpon. L'épopée initiatique et héroïque de *Moby Dick* se conclut en carnage mondialisé, rationalisé, presque automatisé, après l'invention du bateau à moteur et surtout du canon lance-harpon – par le Norvégien Svend Foyn, en 1868.

> *Et sur la mer le sang s'étale*
> *Comme un manteau de pourpre flottante...*

chante le poète chilien Samuel A. Lillo (1940).

Au XXe siècle, les bateaux chasseurs et les énormes navires-usines rougissent l'eau des océans du monde jusqu'en Antarctique. La rentabilité devient l'unique critère de capture. Pas de quartier !... Dans les années 1930, on tue 30 000 grandes baleines par an. Comme toujours, on veut croire la ressource inépuisable. On prélève avec une avidité qui touche au pathétique. Les globicéphales, les orques, les faux-orques, les narvals, les bélougas, les baleines à bec quand on en rencontre, les dauphins de toutes sortes si on peut les prendre en grand nombre : tout est bon pour faire de l'huile, de la viande, des engrais, de la pâtée pour chiens, des produits cosmétiques ou cent autres substances dérivées.

Durant cette période, les petits cétacés restent moins recherchés que les grands pour l'unique raison qu'ils sont moins rentables : il faut mille dauphins communs pour équilibrer la masse d'une seule baleine bleue !... Quelques espèces subissent pourtant des abominations. On assiste à des tueries de marsouins communs en mer du Nord et en Baltique. Jusqu'au milieu du XXe siècle, les Scandinaves prennent chaque été au filet, et salent pour l'hiver, des milliers de ces petits souffleurs à l'entrée des détroits du Skagerrak et du Kattegat, entre mer du Nord et mer Baltique.

Après la Seconde Guerre mondiale, une horreur s'abat sur la mer Noire. Les Soviétiques, les Bulgares, les Roumains, les Turcs exterminent le marsouin commun et font subir un sort comparable aux tursiops et aux dauphins communs. Le biologiste ukrainien A. Birkoun raconte qu'on généralise un mode de capture barbare. On utilise d'immenses filets. Les animaux, agonisants, suffocants, sont halés au palan sur le rivage, où ils périssent dans d'atroces souffrances. Des témoins décrivent leurs plaintes déchirantes. On récupère les peaux et la graisse : le reste pourrit sur les plages. Un réseau de tri et de transformation s'étend sur toute la côte de la Crimée et du Caucase. On capture ainsi 100 000 à 400 000 cétacés par an. Pas moins de 7 millions de ces animaux passent de vie à trépas en quelques décennies. Mais, en 1966, faute de matière première, la chasse doit s'arrêter ; elle durera jusqu'en 1983 en Turquie.

L'orque est traqué au canon lance-harpon dans l'Atlantique Nord et en Antarctique. Les Soviétiques en prennent un millier chaque année jusqu'en 1985, les Islandais, les Norvégiens et les Japonais au moins autant. Le bélouga subit un sort peu enviable. Le narval n'échappe pas à la violence. Ni la baleine à bec de Cuvier *(Ziphius cavirostris)*, ni la baleine à bec du Nord *(Berardius bairdi)*, ni l'hyperoodon du Nord *(Hyperoodon ampullatus)*, dont les Norvégiens exécutent encore 3 000 individus par an au début du xxe siècle.

Aujourd'hui, nombre de ces tueries ont cessé. Les aborigènes de l'Arctique gardent le droit de harponner quelques centaines de bélougas par an pour leur subsistance, mais ils en blessent plus qu'ils n'en récupèrent. Le narval, hélas ! pour lui, brandit une épée d'ivoire qui se vend cher : on le braconne pour lui voler ce trophée, et ses populations diminuent.

Dauphins de boucherie

Les films du commandant Cousteau et les aventures sentimentales de Flipper le dauphin n'y ont pas suffi : dans de nombreux pays du monde, les dauphins continuent d'être traqués pour leur viande, qui se vend sur les marchés, qu'on consomme de cent façons, ou dont on se sert comme appât pour la pêche ou pour nourrir les animaux domestiques.

Au Japon, la chair des cétacés est à la fois prisée et coûteuse. Réputée tonique, digeste et pauvre en cholestérol, elle est vendue dans des boutiques de luxe. On la sert en *sushi* dans des restaurants huppés. On se régale de baleine (notamment de petit rorqual), mais aussi de dauphin et de marsouin.

À la péninsule d'Izu, au sud de Tokyo, et à l'île Iki, dans le détroit de Corée, on rabat vers les anses des bancs entiers de dauphins sténos, de dauphins à flancs blancs du Pacifique, de sténelles tachetées ou de dauphins bleu et blanc. On piège ces animaux derrière des filets. On les tue à la lance ou au couteau : le sang gicle, tandis que montent les mugissements de douleur des agonisants… Pas moins de 20 000 sténelles bleu et blanc périssent ainsi chaque année.

De l'autre côté de l'océan Pacifique, sur les côtes du Pérou et du Chili, le massacre est tout aussi barbare. Le joli dauphin de Peale et son cousin porte-croix, les élégants dauphin noir et de Commerson, périssent en masse. Tués au harpon ou au fusil, puis débités en morceaux, ils servent d'appâts dans les casiers de pêche aux crabes royaux *centollas*.

À l'est de l'Amérique du Sud, la chasse aux petits cétacés demeure active, de l'Argentine au sud du Brésil et aux Caraïbes. Chaque année, au moins 7 000 à 10 000 dauphins (qui pourrait en donner le nombre exact ?) continuent d'être exterminés le long des côtes du Venezuela, du Guyana et du Surinam : une partie de leur chair est vendue sur les marchés locaux ; le reste est transformé en appâts pour la pêche aux requins.

Des prélèvements identiques sont courants dans les mers de l'Asie du Sud et du Sud-Est, notamment en Inde, en Birmanie, en Thaïlande, en Malaisie, en Indonésie, aux Philippines.

Aux îles Féroé, dans le nord de l'Écosse, se déroule chaque année un sacrifice à la fois fascinant et lamentable... Dans un rugissement de canots à moteur, on rabat vers la côte des bancs de globicéphales noirs *(Globicephala melaena)*, qu'on coince dans une baie ou un port, derrière un filet. Le village entier prête la main au massacre, à la gaffe et au couteau, avec une exaltation meurtrière. Même les enfants frappent, frappent... La mer devient pourpre comme un tableau d'Apocalypse. Les animaux hurlent leur terreur. Plus de 2 000 cétacés peuvent périr ainsi en quelques heures de folie.

Depuis le moratoire sur la chasse commerciale à la baleine, entré en vigueur en 1985-1986, les nations qui continuent de harponner jouent un jeu pervers. Non seulement elles ne respectent pas les décisions de la Commission baleinière internationale sur les cétacés à fanons et le cachalot (le Japon, la Norvège, l'Islande et quelques autres tuent des centaines de petits rorquals par an, sous le fallacieux prétexte de la « science », et ne se privent pas de braconner baleines franches, baleines grises, mégaptères et rorquals) ; mais elles se « vengent » sur les petits cétacés.

Ces derniers ne relèvent pas de la compétence de la CBI. Le Japon attaque ainsi sans vergogne, voire avec une manière de férocité, le joli marsouin noir et blanc de Dall *(Phocoenoides dalli)*, dont il saigne environ 38 000 sujets en 1988 et 40 000 en 1989, avant de ramener le chiffre annuel des captures à 18 000 – faute de quoi, la flotte nippone épuiserait l'espèce en quelques saisons.

Le sort des dauphins de rivière n'est hélas ! pas plus reluisant. Bien que protégé, le *baïji* du Yangzi se prend aux hameçons ou dans les filets des pêcheurs. Les *susus*, ou platanistes, de l'Indus et du Gange, tout comme l'orcelle de Bornéo, finissent sous le couteau, puis dans l'estomac de villageois, qui recueillent aussi leur huile, précieuse car parée de toutes sortes de vertus médicinales ou aphrodisiaques. Malheur aux animaux (phoques, serpents, rhinocéros, tigres ou dauphins) dont une partie du corps est censée ranimer l'énergie ou la libido défaillante des individus de notre espèce !

Le dauphin rose et le dauphin gris d'Amazonie, comme le franciscain du rio de La Plata, endurent les mêmes peines, pour des illusions analogues.

Les murailles de la mort

La côte sud de l'Alaska.

Brumes gris-bleu sur les montagnes crêpelées d'épinettes, de cèdres rouges et de bouleaux. L'aigle à tête blanche vole en majesté. Au bord du torrent, l'ours brun (le grizzly) attend la bonanza…

Car la migration des saumons commence : des ondes d'écailles investissent les rivières, poussées vers l'amont par la puissance de l'instinct… La pêche est réglementée. Devant l'embouchure des fleuves, les chalutiers qui ont payé leur licence se tiennent prêts. Lorsqu'un nombre suffisant de poissons a entamé sa remontée, un juge arbitre du ministère des Pêches américain (le *Fish and Game*) donne le signal de la ruée. Un coup de fusil ou un appel radio : pendant quelques heures, les bateaux sont autorisés à mouiller leurs filets Puis l'ordre arrive : fin de la pêche !

On pourrait croire la population de saumons protégée, et la ressource garantie pour longtemps : illusion !… Il suffit de sortir des eaux territoriales pour découvrir des preuves que notre espèce est, là comme ailleurs, égoïste, avide et imprévoyante. Partout, au large, d'autres pièges à saumons sont tendus. Des filets dérivants, longs de plus de 10 kilomètres et hauts de 40 mètres… Ils ont été mouillés par des navires japonais, coréens, chinois ou russes.

Ces « murailles de la mort » que nous tendons partout dans les mers, constituent une cause essentielle de mortalité des animaux aquatiques… Non seulement les poissons recherchés disparaissent, surpêchés, et ne peuvent plus nourrir les orques et les dauphins – condamnés à la famine –, mais ces édifices de mailles tuent tout ce qui se présente.

Lorsqu'on les inspecte en plongée, le spectacle est insupportable. Le piège luit comme un maléfice dans l'eau glauque. Des poissons y agonisent : selon les cas, saumons, morues, requins, thons, etc. Mais aussi des tortues, des lions de mer, des otaries et des oiseaux plongeurs (macareux, guillemots, pélicans, cormorans…). Des dauphins et des marsouins, bien sûr ; pathétiques et inutiles cadavres, dont la queue ondule absurdement dans le courant…

Les filets dérivants – dits aussi « maillants dérivants » – sont en usage depuis la fin des années 1960. Leur taille n'a cessé de croître. De quelques centaines de mètres, ils sont passés à des kilomètres ; parfois plus de 100 ! On les mouille le soir. Ils dérivent et pêchent pendant la nuit. On les relève à l'aube. Ce sont des attrape-tout fatals… Pour récolter 1 million de calmars, un engin de ce type anéantit aussi 400 000 animaux non désirés, appartenant à plus de cent espèces. Or, ces barrages encombrent aujourd'hui tous les océans. En 1990, la *Mammal Marine Commission* américaine estimait que les flottes des divers pays en immergeaient chaque nuit une longueur cumulée d'environ 25 000 milles. Davantage que le tour de la Terre !

Même perdus par leurs propriétaires, ces pièges continuent de pêcher seuls. Fabriqués en nylon ou en autres fibres synthétiques, ils sont imputrescibles et quasi éternels. Ils coulent, lestés de victimes, mais remontent lorsque celles-ci se sont décomposées. Ils reprennent un chargement et sombrent derechef. Et ainsi de suite… Devant ce désastre, les associations de défense de la nature se sont mobilisées. En 1991, l'Assemblée générale des Nations unies a décidé que, à partir de la fin de 1992, aucun filet dérivant de plus de 2,5 kilomètres de longueur ne devrait être mouillé. Pieux souhait… Les flottes industrielles continuent à utiliser des engins bien plus longs.

Afin de ne pas endommager leurs mailles, certains de ces pêcheurs coupent les nageoires des dauphins qui s'y sont empêtrés, alors que ceux-ci sont encore vivants. Pour effacer toute trace de leur besogne, certains éventrent les cétacés et les lestent de pierres, afin que les cadavres ne remontent pas en surface.

La mer piégée

Les filets dérivants ne constituent pas les seuls pièges de la mer. Certains spécialistes estiment que les chaluts pélagiques (tractés par l'arrière et, eux aussi, de plus en plus monstrueux) sont aussi dangereux ; voire davantage !

Sans oublier les sennes tournantes, qu'on utilise surtout pour la pêche au thon…

Dans le Pacifique tropical oriental, plusieurs espèces de dauphins ont l'habitude de nager au-dessus des thons jaunes, ou albacores *(Thunnus albacares)*, avec lesquels ils partagent leurs proies (anchois, sardines, etc.). En 1957, les Américains inventent la méthode dite de la « pêche sur dauphins » : ces derniers servent d'indicateurs. Où ils soufflent, il y a probablement du thon.

Les thoniers encerclent à la fois les gros poissons et les cétacés en déployant leurs sennes, puis relèvent ces pièges en fermant le fond comme une bourse. Les dauphins se retrouvent prisonniers, paniquent et meurent en masse Pas moins de 800 000 victimes pour la seule année 1962 ! Au cours des années 1970-1980, la flotte des États-Unis extermine, chaque saison, entre 200 000 et 250 000 sténelles tachetées *(Stenella attenuata)* et sténelles à long bec *(S. longirostris)* ; en moins de 25 ans, 6 à 8 millions de ces dauphins sont anéantis ; 80 pour 100 des effectifs des deux espèces disparaissent des parages.

Les images que tournent Sam LaBudde, un ami des cétacés, et l'association écologiste Earth Island Institute, alertent l'opinion américaine, qui boycotte le marché du thon albacore et contraint les compagnies de pêche à changer leurs méthodes. Très vite, les firmes proposent aux consommateurs des produits *dolphin safe*, « sans danger pour les dauphins ».

La mesure a-t-elle été efficace ? Certains en doutent et y voient d'abord un « bon coup » pour les producteurs nord-américains, qui faussent la concurrence en accusant le Mexique ou le Venezuela de « mauvaise pêche », et en s'appropriant le monopole du marché du thon en conserve, dont le chiffre d'affaires annuel excède 2 milliards de dollars.

On a tout de même inventé des techniques qui permettent aux thoniers d'exercer leur métier sans massacrer les cétacés. Certains dispositifs sonores font fuir ces animaux : émetteurs d'ultrasons ou de cris de panique, etc. On sait lester les filets de manière que leur sommet se trouve juste sous la surface et que les cétacés puissent sauter par-dessus avant de céder à la panique.

Encore faut-il que les pêcheurs ne haïssent pas viscéralement les dauphins ! C'est peut-être le plus difficile... Les mentalités bougent, mais l'époque n'est pas éloignée où le cétacé incarnait, pour le marin pêcheur, un concurrent « déloyal » et « vorace », un « nuisible », un « démon », une « créature de Satan » qu'il fallait éliminer par tous les moyens : filet, épieu, fusil, dynamite, appât empoisonné...

Ne l'oublions jamais : alors que les populations de bélougas s'étaient déjà effondrées de manière dramatique dans l'estuaire du Saint-Laurent, les pêcheurs du Québec continuaient de toucher une prime gouvernementale pour chaque animal qu'ils pouvaient abattre !

La famine et l'exclusion

Une question décisive se pose désormais.

On peut la formuler crûment ainsi : même si nous protégeons les dauphins en tant qu'espèces, quel sera leur sort si, à cause de nos pêches excessives, nous vidons la mer de ses ressources alimentaires ?

Au milieu du XIXe siècle, à l'époque héroïque de la pêche à la morue en Islande et à Terre-Neuve, le chiffre annuel mondial des captures de poissons, mollusques et crustacés avoisinait 500 000 tonnes. En 1940, 20 millions de tonnes. En 1950, 40 millions. Aujourd'hui, 90 ! Quelque 5 millions de navires de pêche industrielle, de plus en plus puissants, de mieux en mieux équipés en moyens de capture (filets) et de détection (sonars, hélicoptères, images aériennes ou par satellites), écument les eaux jour et nuit.

On pille. On abuse. On outrepasse largement le « rendement maximum supportable » de l'océan. On ne se contente plus de prélever les intérêts : on attaque le capital. Plus de 80 pour 100 des bancs de poissons, de crustacés et de mollusques, calcule la FAO, sont d'ores et déjà surexploités. Et les 20 pour 100 qui restent se trouvent à la limite de la surexploitation... Des fonds jadis grouillants n'offrent plus de proies à l'appétit des carnivores. Les cétacés (comme, aussi, les pinnipèdes, les requins et les autres superprédateurs : thons, marlins, voiliers, espadons...) commencent de mourir de faim. Une étude des tursiops de la mer Adriatique, en Croatie, montre que, alors que l'espèce passe d'ordinaire 10 pour 100 de son temps à chercher sa pitance, et le reste à nager, jouer, discuter ou faire l'amour, elle doit ici y consacrer 80 pour 100 de ses journées. Une cause de conflits et une quête épuisante, dans laquelle les petits sont les plus menacés – à la fois par la malnutrition et par les maladies de faiblesse qui l'accompagnent.

Désastre annoncé. Prélude à des extinctions dramatiques.

D'une façon plus générale, le principal péril qui menace les cétacés s'appelle l'« invasion humaine ».

Notre espèce est partout. Elle prolifère. Elle s'arroge le privilège de vivre où bon lui semble, aux dépens de qui elle choisit. Elle s'approprie l'espace et l'énergie disponibles. Elle met la terre et la mer en coupe réglée. Elle colonise ou exploite les rivages et le large, chaque détroit, chaque embouchure, chaque île, chaque atoll, chaque lagune, d'est en ouest et de l'équateur aux pôles. Elle installe ses routes, ses chemins de fer, ses aéroports, ses usines, ses cités, ses ports, ses immeubles dans les baies ou les estuaires dont les mammifères marins faisaient leurs terrains de chasse, leurs HLM, leurs aires de jeux, leurs lits d'amour, leurs maternités, leurs refuges en cas de tempête.

Nous rectifions les côtes pour satisfaire nos obsessions urbaines, industrielles et touristiques. Nous ravageons les herbiers d'algues ou de posidonies, les récifs de coraux, les mangroves, les marais littoraux. Les dauphins de rivière ne résistent pas mieux que les autres à la pelle mécanique et à la bétonneuse : les grands barrages et l'artificialisation des lits leur font plus de tort que les filets et les hameçons des pêcheurs.

Rares, trop rares, sont les parcs naturels ou les grands espaces aquatiques protégés qui offrent aux cétacés des fiefs sûrs et prodigues, où ils peuvent trouver leur subsistance, jouer, discuter dans leur langue, dormir en paix, goûter les plaisirs des caresses, s'aimer et choyer leurs petits...

Paradoxe...

Notre société, nos médias, nos peintres, nos dessinateurs, nos cinéastes, nos musiciens, nos poètes, nos romanciers, nos enfants se prennent d'amitié ou de passion pour les dauphins, au moment précis où nous saccageons leur royaume.

Ennemis naturels

Amis, ennemis...

Les cétacés ont peu d'ennemis naturels, sauf l'un des leurs (l'orque, qui ne craint personne), quelques puissants requins rôdeurs (blanc, tigre, marteau, gris, bleu, taureau...), les poissons-épées et les poissons-scies, qui se montrent parfois agressifs.

Ils peuvent, bien sûr, contracter nombre de maladies provoquées par des virus, des bactéries, des protozoaires ou des champignons. Ils meurent avant l'âge de pneumonies, d'encéphalites, d'infections gastriques, intestinales, hépatiques, rénales, etc. Ils souffrent de cancers, d'affections dégénératives ou auto-immunes. De maladies du cœur ou des artères...

Des parasites internes infestent parfois leur système digestif ou leurs poumons : vers ronds (nématodes, acanthocéphales), vers plats trématodes ou cestodes (ténias, *Phyllobotrium delphini*). L'une de leurs plus fréquentes affections s'appelle la « bronchite vermineuse » : imputable à ce type d'envahisseurs, elle provoque une fatale insuffisance respiratoire.

Les parasites externes sont plus désagréables que dangereux. Les cétacés tentent de s'en débarrasser en se frottant sur les galets du fond, les rochers, les épaves ou les coques de navires. Certains profiteurs, comme les rémoras, ou poissons-ventouses, se contentent de se faire véhiculer par les souffleurs, et profitent des restes de repas de l'hôte : simples commensaux.

Les lamproies sont plus accrocheuses : elles se collent à la peau par leur bouche ronde en ventouse et sucent le sang.

D'autres créatures se fixent à l'épiderme : c'est le cas des balanes, ou bernacles (telles les coronules), crustacés cirripèdes qui sécrètent une loge calcaire, démangent terriblement, mais ne pompent pas les humeurs de leur hôte. Les crustacés copépodes comprennent d'authentiques parasites : les « puces de mer » percent le derme la tête la première ; les pénelles *(Penella)*, ont l'air de longs filaments et se fixent volontiers aux nageoires.

Les « poux des baleines » ne sont pas des insectes, mais des crustacés amphipodes ; beaucoup appartiennent au genre *Cyamus* ; ils ont dix pattes et un appareil buccal du type piqueur-suceur ; chaque genre de cétacé, ou presque, a son *Cyamus.*

Et s'en accommode, même si ça le gratte !

Le syndrome de Minamata

Les parasites externes ou internes épuisent parfois un individu, mais ne mettent jamais en cause l'existence de l'espèce aux dépens de laquelle ils vivent.

On ne saurait en dire autant des dix mille substances toxiques que l'homme répand dans les fleuves et la mer. .

La Côte d'Azur... Elle fut admirable. On déplore le mur de béton que les hommes y ont édifié depuis un demi-siècle. Au large, des hors-bord pétaradent : où est le silence des immensités marines, dont rêvait José Maria de Heredia ? Les eaux locales sont de moins en moins ragoûtantes ; troublées par la terre pulvérulente des grands travaux côtiers ; salies par des rejets d'égouts ; empoisonnées par mille substances sécrétées par nos villes, et convoyées par les fleuves.

Les pollutions de l'eau, ce fluide de la vie, sont graves pour toutes les créatures ; davantage encore pour les dauphins et leurs cousins, qui occupent le sommet de la pyramide alimentaire aquatique. Les cétacés dévorent des proies dans lesquelles nos poisons se reconcentrent, en moyenne, d'un facteur 10 à chaque étage de l'édifice trophique (du grec *trophein*, « manger ») – du plancton végétal aux superprédateurs, en passant par le petit et le grand planctons animaux et les carnivores de premier, deuxième et troisième ordres.

Lorsque, au Japon, dans les années 1950-1960, une usine de la société Chisso déverse du mercure organique dans la baie de Minamata, le métal n'est pas décelable dans l'eau. Mais, chez les familles de pêcheurs qui consomment le poisson, il s'est tellement reconcentré qu'il cause (officiellement) 300 morts et plus de 1 500 handicapés définitifs. Tel est le problème des dauphins, surtout de ceux qui vivent près des centres industriels et urbains, ou à l'embouchure des fleuves chargés de saletés.

Tout finit à la mer. Nos déchets agricoles, industriels et domestiques y aboutissent tôt ou tard. Tous les polluants s'y retrouvent et s'y mêlent, qu'ils soient insidieux comme le plomb de nos automobiles ou les œstrogènes de nos élevages aux hormones ; ou brutaux comme les marées noires ; ou capricieux comme le nuage de Tchernobyl... Ces nuisances ont un effet sur les écosystèmes aquatiques, par conséquent sur chaque cétacé. Quelques-unes sont plus graves que les autres.

Le tableau général est hélas ! consternant.

Les cétacés amateurs de calmars (teuthophages), comme le cachalot, les globicéphales, le dauphin de Risso et bien d'autres, sont tentés d'avaler des sacs de plastique – comme le font aussi les tortues marines ; avec les mêmes conséquences : occlusions intestinales et mort quasi certaine dans de grandes souffrances. La biologiste Anne Collet n'a pas trouvé moins de trente sachets de grands magasins dans l'estomac d'un dauphin échoué ; sans compter des emballages de barres de chocolat, des amorces de pêche, etc.

Toutes nos pollutions sont regrettables, qu'elles se composent de plastiques, d'acides ou de détergents, d'huiles de vidange, de nitrates, de phosphates ou d'isotopes radioactifs... La biologiste Denise Viale soulignait, naguère, la coïncidence entre les épandages de « boues rouges » au titane, par la firme Montedison, en mer Tyrrhénienne, et les pics d'échouages de cachalots en Corse et en Toscane. De même, on s'est aperçu que les hydrocarbures sont deux fois toxiques ; ils empoisonnent chimiquement les souffleurs et ils obstruent physiquement leurs bronches. Les cétacés fuient en général à temps les marées noires : ils ne s'y engluent pas comme les oiseaux ou les loutres. Mais ils subissent le contrecoups du mazout. Y compris de celui qui provient des dégazages illégaux de pétroliers…

La mer empoisonnée

Les humains n'ont pas idée des dégâts qu'ils infligent à la faune aquatique en jetant n'importe quoi dans les égouts, les rivières ou l'océan.

Parmi les substances les plus nuisibles, il faut classer les métaux lourds, les pesticides et les PCB (polychlorobiphényles).

Les métaux lourds – mercure, plomb, cadmium, chrome, zinc, cobalt, titane, cuivre… – sont dangereux à des degrés divers. Leur capacité de nuire dépend de leur pouvoir toxique brut, mais aussi de leur période biologique, c'est-à-dire du temps qu'ils mettent à être éliminés par l'organisme. Pour certains, cette période est supérieure à l'espérance de vie : ils s'accumulent tout au long de l'existence dans ses tissus de l'animal ou de l'homme. Ils se transmettent de la mère au bébé par le placenta ou le lait.

Le mercure est redoutable sous forme organique (éthylmercure, méthylmercure) : il est alors facilement assimilé par les tissus et les cellules. Nous en répandons dans l'environnement par nos matières plastiques, nos peintures, nos pâtes à papier, nos mines d'or, nos piles, certains fongicides, etc. La maladie qu'il induit, l'hydrargyrisme, se traduit par des troubles cutanés, digestifs, rénaux, articulaires, respiratoires, cérébraux – jusqu'à la mort. Partout, les cétacés sont intoxiqués : on a trouvé jusqu'à 857 parties par million de ce métal dans le foie de dauphins bleu et blanc de la mer des Ligures, quand le maximum admis pour l'alimentation humaine est de 0,5 ppm !

Le plomb est, lui aussi, très nocif sous ses formes organiques (tétraéthyle et tétraméthyle). Il est issu de l'essence de nos automobiles (où on l'ajoute encore comme antidétonant), de nos tuyauteries, de nos peintures… Il provoque le saturnisme : fatals désordres intestinaux, cardiaques, rénaux, neurologiques...

Le cadmium de nos piles, de nos batteries, de nos engrais phosphatés et surtout des peintures antisalissures (*antifouling*) dont nous badigeonnons la coque des bateaux, provoque des déficits de calcium dans les os : le squelette devient mou et fragile. Le chrome est dangereux, mais de plus en plus utilisé dans l'industrie. La toxicité directe ou indirecte du zinc, du cuivre, du titane, du cobalt, etc., reste à préciser.

Les pesticides (fongicides, herbicides, insecticides, etc.) sont d'origine agricole, parfois guerrière, comme le fameux herbicide « agent orange », utilisé au Viêt-nam par les Américains. Le plus connu, le DDT (dichlorodiphényltrichloréthane), est interdit dans les pays riches ; mais encore exporté – et en usage – dans nombre de pays pauvres. On a commercialisé plusieurs familles de ces produits, tels les organochlorés et les organophosphorés. Dans tous les cas, il s'agit de molécules destinées à tuer, et qui tuent en effet. Bien davantage que leurs fabricants ne le laissent croire...

Les insecticides massacrent aussi bien les crustacés, les mollusques et les larves de poissons, que les pucerons et les doryphores. Chez les oiseaux et les mammifères, ils se fixent de préférence sur les graisses et induisent de multiples désordres. DDT, DDD, lindane, parathion, malathion, aldrine, dieldrine, etc. : de jolis noms pour de lamentables réalités...

Les herbicides, comme le triste Gaucho, ne se contentent pas de semer la désolation dans les rangs des abeilles sur la terre ferme : ils tuent les invertébrés marins, ainsi que les plantes à fleurs et les algues, notamment une partie du plancton végétal dont dépend la pyramide alimentaire.

Les polychlorobiphényles (PCB), employés dans les isolants, les matières plastiques, les lubrifiants, les peintures, etc., sont à la fois cancérigènes, mutagènes, tératogènes et stérilisants. Près de 2 millions de tonnes en ont d'ores et déjà été libérées dans la nature. Au moins le tiers a atteint l'océan.

La disparition à peu près totale des marsouins communs du détroit de Puget (État de Washington, États-Unis), du Waddenzee (Pays-Bas) et de la mer Baltique, semble due aux fortes concentrations en PCB (et en pesticides) qui y règnent.

Les orques de Vancouver ont dans les graisses des taux de PCB de l'ordre de 250 à 270 ppm (640 ppm pour le DDT). Les globicéphales de l'Atlantique Nord ne sont guère mieux lotis : 190 à 200 ppm de PCB et 95 de DDT. À ce niveau de contamination, on peut être inquiet, non seulement pour la santé de ces animaux, mais pour leur capacité à avoir des petits ; lorsqu'ils en conçoivent, sur les chances qui restent à ces derniers de naître normaux, et de recevoir ensuite un lait maternel qui ne soit pas empoisonné...

Le « sida » des dauphins

Pesticides, plus métaux lourds, plus PCB : mortel cocktail !... S'y ajoutent d'autres ingrédients diaboliques : les dioxines, qui défraient aussi la chronique environnementale sur la terre ferme, en passant des fumées d'incinérateurs aux végétaux, puis au lait de vache (et de femme, par les fromages), c'est-à-dire à nos bébés...

Tous ces poisons violents, une fois réunis et touillés dans la terre ou dans l'eau, ne se contentent pas d'additionner leurs potentialités nocives : ils les multiplient. Les pollutions composites sont les plus agressives et les plus persistantes. On les signale partout.

En 1990, un échouage massif de marsouins, près du delta du Danube, a été expliqué parce que les Roumains avaient abandonné au bord du fleuve des milliers de fûts rouillés, remplis de DDT, de pyralène et de déchets de peintures.

Le cas le plus consternant semble celui des bélougas du Saint-Laurent, chers à Pierre Béland. Ces grands dauphins blancs sont malades et, pour beaucoup d'entre eux, stériles. Probablement condamnés, en dépit de la protection officielle dont ils jouissent de nos jours... Victimes d'un brouet de poisons chimiques venus des Grands Lacs américains. Métaux lourds, pesticides, PCB, dioxines. Et quantités d'oxydes d'aluminium...

Les quelque 450 individus survivants sont touchés. Près de 80 pour 100 des femelles ne procréent plus. 40 pour 100 d'entre elles présentent des lésions mammaires. 40 pour 100 des sujets échoués sont atteints d'un cancer... Est-ce la préfiguration de ce qui guette les autres cétacés ? Et les hommes ?

Ces pollutions multiformes sont d'autant plus inquiétantes que les animaux affaiblis deviennent plus sensibles aux infections microbiennes. En 1990-1991, des sténelles bleu et blanc de Méditerranée s'échouent en masse : au moins un millier, rien que sur les côtes de France et d'Espagne. Il s'agit d'une épidémie à morbillivirus, un germe proche de celui de la maladie de Carré du chien et de l'épidémie qui a ravagé les populations de phoques des ports en mer du Nord, en 1988. On a pu faire le lien entre la fulgurance de cette contagion et le triste état de contamination chimique dans lequel se trouve le *Mare Nostrum*...

Cet épisode en rappelle d'autres. En 1987, une série de 375 échouages de tursiops, du New Jersey à la Virginie, laisse perplexe le professeur Geraci. Les cétacés présentent des pathologies variées : cancers, mycoses, ulcérations, véroles, pneumonies, entérites, méningites, etc. On jurerait les maladies opportunistes liées au sida humain.

La presse à sensation s'empare de l'affaire. On décrit des cas similaires, les années suivantes, sur les rivages de l'Europe et du Japon, et des deux côtés de l'Amérique. Existe-t-il un « sida » des cétacés ? Si oui, peut-on craindre un risque de transmission de virus pathogène à notre espèce ?

Les dauphins jetés sur les plages, agonisants ou morts, sont en effet victimes d'un effondrement de leurs défenses immunitaires. Mais ils ne semblent pas contaminés par un agent de type VIH : on ne trouve aucun rétrovirus de cette catégorie dans leurs cellules. Le responsable de l'« épidémie » est identifié : il s'agit d'un infernal cocktail de métaux lourds, de pesticides, de dioxines et de PCB.

Pour n'être pas viral, le risque n'en reste pas moins sérieux pour l'homme. Car les poisons en question se retrouvent déjà, en quantités croissantes, dans nos farines, nos légumes ou nos viandes ; bref, dans nos assiettes, comme dans celles des dauphins ! Les prochaines victimes, c'est nous ! Les injures que nous infligeons à la terre et à l'eau ne nous seront pas facilement pardonnées.

Les saccages et les pollutions que nous infligeons à la sphère liquide
laisseront-ils une chance à ce lagénorhynque obscur ?

Ils deviennent sourds

On a beaucoup écrit que les cétacés souffrent du trafic maritime : c'est vrai. Qu'ils se font heurter par les navires ou taillader le corps par des hélices de cargos ou de hors-bord : c'est moins sûr. La cétologiste Anne Collet a autopsié nombre de dauphins échoués. Elle a recensé peu de victimes de blessures par des propulseurs.

Sauf s'il est déjà à l'agonie – ou sourd ! –, le cétacé est alerté par le bruit du bateau qui arrive, fût-ce un voilier ; et il a le temps de s'écarter. Bien plus nombreux sont les dauphins qu'on retrouve échoués, la queue en partie enroulée dans des mailles d'un filet dans lequel l'animal est venu se prendre, et qui l'a noyé...

Les cétacés sont affectés (au moins de façon indirecte) par l'amincissement de la couche d'ozone, dû aux CFC (chlorofluorocarbones) que nous lâchons dans l'air. En se dégradant, le bouclier stratosphérique de la Terre laisse passer davantage de rayons ultraviolets pénétrants, qui attaquent le patrimoine génétique des cellules. Des cancers, des anomalies fœtales s'ensuivent. En Antarctique, où le « trou » dans l'ozone est plus large qu'ailleurs, le plancton végétal souffre, et avec lui la chaîne alimentaire ; en particulier le krill, que les baleines à fanons gobent à pleine gueule ; et les calmars, dont se gobergent les dauphins.

Un certain nombre de nuisances peuvent nous sembler bénignes ou secondaires : mais elles sont dramatiques pour les mammifères marins. Tel est le cas des pollutions sonores.

Une cause essentielle de mortalité des cétacés tient désormais au bruit intense et continu que nous faisons sous la mer. Les baleines et les dauphins vivent, s'orientent et communiquent grâce aux sons qu'ils émettent : clics, sifflets, murmures, grincements et chants. Ils sont hypersensibles à toutes les agressions acoustiques.

Le tintamarre de nos moteurs et les ondes de nos sonars artificiels investissent la sphère liquide. Les souffleurs en pâtissent. Leur système d'écholocation s'en trouve affecté. Saturé. Déréglé. Les animaux se perdent, s'écartent de leur itinéraire normal, paniquent et s'échouent. Ou bien ils ne parviennent pas à localiser leurs proies : leur activité de chasse en pâtit ; ils dépérissent.

À la saison de la reproduction, les messages qu'ils envoient à travers l'océan à leurs partenaires sont brouillés ; les invitations amoureuses ne parviennent pas à l'âme sœur. Roméo ne rencontre plus Juliette…

Les liens sonores qui unissent les mères et leur petit sont, eux aussi, perturbés par les sons que nous émettons : des bébés s'égarent ; beaucoup éprouvent de la difficulté à apprendre la langue et les codes de leur troupe.

À leur tour, les communications entre adultes sont affectées : la cohésion des clans diminue, ce qui aboutit à des « ratés » regrettables au cours de chasses collectives ; ou à des incompréhensions fatales lorsque survient un danger.

Voici quelques années, croyant bien faire, le scientifique américain Walter Munk imagine étudier le réchauffement de la planète en mesurant, année après année, les variations de la vitesse de propagation d'ondes sonores émises à 205 décibels, sur 15 000 kilomètres d'océan, entre l'île Heard et San Francisco. Les cétologistes le supplient de renoncer : environ 250 000 cétacés et 100 000 pinnipèdes auraient subi la « manipe » comme une mortelle agression.

Au début des années 1980, la Marine américaine craint une nouvelle génération de sous-marins nucléaires soviétiques. Elle veut tester de nouveaux systèmes sonar et conclut que la meilleure réponse à ses besoins stratégiques s'appelle le « sonar actif à basse fréquence » – *Low Frequency Active Sonar*, en abrégé : LFAS.

Des essais s'ensuivent. Un désastre !… Avec ce système, des sons, d'une intensité équivalente à cent mille avions à réaction au décollage, sont émis dans la mer. Immédiatement, on s'aperçoit (mais les militaires se gardent de le faire savoir) que les baleines sortent de leur route migratoire ; qu'elles cessent de vocaliser ; et qu'elles s'échouent, terrorisées !

Les organisations américaines de protection des mammifères marins ont vent du problème et portent plainte devant la justice de leur pays ; sans succès : la raison d'État triomphe.

Quelques coïncidences ?

En mai 1996, une douzaine de baleines à bec de Cuvier s'échouent dans le golfe de Kyparissiakos, sur la côte grecque. Au même moment, un navire de l'Otan effectue des tests LFAS dans la zone.

En automne 1997, tandis qu'on expérimente le LFAS au large des côtes californiennes, on trouve trois baleines et un cachalot morts dans la zone concernée.

Le 15 mars 2000, aux Bahamas, on déplore un échouage de six mésoplodons : cinq navires de la *Navy* viennent de procéder à des émissions acoustiques LFAS. Au même moment, toujours aux Bahamas, plus d'une quinzaine de cétacés sont retrouvés morts. Aucun n'a l'estomac vide. Aucun n'est porteur de maladie chronique ou de tumeur. Aucun ne souffre d'intoxication ni de blessure grave. Mais ils présentent des traumatismes auditifs, notamment des hémorragies d'oreilles.

Selon Cheryl Magill, l'une des activistes anti-LFAS, les fréquences sonores des tests sont comprises entre 766 et 965 hertz, dans une zone acoustique hautement sensible pour les cétacés. L'intensité des émissions atteint 235 à 255 décibels au départ, et 180 décibels dans un rayon de 2 kilomètres. À 180 décibels, l'être humain devient sourd en une minute. Les cétacés aussi ! Ils prennent peur à partir de 115 décibels.

Pour un dauphin, 180 décibels peuvent même constituer un traumatisme fatal...

Or, il faut savoir qu'à l'apogée de son déploiement, la *Navy* prévoit que le système LFAS couvrira 80 pour 100 des océans !

Dauphins de guerre

Les cétacés n'ont pas de chance avec les militaires, qui s'ingénient pourtant à copier, pour leurs navires, la forme de leur corps ou le détail de leur peau. Les souffleurs servent de modèles en bionique, mais se font tirer dessus au fusil ou au canon, en temps de paix... Ne parlons pas des vraies batailles navales. Ni des suites des explosions nucléaires de Bikini, d'Eniwetok ou de Mururoa, de la mer Blanche ou de la Nouvelle-Zemble...

Il y a belle lurette que les militaires des États-Unis et d'Union soviétique ont eu l'idée d'enrôler des dauphins dans leurs troupes navales.

« Ces animaux adorent jouer avec les hommes, et on en fait des tueurs », résume Rick Trout, ancien entraîneur au *Naval Ocean System* de San Diego (Californie).

Aux États-Unis, tout commence dans les années 1960, quand la *Navy* entend parler des prodiges du sonar des odontocètes. En 1965, le tursiops Tuffy participe à l'expérience de maison sous la mer *Sealab*. Il porte aux océanautes des messages par 70 mètres de profondeur. Il se rit de l'obscurité, de la turbidité de l'eau, des courants, des paliers de décompression. Et il n'est pas cher : un peu de poisson, une embarcation et deux entraîneurs suffisent à l'entretenir et à le faire fonctionner...

La Marine américaine dresse bientôt plusieurs dizaines de tursiops, sténelles, orques et bélougas, mais aussi otaries et lions de mer, dans trois centres secrets : Key West (en Floride) ; le *Naval Ocean System Center* de San Diego (en Californie) ; et Kaneohe Bay (à Hawaii)... La *Navy* caresse l'espoir de former des superplongeurs, imbattables pour détecter et mettre hors d'état de nuire les nageurs de combat, ou pour aller poser des charges explosives sur la coque des navires ennemis.

La guerre du Viêt-nam permet des essais grandeur nature... Des dauphins montent la garde devant la base navale de Cam Ran. En 1970-1971, on teste le *Swimmers Nullification Program* (« Programme de neutralisation des plongeurs ») : selon Rick Trout, quarante nageurs de combat Viêt-cong sont tués par des baïonnettes à air comprimé fixées au museau de tursiops dressés. Cependant, les cétacés, indisciplinés, attaquent de la même façon plusieurs « marines » américains... Les animaux ont toutes les peines du monde à faire la différence entre les « mauvais » et les « bons », les « forces du mal » et celles du « bien » !

Les militaires ne se découragent pas. Ils veulent confier aux cétacés la surveillance de plusieurs ports stratégiques et rien moins que la base de sous-marins nucléaires de Bangor, dans l'État de Washington.

En 1991, pendant la guerre du Golfe, la *Navy* emploie des tursiops à détecter les mines irakiennes et à escorter des navires koweitiens. Elle envoie au combat plusieurs cétacés équipés d'un *nose gun*, cône nasal en fibre de verre et doté d'un percuteur. Pour ne pas se tromper d'ennemi, le dauphin apprend en principe à reconnaître un mot de passe (par exemple, deux clics puis une giclée d'air), que lui donnent les plongeurs « amis », et qu'ignorent les autres.

Faisant fi du *Marine Mammal Protection Act* de 1972, qui interdit la capture de tout mammifère marin sur le territoire des États-Unis, l'*U.S. Navy* s'autorise pour « raison d'État » un quota de 25 animaux par an, que lui fournissent des mercenaires sans scrupules...

L'entraînement des recrues animales ressemble à celui des « marines » davantage qu'à un patient travail d'apprentissage. Les dauphins qui refusent de travailler (ils sont nombreux) sont maltraités, affamés, battus. Certains se noient, empêtrés dans leur attirail. D'autres se brisent la nuque ou les vertèbres. Rick O'Barry, l'ancien dresseur des dauphins télévisés Flipper (toute une série se sont appelés ainsi et ont joué le même rôle ; il fallait bien remplacer les morts...), désormais militant de la réinsertion des cétacés dans l'océan, raconte qu'il a refusé les propositions de travail de la *Navy*. « Les dauphins ne sont pas des chiens, explique-t-il. Une fois qu'ils ont avalé leurs 10 kilogrammes de poissons, ils se fichent de ce que vous leur demandez. »

Au début des années 1990, la *Navy* doute de plus en plus de la fiabilité des dauphins « militaires ». Elle en a déjà relâché beaucoup pour « indiscipline ». Des mâles, en principe en mission secrète, étaient occupés à batifoler avec des femelles sauvages de rencontre. D'autres sujets, censés charger un ennemi pour le faire exploser, posaient paisiblement la tête sur son épaule au lieu de l'attaquer comme de bons soldats bien endoctrinés... Comment compter sur un fantassin qui obéit aux ordres une fois sur deux et oublie sa mission pour aller à la pêche ou courir le guilledou ?...

En 1992, la *Navy* jette l'éponge. Elle démobilise une centaine d'animaux, parmi lesquels Maui, 36 ans, une ancienne du Viêt-nam...

Les Américains ont-ils vraiment cessé de rêver d'utiliser les dauphins à des fins militaires ? On l'a cru. Les informations dont on dispose, en ce début de XXIe siècle, semblent suggérer que l'idée n'est pas vraiment abandonnée. Et que, en Floride comme en Californie, des bases secrètes continuent le travail. Le militaire est une espèce têtue !

De l'autre côté du Rideau de fer, on n'a pas été en reste. En 1956, les Soviétiques installent un centre marin secret dans la baie des Cosaques, près de Sébastopol, en Crimée. Un canal, trois bassins, quelques bâtisses : l'établissement est conçu pour 50 animaux. Il en hébergera jusqu'à 80.

Les expériences sont terrifiantes : les quatre cinquièmes des « recrues » meurent. On leur implante des électrodes, on les maintient en caisson hyperbare pour des tests de pression, on les plonge dans des eaux polluées ou infectées de bactéries pour voir comment ils résistent, on étudie leurs réactions à toutes sortes de drogues, on les lâche en parachute ou on les immerge dans des lacs de montagne, quand on ne les transporte pas au-delà du cercle polaire...

Le plan d'utilisation proprement militaire de ces animaux implique quantité d'exercices. On leur fait garder la baie de Sébastopol et les côtes voisines. Ils apprennent à attaquer des plongeurs « hostiles », à remonter des torpilles, à chercher des épaves...

Plus de 5 000 dauphins sont sacrifiés sur l'autel de la « science » des armées.

À la chute de l'Union soviétique, délaissé par l'Armée rouge, le delphinarium de Sébastopol ne compte plus que 6 pensionnaires. Il dépend aujourd'hui de l'Académie des sciences de l'Ukraine et se donne pour but la protection des cétacés de la mer Noire.

Qui en ont bien besoin !

Dauphins de cirque

Les dauphins sont beaux.

Ils nous séduisent. Ils incarnent la force et la vitesse dans un autre élément que le nôtre. Leur bouche a ce fameux « sourire ». Ils imitent nos gestes. Ils apprennent en donnant l'impression de jouer. Autant de qualités pour nos jeux de cirque…

Très vite, on en offre aux regards et aux applaudissements du public dans des ménageries. Les Romains en font peut-être ébattre dans leurs naumachies. Anne Collet relève que, dès l'an 1400, un marsouin barbote à Dijon, dans un bassin du palais des ducs de Bourgogne. En 1417, le roi Charles VI en offre un exemplaire à Isabeau de Bavière, qui l'admire dans une pièce d'eau de l'hôtel Saint-Paul, à Paris. L'un de ces mammifères figure dans la ménagerie de Charles VII, au château de Chinon.

Plus près de nous, en 1860, des tursiops sont exposés vivants au Westminster Aquarium de Londres et à la Station biologique d'Arcachon. En 1870, cinq bélougas excitent la curiosité des Londoniens. En 1913, à New York, on présente des tursiops et des marsouins dont le « comportement sexuel manifeste » choque la puritaine société américaine.

C'est en 1938 que la compagnie de cinéma Marine Studios, à Saint Augustine (Floride), donne à voir, à la façon moderne, des tursiops, dans ce qui deviendra le fameux Marineland de Floride. Le premier dresseur de dauphins qui y travaille se nomme Adolph Frohn, et l'un des premiers pensionnaires Flippy.

De nos jours, les cétacés en captivité se comptent par milliers : près de 3 000 tursiops, des centaines de globicéphales, de sténelles tachetées et à long bec, des dauphins obscurs, plus de 120 orques, 100 bélougas, près de 1 000 marsouins communs, des pseudorques, des dauphins roses d'Amazonie, des marsouins de Cuvier, des dauphins de Commerson, etc. ; sans oublier quelques platanistes en Inde et des dauphins du Yangzi en Chine…

Le bénéfice de ces parcs est juteux. On en ouvre partout de nouveaux. Les spectateurs se pressent. Le dieu du commerce est content.

Les cétacés sont dressés, comme tous les animaux de cirque, par des spécialistes qui savent bâtir des programmes attractifs à force de répétitions, de récompenses, d'astuces et de patience.

Le principe consiste à transformer en numéros plus ou moins « comiques », « évocateurs » ou « attendrissants », bref anthropomorphiques, des comportements naturels. On privilégie les « sourires » bouche ouverte, les sauts, les coups de queue (dans des ballons à la place de poissons), les chandelles queue en l'air, l'espionnage, les saluts et claquements de battoirs, les émissions de bulles, les crachats, le surf ou le réflexe de porter quelqu'un en surface.

Les spectateurs sont ravis, les enfants battent des mains. Les cétacés apprécient moins, nonobstant leur « sourire ».

Certes, leurs propriétaires en prennent soin. Ces animaux valent cher à l'achat, et encore davantage après des années de dressage. On ne les laisse manquer de rien. On ne les maltraite pas. Au moindre bobo, un vétérinaire se déplace. Mais ce sont des animaux privés de liberté.

Pour des créatures qui nagent plus de 100 kilomètres par jour au large, évoluer dans un bassin de quelques dizaines de mètres équivaut, pour des humains, à vivre dans une cellule du château d'If ou d'Alcatraz !

Tristesse du prisonnier

La captivité ne respecte aucune condition normale d'existence.

La nourriture est offerte, et non chassée. La société est trop homogène : les pensionnaires ont à peu près tous le même âge. La proportion des sexes (le *sex ratio*) n'est pas bonne. Les attitudes de domination se muent en agressions violentes. Le stress mine les dominés, qui n'ont aucun endroit où s'isoler. Les sollicitations de l'environnement, pour ces êtres au sonar si subtil, sont d'une pauvreté désespérante.

Du béton pour tout horizon : neurasthénie garantie. Et nombreux cas de folie... Rien d'étonnant si le narval et le dauphin commun n'ont jamais accepté de vivre en prison !

Même lorsqu'ils ne se jettent pas la tête contre les murs, les dauphins de cirque sont malheureux. Leur aileron dorsal, replié, pendouillant mollement sur le côté, résume leur détresse. La mortalité est effrayante – quoique difficile à chiffrer, en raison du peu d'empressement que mettent les responsables à rendre publics les décès dans leurs établissements.

En dehors du stress de la captivité, l'hygiène des bassins n'est pas simple à maintenir : une variation de 1 pour 100 de la salinité de l'eau entraîne des ulcérations et des nécroses de la peau. Chaque animal produit, chaque jour, 4 litres d'urine et 1,5 kilogramme d'excréments. L'épuration est un casse-tête. Sans parler des saletés que le public jette dans le bassin, ou que le vent apporte.

On a pensé, un moment, obtenir de nombreux bébés en captivité. Certains optimistes ont même écrit que les delphinariums sauveraient les espèces rares. Illusions… Si des petits sont, en effet, nés en captivité, et même en assez grand nombre, la majorité sont très vite morts ; soit de maladie, soit parce que leur mère ne savait pas s'en occuper… Capturée vers l'âge de 2 ans, bien avant d'être nubile, et ayant eu son jeune entre 10 et 12 ans, la femelle n'a jamais vu de femelle adulte quand elle était enfant. Elle n'a pas eu de modèle de maternité. Elle ignore comment procéder. Et c'est un désastre…

Lorsque le bébé sort de son ventre, elle panique. Elle ne le soutient pas pour lui faire prendre son premier bol d'air en surface. Le plus souvent, il se noie. S'il réussit à flotter par miracle, elle est incapable de le faire téter, et il meurt d'inanition…

Les dauphins destinés aux parcs sont pris au filet çà et là dans le monde. À Cuba pour les tursiops, en Islande pour les orques, au Chili, au large du Japon, etc. Aux États-Unis, en Europe ou en Australie, les mammifères marins sont protégés et leur capture interdite dans les eaux territoriales. Mais on n'en prohibe pas l'importation pour les delphinariums : ô hypocrisie !

Il n'est jamais aisé de maîtriser un cétacé sauvage : on en immobilise plusieurs dans des mailles. On ne choisit que les adolescents : impossible de nourrir les bébés, et les adultes refusent la prison. Il faut compter entre trois et dix morts pour chaque animal qui parvient à destination dans un état de santé acceptable. Ces prélèvements sont faibles au regard des tueries dues aux filets géants, ou aux hécatombes que causent les pollutions. Ils ne sont pas négligeables.

Quant à repeupler un jour les eaux en espèces rares grâce aux parcs marins, c'est une utopie.

À l'heure actuelle, malgré plusieurs programmes de réinsertion, bien peu de cétacés ont été remis dans la nature. Nul ne sait encore comment rendre leur liberté à des dauphins imprégnés par l'homme. Rick Trout, Rick O'Barry et d'autres scientifiques se sont attelés à la tâche.

En l'an 2000, on a osé, après de longues hésitations et une prudente série de réhabituations progressives, relâcher dans ses eaux natales islandaises le fameux Keiko, l'orque vedette du film *Sauvez Willy*, de Simon Wincer (1993), âgé de 7 ans à l'époque du tournage, mais longtemps resté coincé dans un bassin du parc Reino Aventura, à Mexico…

Les ex-pensionnaires des delphinariums ne sont pas facilement acceptés par leurs congénères sauvages, surtout s'il s'agit de mâles adultes… Handicapés pour trouver leur nourriture, offerts aux prédateurs, perdus dans une immensité bleue qu'ils avaient oubliée, ils nagent souvent vers leur ancien enclos. Ils recherchent la compagnie des hommes, puisque ce sont des animaux sociaux.

Certains deviennent « ambassadeurs ».

Amicaux, empressés même envers notre espèce, mais un peu pathétiques et paumés.

Dauphins de guerre,
Marsouins de cirque :
Tous déserteurs !

Avenir

Une indéfectible amitié

Princes des vagues ! On raconte qu'ils portent bonheur aux marins, sauvent les naufragés, goûtent notre musique et nouent des relations d'amitié avec nos enfants. Les dauphins nous veulent-ils du bien ?
Écrirons-nous avec eux une page de la Vie ?

Au nord du cap Nord...

Nuit d'été sur l'océan glacial Arctique, du côté du Svalbard... Les cimes et les glaciers du Spitzberg luisent doucement sous la lune, et se reflètent comme un rêve primordial dans les ténèbres de la mer.

Sur la vague où s'égaillent les glaçons brisés des icebergs, des ondes se rajoutent : friselis d'argent sous la faible clarté.

Un aileron en triangle tranche la surface, puis un autre, et un autre encore. Des dauphins... L'une des espèces qui se risquent le plus au nord, avec l'orque, le narval et le bélouga : le lagénorhynque à bec blanc *(Lagenorhynchus albirostris)*. Environ 2,70 mètres et 240 kilogrammes. La peau presque noire. Sur les flancs et le bas du dos, des flammèches gris perle ; le ventre immaculé ; et ce bec court, teinté de lune, que promet leur patronyme...

Les cétacés soufflent en chœur. On dirait qu'ils attendent quelque chose. Ils tournent, sinuent, vont et viennent, plongent et émergent, à la fois excités et inquiets. Quand ils respirent, ils lèvent la tête au-dessus de l'eau et regardent le ciel.

Du côté de l'étoile polaire, un fantôme se révèle et grandit ; une draperie rose et vert irréelle, moirée de mauve et de violet fluorescent. La forme se modifie. On pense à un linge qui ondule au ralenti dans la brise ; au rideau d'un théâtre des merveilles… La forme vibre, étincelle, frémit. Des vagues de photons s'y propagent. On dirait une voile qui crépite en silence.

Une aurore boréale ! Le plus sublime et le plus étrange des météores, provoqué par l'ionisation de la haute atmosphère, elle-même imputable à une tempête électromagnétique due à une éruption solaire…

Les dauphins font surface ensemble, se disposent en demi-cercle et se plantent, le nez en l'air, sous la magie du ciel qui flamboie. Ils ont cessé de cliqueter et ils contemplent le prodige. L'aurore grandit, palpite, dévore un secteur du firmament. Les cétacés semblent fascinés, subjugués par la fantasmagorie. Au sens propre, on les dirait « sidérés »…

Se peut-il qu'une espèce animale admire un phénomène de la nature avec autant de passion que nous-mêmes ? Les dauphins sont-ils sensibles à la splendeur des choses ? Aux harmonies de formes et de couleurs ? Ont-ils accès aux catégories élémentaires de l'esthétique ? Possèdent-ils les prémices de ce qu'on pourrait baptiser un « sentiment artistique » ?

Vertigineuses interrogations.

Après tout, les cétacés sont des animaux et nous ne savons pas grand-chose de ce qui se passe sous leur melon. Rien ne prouve qu'ils aiment vraiment le Beau. Peut-être ces lagénorynques se sont-ils réunis dans ces eaux du Svalbard pour tout autre chose que la contemplation d'une aurore boréale !

Peut-être nous trompons-nous complètement sur leur compte…

Nous affirmons qu'ils sont intelligents et qu'ils nous veulent du bien. Nous avons de bonnes raisons de les supposer proches de la conscience et de l'art. Mais aucune certitude…

Rien ne démontre de façon péremptoire, martèlent les sceptiques, que ces animaux excèdent le niveau de compréhension ou d'empathie du chien ou du macaque. Rien ne garantit qu'ils ne nous tiennent pas simplement pour de bruyants envahisseurs du royaume aquatique, juste capables de les tuer à coups de harpon ou de fusil, de leur voler leurs enfants pour les mettre en prison dans des parcs, de piller les richesses de la mer et d'y déverser les plus violents poisons.

Irons-nous plus avant dans notre cohabitation avec les princes de la sphère humide ? Saurons-nous améliorer nos savoirs et notre confiance mutuels ?

Signerons-nous avec eux un pacte d'alliance ? Bref, deviendrons-nous deux peuples unis par des liens d'indéfectible amitié ?

Pêches partagées

Pour certains humains, l'alliance semble nouée depuis longtemps.

« Il y a dans la province Narbonnaise, raconte Pline l'Ancien dans ses *Histoires naturelles (VIII, 9)*, sur le territoire de Nîmes, un étang appelé Latera où les dauphins pêchent en société avec les hommes. Un banc innombrable de mulets, à une époque fixe, sort par l'étroit goulet de l'étang dans la mer. [...] Dès que les pêcheurs ont eu connaissance de ce manège, ils invitent Simon en l'appelant du rivage. [...] Les dauphins se hâtent d'exaucer leur désir. [...] Ils barrent l'accès aux grands fonds et repoussent les mulets affolés vers les eaux peu profondes ; les pêcheurs encerclent le poisson avec leurs filets. [...] La pêche achevée, ils se partagent les mulets qu'ils ont massacrés ; mais, conscients d'avoir mérité par leurs efforts mieux que la récompense d'une journée, ils attendent jusqu'au lendemain, et se rassasient non seulement de poissons, mais aussi de pain trempé dans du vin. »

Cette histoire de dauphins et de pêcheurs qui s'allient pour prendre les mulets de l'étang de Latera (de nos jours, Lattes, près de Montpellier) passionne l'Antiquité. Pline a séjourné dans la région : peut-être a-t-il été témoin de l'épisode ; à moins qu'il n'ait emprunté son récit au *De animalibus* de Trogus.

Pline ajoute que le même genre d'association existe en Asie Mineure, dans le golfe de Iassos. D'autres textes antiques rapportent des histoires similaires, par exemple dans les œuvres d'Élien et d'Oppien *(Halieutiques)*. Au Moyen Âge, Albert le Grand prétend que cette pêche est encore en usage en Italie. À la Renaissance, Guillaume Rondelet en parle comme d'une coutume bien vivante à Palamos, en Espagne.

Au XIXe siècle, le naturaliste Georges Cuvier se penche sur la question. Il doute que les dauphins passent un véritable « contrat » avec les hommes ; mais il admet que, « en poursuivant les troupes de muges, ils les contraignent parfois à se jeter dans les anses et les étangs salés ; ce qui, dans certaines circonstances, rend le travail des pêcheurs plus facile ».

Aujourd'hui encore, des cétacés s'associent (s'allient ? s'acoquinent ?) avec des humains pour se procurer des proies – et les partager en complices. Même si le mot « amitié » n'est pas le bon ; même si les motivations restent peu claires et la répartition parfois peu équitable, il reste l'intention !

Dans les mers de Norvège et d'Islande, des orques assistent parfois les pêcheurs de harengs à l'époque de la « harengaison » : les cétacés se concertent et rassemblent les poissons en grosses boules grouillantes, comme ils savent si bien le faire ; lorsque les filets sont tendus, ils poussent les proies vers les mailles et profitent de la capture. Bénéfice mutuel…

Au début du XXe siècle, en Australie, à Twofold Bay (Nouvelles-Galles-du-Sud), d'autres orques aident les baleiniers à chasser la baleine à bosse : les grands dauphins noir et blanc avertissent les harponneurs de l'arrivée des mégaptères en migration. Ils isolent un groupe de ces géants aux longs bras blancs et le conduisent vers les harponneurs en l'empêchant de sonder. Les hommes tuent des jubartes et laissent aux épaulards leur « part », c'est-à-dire les morceaux qu'ils préfèrent : les lèvres et la langue.

Au Myanmar (Birmanie), au bord des fleuves Irraouaddy et Salouen, chaque village a « son » dauphin – une orcelle de Bornéo, ou de l'Irraouaddy *(Orcaella brevirostris)* – qui, dit-on, répond à son nom et participe à la capture des poissons.

En Amazonie, sur certains *rios* (Negro, Madeira, Tapajoz, Xingu…), pendant la nuit, les pêcheurs « appellent » les dauphins roses, ou *botos (Inia geoffrensis)*. Ils tapent de façon rythmée sur le rebord de leur pirogue avec leur pagaie, et sifflent des airs particuliers. Les cétacés (en fait, souvent des couples) se montrent et rabattent les proies – poissons-chats, piranhas, tucunarés, etc. – vers les pièges de mailles des humains.

Brésil et Mauritanie

Pêches et bénéfices partagés…

Coopération et proies communes : en écologie, on appelle « commensalisme amélioré » ce genre d'association occasionnelle et mutuellement profitable entre deux espèces différentes.

Le cétologiste et cinéaste de nature François-Xavier Pelletier a observé et filmé, dans des villages de la côte sud du Brésil (près de Florianopolis, État de Santa Catarina), une coopération exemplaire.

À marée basse, en file indienne, et de l'eau jusqu'aux cuisses, les pêcheurs portent sur le bras leur épervier enroulé. Une quinzaine de dauphins tursiops paraissent dans les vagues, soufflant et poussant devant eux le banc de mulets qui remonte avec la marée. Les cétacés se déploient en demi-cercle. Ils foncent en cliquetant. Les hommes lancent leurs pièges…

Les villageois connaissent chaque animal de la bande. Pour eux, il s'agit de personnes. Ils racontent, par exemple, que Coroba est homosexuel ; qu'Iscubido est le frère de Bate Cabeca ; que Galatante est la fille de Dolores, et qu'elle n'a pas bon caractère ; au contraire de Gavalda, la crème des dauphines… Si l'un de leurs enfants naît le même jour qu'un cétacé, les pêcheurs lui donnent le même nom. Dès lors, le petit homme et le petit animal sont unis par des liens de parenté indissolubles.

La plus étroite et la plus fameuse collaboration entre humains et cétacés a été étudiée par l'équipe Cousteau dans les années 1960, puis à nouveau par François-Xavier Pelletier. Elle a pour cadre le banc d'Arguin, en Mauritanie.

Ses acteurs sont le peuple Imragen et deux espèces de dauphins : le tursiops et le dauphin à bosse, ou *sousa*, de l'Atlantique *(Sousa teuszii).*

À l'époque de la migration des mulets jaunes, les Imragen prennent au filet quantité de ces poissons, dont ils sèchent la chair au soleil et dont ils récupèrent les œufs : ils salent ces derniers et les enrobent dans de la cire d'abeille pour fabriquer la fameuse poutargue, qui se vend dans tout le Sahara et jusque dans le bassin méditerranéen. Les Imragen (dont le nom signifie « Ceux qui chassent ») sont peut-être des métis de Noirs et de Berbères. Autrefois esclaves des Maures, ils forment sept villages.

Ils « appellent » les dauphins quand les premiers mulets se présentent dans leurs eaux. Ils donnent des coups de bâton sur les vagues : ce bruit ressemble peut-être à celui que font les poissons qui sautent. D'une façon ou d'une autre, les dauphins comprennent le message. À moins qu'ils ne soient eux-mêmes effrayés par la présence d'un troupeau d'orques, ils arrivent. Ils se déploient en demi-cercle et rabattent les proies vers la côte. Les hommes entrent dans les vagues jusqu'à la poitrine et tendent leurs filets en fibres de genêts. À ce moment, les femmes n'ont pas le droit de pénétrer dans la mer : selon la croyance imragen, si par malheur elles transgressaient le tabou, elles provoqueraient un raz de marée...

Hommes et cétacés, peuples pêcheurs : frères de la mer ! Ici, chacun trouve son bonheur... Les mulets, coincés entre deux rangées de prédateurs organisés et bien armés, n'ont plus d'issue. Affolés, paniqués, ils bondissent en tous sens et deviennent faciles à prendre. Ils se jettent en masse dans les filets des humains. Ceux qui font demi-tour tombent dans le bec des dauphins...

Le partage s'effectue durant la pêche elle-même. Il est plus ou moins équitable : parfois, les cétacés se taillent la meilleure part ; d'autres jours, ce sont les hommes qui prennent l'essentiel. D'une année sur l'autre, chacun se satisfait de la répartition des efforts et des récompenses.

Le cas « Dolly »

Les dauphins : nos cousins au gros cerveau et au sang chaud dans la mer...

Sont-ils des amis du genre humain ?

En Floride, au pays des jacinthes d'eau, des lamantins (manatis) et des alligators, entre la rivière Saint John et le marais des Everglades... La famille Asbury habite une maison au bord d'un canal, dans le labyrinthe des Keys. Le père, la mère et les deux fillettes vivent une aventure étrange, qui inspirera la série télévisée *Flipper le dauphin*.

Mme Asbury raconte : un jour de mai 1971, sous son embarcadère, une forme gris-bleu, luisante, émerge en « souriant ». Un tursiops. Une femelle… La dauphine pousse de petits cris, exécute des cabrioles et accepte les poissons qu'on lui offre. Elle reçoit le nom de Dolly. Elle revient le lendemain, puis les jours suivants. Elle bondit, se dresse sur la queue, joue à la balle et au cerceau. Elle entraîne à toute vitesse sur l'eau les fillettes, Tina et Kelly, accrochées à son aileron. Rires des gamines !

D'où vient cette femelle ? Où a-t-elle a appris ces tours, qu'elle semble exécuter spontanément ? Tout se passe comme si cette visite était délibérée ; comme si la dauphine avait décidé de se rapprocher des Asbury ; comme si elle avait reçu de son « peuple » aquatique une mission de confiance : nouer des relations amicales avec notre genre. Devenir l'envoyée spéciale des cétacés au royaume *Homo sapiens*.

Dolly est-elle, selon le mot qui fait florès, une « ambassadrice » ?

On le croit un moment. Certains s'enflamment et pensent qu'on va vraiment avancer, grâce à elle, dans la compréhension des sociétés, des mœurs, du langage, de l'intelligence, de l'univers mental des cétacés.

La vérité est moins poétique. Moins belle… Dolly connaît depuis longtemps les hommes. Elle a été capturée, puis dressée. Elle vient de ce que les Américains appellent pudiquement « Centre d'études » de Key West – en réalité, une base militaire d'entraînement des mammifères marins. Elle a été « dauphine de guerre », puis relâchée pour indiscipline. Vive et maligne, elle avait appris sans problème à aller coller le paquet qu'on lui confiait (censé être une charge explosive) sur la coque du navire « ennemi ».

Sauf que, une fois sur deux, elle le rapportait à ses dresseurs avec un sourire impavide !

Contacts dans le Grand Bleu

Dolly n'a pas reçu de mission diplomatique. Elle n'a pas été déléguée auprès des hommes par ses congénères. Elle ne désire que se réinsérer. Elle a besoin de compagnie, car les dauphins sont sociables. Elle n'a pas trouvé de bande de tursiops qui lui convienne – soit qu'il n'en existe pas dans les parages, soit qu'elle n'ait pas réussi à s'y intégrer.

Elle a choisi les humains, ces autres animaux grégaires, qu'elle a côtoyés pendant des années…

Mais Dolly n'est pas un cas isolé. Nombre de ses congénères ont un comportement anthropophile, sans avoir pour autant passé une partie de leur vie dans un zoo ou une base militaire.

Les mots mêmes ont leur magie. L'expression « dauphin ambassadeur » fait rêver les amis de la mer, les poètes, certains écologistes visionnaires – et même les scientifiques !

Existent-ils vraiment, ces envoyés du Grand Bleu, comme le croient tant d'enfants de 7 à 77 ans, peut-être parfois plus proches de la vérité que certains spécialistes perclus de rationalisme et de précautions oratoires ?

Viennent-ils nous saluer, messagers d'harmonie et de paix, comme se plaisent à l'imaginer les amoureux de l'océan ?

Hugo Verlomme, l'auteur du superbe roman *Mermère* (1978), écrit : « Armés de radiotélescopes géants, nous sondons désespérément le ciel en quête d'une vie extraterrestre, mais les dauphins sont là, sous nos yeux, plus éloquents que jamais en cette fin de millénaire. À nous maintenant de répondre à leur attente… »

Les cétacés ont-ils développé une « culture », même à l'état d'ébauche, même éloignée de la nôtre ? Désirent-ils la partager avec nous ? Nous veulent-ils du bien ? Sans manipuler des notions aussi abstraites ou morales, sont-ils seulement curieux de nos personnes et de nos agissements, et prêts à engager avec nous une forme de « dialogue », fût-elle sommaire ?

Le Néo-Zélandais Wade Doak en est persuadé…

Un personnage !… Ce passionné nage depuis un quart de siècle avec les dauphins, dans leur royaume, en respectant leurs rythmes, leurs pulsions, leurs envies, leurs lubies. Après les utopies de John Lilly, qui voulait « parler dauphin » ou enseigner aux cétacés nos langues, il cherche à élaborer un fascinant « Projet Interlock » de communication entre eux et nous (en anglais, *to interlock* signifie « s'imbriquer »).

L'idée est là : il s'agirait de fusionner les deux univers mentaux ; de réunir les deux points de vue sur le monde ; de les mélanger ; de les marier ou de les faire s'interpénétrer... Wade Doak donne à entendre nos musiques aux dauphins, qui non seulement les écoutent avec attention, mais les adorent. Il aimerait, un jour, organiser un « Woodstock des dauphins et des hommes » dans la grotte marine de Rikoriko, aux îles Poor Knights, au nord de la Nouvelle-Zélande.

Il s'interroge (*Ambassadeur des dauphins*, 1993) sur une idée « ouvertement anthropomorphique », qu'il formule ainsi : « Nul ne sait ce qui se passerait si des cétacés, ces animaux au cerveau évolué, étaient traités avec la préoccupation éthique et la courtoisie que nous considérons comme essentielles dans les rencontres avec des représentants de notre propre espèce en terre étrangère. »

Selon Wade Doak, les résultats pourraient dépasser toutes les espérances des « delphinolâtres » ! Le Néo-Zélandais recense, d'ores et déjà, au moins six manières, pour les dauphins libres, d'adresser des messages aux humains ; à tout le moins, de leur envoyer « ce qui semble constituer des signaux » :

« 1. Les sauts à des moments significatifs, par exemple avant de partir.

2. Les éclaboussures délibérées, destinées aux occupants d'un bateau, à la suite d'un contact visuel rapproché.

3. Les vocalisations et les sifflements par l'évent, après des appels ou des sifflements émis par les humains.

4. Les démarrages courts et répétés dans une direction donnée (ce que nous pouvons appeler un « comportement de guide »), afin de mener le plongeur vers un partenaire égaré ou un objet perdu, ou pour faire franchir un obstacle à un yacht.

5. La défécation.

6. Le contact – le toucher, le geste ultime. »

Wade Doak, jour après jour, année après année, s'efforce de comprendre ce que sentent et « pensent » les dauphins, et de répondre de façon subtile et convenable à leurs appels, qu'il juge « éloquents ».

Nombre de cétologistes n'attachent pas tant d'importance à ces démonstrations.

Ils refusent tout net de croire à l'existence des « ambassadeurs », aussi intelligents (pour des bêtes !) que soient les

« princes de la mer ». Ils n'y voient pas les symboles d'une « nouvelle alliance », d'une « harmonie retrouvée » (ou à créer !) entre l'homme et la nature ; mais, plus prosaïquement, d'anciens captifs dressés dans des centres militaires ou des parcs marins ; habitués à l'*Homo sapiens* et à ses caprices ; bref, domestiqués puis relâchés pour indiscipline ou « incompétence ».

Une autre hypothèse « rationaliste » consiste à penser que ces créatures se rapprochent de nous par simple (ou vulgaire) intérêt. Les dauphins sont nos commensaux dans les eaux, comme l'étaient les loups que nos ancêtres côtoyaient dans les forêts et les steppes du Paléolithique. Les pêches en commun que nous menons avec les cétacés ressemblent beaucoup aux chasses que nos aïeux conduisaient avec l'aide des canidés sauvages dont ils ont fait des chiens.

Une autre théorie, encore, serait que les dauphins « ambassadeurs » sont en réalité des caractériels ou des asociaux, incapables d'obéir aux règles de leur clan, et rejetés par la troupe ; des exclus ; des réprouvés ; des bannis... On pourrait y voir des sujets « oméga », situés tout en bas de la hiérarchie du groupe. Ces souffre-douleur se raccrocheraient à notre espèce parce que les dauphins ont horreur de vivre seuls...

Dauphins sauveteurs

Légendes ou faits réels ?

Il y a belle lurette que des cétacés s'occupent des humains sans que ceux-ci le leur demandent. L'aide à naufragé semble avoir existé à toutes les époques, et dans toutes les mers du globe.

Les cétacés sont obsédés par la souffrance respiratoire des leurs. Ils s'inquiètent. Ils ne supportent pas le spectacle d'un congénère en difficulté. Grâce à leur sonar, ils voient – avec leurs oreilles, certes, mais plus clairement que sur nos échographies – le cœur du malheureux battre la chamade... Ils le secourent. Ils plongent. Ils le portent en surface pour lui permettre de reprendre de l'air. Ils le soutiennent aussi longtemps que nécessaire.

Ils étendent parfois à notre espèce cette conduite « altruiste ». S'ils nous voient nous noyer, ils nous aident à remonter, comme ils le feraient avec un sujet de leur espèce – notamment un jeune.

Dans son traité *De l'intelligence des animaux*, au Ier siècle de notre ère, Plutarque écrit : « Le dauphin n'a besoin d'aucun homme, et pourtant il est l'ami de tous les hommes. Il leur a souvent apporté une aide précieuse. »

Justement... Des dizaines de récits courent, de l'Antiquité à nos jours, et dans toutes les civilisations océanes de la Terre, au sujet de cétacés qui recueillent un naufragé et l'emmènent à la côte.

Le mythe d'Arion illustre un sauvetage de ce genre. Il dit aussi l'amour que les cétacés portent à la musique. Hérodote le raconte au Ve siècle av. J. -C. Fameux poète et musicien de Lesbos, Arion embarque dans un bateau à Corinthe. Les marins veulent le voler. Ils lui laissent une alternative : mourir par le glaive ou sauter par-dessus bord. Arion demande une ultime permission : jouer un air sur sa lyre. Sa complainte est faite de notes très aiguës. Des dauphins se rassemblent, charmés par la mélodie. Lorsque le poète saute à l'eau sous la menace des pirates, un cétacé le prend sur son dos et l'emmène sain et sauf au rivage.

Les récits plus ou moins vérifiés sont nombreux, dans lesquels les cétacés jouent, si l'on peut dire, les saint-bernard... Selon les Anciens, les dauphins étaient les messagers d'Apollon : ils reliaient l'Olympe au monde des mortels ; certains d'entre eux pouvaient parfois éviter l'Hadès à un humain.

Vers 1500 av. J.-C., en Crète, la reine, épouse du roi Minos, se baigne dans une baie mais manque se noyer. Des cétacés surgissent et l'aident à regagner la plage. C'est pour les remercier qu'elle fait représenter ces animaux sur la fresque fameuse, dite des « Dauphins bleus », qui orne encore la « chambre de la Reine » du palais de Knossos.

Au Ier siècle avant notre ère, Plutarque rapporte l'histoire suivante : des pêcheurs de Paros prennent des dauphins dans leur filet. Au mépris de la loi, ils veulent les tuer. Un homme, appelé Korianos, empêche le massacre. Des années plus tard, Korianos embarque dans un bateau qui fait naufrage : marins et passagers périssent, mais l'ami des cétacés est sauvé par ceux-là même qu'il a protégés... Lorsque Korianos meurt, sa famille fait incinérer son corps sur une plage ; et les cétacés se réunissent dans la vague, comme pour un ultime hommage…

Difficile de croire tout ce qui se raconte. Mais les plus belles histoires, transmuées ou transfigurées par la poésie et le besoin humain de merveilleux, possèdent un fonds de vérité.

Les dauphins sont assez étonnants pour mériter qu'on admette quelques-uns des exploits qu'on leur attribue. Comme y croient les enfants !

Car les dauphins et les enfants vivent un étrange destin parallèle.

Le dauphin et l'enfant

L'une des plus célèbres histoires du genre a été racontée au Ier siècle par Pline l'Ancien, dans ses *Histoires naturelles* :

« Sous le règne du divin Auguste, un dauphin pénétra dans le lac de Lucrin ; un enfant pauvre, qui allait de sa maison de Baïes à Pouzzoles pour y fréquenter l'école primaire, l'appela du nom de « Simon ». […] Si profondément caché qu'il se trouvât, l'animal accourait du fond des eaux et lui offrait son dos pour y monter. […] Il le porta ainsi plusieurs années, jusqu'au jour où l'enfant fut enlevé par une maladie ; le dauphin revint souvent au lieu habituel, triste, donnant des signes d'affliction ; à son tour, il mourut de regret. »

Dans ses *Lettres*, Pline le Jeune narre de quelle manière, près du lac de Bizerte, en Tunisie, un enfant de la colonie d'Hippone fut sauvé de la noyade par un dauphin, dont il devint inséparable, et avec lequel il alla jouer tous les jours dans les vagues. Le proconsul Flavien lui-même se déplaça pour observer le prodige ; le spectacle attira les foules ; des querelles s'allumèrent entre commerçants ; les édiles de la cité, excédés par le « désordre », finirent par ordonner qu'on tuât le dauphin pour restaurer la paix civile…

Selon certains récits apocryphes, l'enfant se laissa mourir de chagrin ; selon d'autres, il choisit l'exil sur les grands chemins…

Même genre d'amitié entre un enfant et un dauphin blessé dans l'île de Potosolène, en Asie Mineure. Ou encore près de Byzance…

Il est arrivé, plus récemment, que des cétacés prennent soin de jeunes humains en difficulté. L'un des cas les plus étonnants date de 1989 et concerne un surfeur australien, Adam Mac Guine. L'adolescent raconte son aventure :

« Les dauphins jouent avec moi, bien mieux que moi, dans la vague. Soudain, un coup me déséquilibre ; je suis éjecté ; un nouveau choc sur le côté : je saigne à flots. Je réalise qu'un requin m'attaque. Je me crois perdu. Mais des dauphins surgissent et font écran. Je m'évanouis en arrivant à la plage. Si je suis encore vivant, c'est grâce à eux. »

Amis du genre humain

Les dauphins « sauveteurs » et « ambassadeurs » font, et feront encore, couler beaucoup d'encre. Peut-être leur attachons-nous une importance exagérée parce que nous avons honte d'avoir tellement massacré leurs espèces et saccagé leur royaume…

Quelques histoires d'« ambassadeurs », pour le plaisir…

L'un des plus fameux nage de 1888 à 1912 dans le détroit de Cook, entre les deux grandes îles de la Nouvelle-Zélande. Ce dauphin de Risso, ou dauphin gris *(Grampus griseus)*, baptisé Pelorus Jack, escorte les navires ou les guide parmi les écueils.

À la même époque, des orques aident les baleiniers à traquer la baleine à bosse à Twofold Bay, en Nouvelle-Galles-du-Sud (Australie). Certains de ces animaux deviennent familiers : Old Tom, tire les câbles des chasseurs entre ses dents ; il meurt en 1932 ; on le naturalise au musée d'Eden.

En 1955, la Nouvelle-Zélande est visitée par une femelle tursiops, Opo, douce, tendre avec les enfants, et qui se laisse chevaucher par eux près d'Hokianga. En 1978, Wade Doak et sa femme recueillent une jeune femelle de dauphin commun, qu'ils sauvent de l'échouage et qui s'attache à eux : ils la baptisent Elsa. Dans les années 1980-1990, le pays voit venir à lui les dauphins Horace, Rampal (ainsi nommé en l'honneur du flûtiste Jean-Pierre Rampal, dont il apprécie la musique) et Tammy. Mais aussi Aihé (le mot signifie « dauphin » en langue maorie) et Maui, qui hante la péninsule de Kaikoura, un haut lieu cétacéen dans le monde…

Sur la côte Atlantique des États-Unis, les « ambassadeurs » s'appellent Carolina Snowball, en Caroline du Sud, et Dolly, en Floride : mais celle-ci, on sait d'où elle vient… Une autre femelle, Georgy Girl, se laisse caresser par les baigneurs, puis disparaît avec un mâle de son espèce. En 1981, Nudgy se prend de passion pour les canots à moteur. De 1976 à 1978, aux Bahamas, le mâle Sandy fait un bout de route aux nageurs et aux plongeurs.

En Europe, des dauphins familiers visitent la Grande-Bretagne. De 1972 à 1978, le mâle Donald, ou Beaky, suit les baigneurs entre l'île de Man et le Pays-de-Galles ; il apprécie les contacts, y compris à connotation sexuelle, avec les hommes comme avec les femmes.

De 1981 à 1984, dans les eaux de Portreath, en Cornouailles, Percy fait des siennes. Ce tursiops mâle joue de façon plutôt turbulente avec les planches à voile. Il bouscule les petites embarcations. Avec les femmes, il affiche un comportement clairement sexuel. L'une d'elles raconte : « Il avait le pénis en érection, entre mes jambes, à la hauteur de mes cuisses. Il donnait des coups de reins, comme s'il réclamait sans ambiguïté l'accouplement. C'était à la fois agréable et… inquiétant ! La seule façon d'arrêter ce manège a été que je sorte de l'eau… »

Puis vient le tour de Simo, qui se laisse caresser et chatouiller, notamment par les enfants, dans le petit port écossais de Solva. En 1987, Dorad (ou Fungie) enchante les observateurs à Dingle, en Irlande – où il s'amuse aussi bien avec les phoques qu'avec les hommes.

Freddie (ou Dugal) se produit à l'embouchure de la rivière Coquet, au nord de Newcastle. Un jardinier anglais, nommé Alan Cooper, nage avec lui ; l'animal est en érection ; un témoin voit la scène et dénonce le nageur, qui comparaît en justice sous l'accusation d'avoir « masturbé une créature animale » et « attenté à la pudeur d'autrui ». L'homme n'est acquitté que grâce au témoignage de Horace Hobbs, l'un des pionniers des contacts avec les dauphins, qui explique comment les mâles de cétacés se servent souvent de leur pénis comme d'un organe du toucher…

Toujours dans les îles Britanniques, l'Écosse voit souffler Charlie, à Fife (dans les années 1960), puis le jeune orque

Okkie, que passionnent en particulier les activités d'une plate-forme pétrolière.

Dès 1972, sur la côte Atlantique de l'Espagne, près de La Corogne, la femelle tursiops Nina offre mille démonstrations d'affection ; y compris d'une sensualité troublante, comme en témoigne un cinéaste de l'équipe Cousteau, Jacques Renoir : « Les frontières semblent abolies. Entre l'animal et l'homme, naît une étrange sympathie. La peau de Nina me semble d'une merveilleuse douceur. La chair de son sexe paraît nacrée. Je serais incapable de dire ce qui se passe entre nous, de quelle nature sont les sentiments que nous éprouvons l'un pour l'autre. Mais il y a quelque chose. »

Nina ne semble pas avoir été domestiquée auparavant : on dirait qu'elle a « choisi » de vivre avec les hommes. Un jour, une troupe de ses congénères vient la chercher dans l'anse où elle souffle. Elle refuse de les suivre. Elle meurt de maladie ; d'autres disent que des pêcheurs jaloux l'ont tuée.

Rencontres d'un autre type

Ailleurs en Espagne, entre Almeria et Castel del Ferro, on goûte entre 1987 et 1989 les facéties de Moses, un mâle solitaire. Le couple Ercina et Enol souffle sur le rivage de Luarca (Asturies) entre 1994 et 1997, date à laquelle Ercina disparaît, ce qui rend Enol dépressif et parfois agressif.

Un autre « ambassadeur » ondule près des côtes découpées du Péloponnèse, comme pour honorer ceux de ses ancêtres que les Grecs révéraient autrefois.

Dans les parages de Kotor, au Montenegro, la dauphine tursiops Yotsa multiplie les contacts avec les humains, dont elle quête les caresses dans le port, mais qu'elle snobe lorsqu'elle chasse au large. Preuve que c'est elle qui décide des rencontres...

En Italie, Romeo s'établit en baie de Naples en 1985 ; non loin du lieu où (selon Pline l'Ancien) nageait son aïeul Simon, porteur d'enfant... Romeo honore le nom dont on l'a affublé, surtout lorsque la journaliste allemande Carola Hepp plonge avec lui : la jeune femme n'a pas trop de son bikini pour résister... Mais Romeo meurt quelques mois plus tard.

La Norvège a son visiteur, en la « personne » du tursiops Flipper, qui fréquente depuis 1990 les côtes de l'île Karmöy : l'animal est peu joueur, mais fort paillard. Proche du priapisme !

Les dauphins « ambassadeurs » apparaissent, en réalité, partout où l'on veut bien se donner la peine de les reconnaître. Et de les saluer... En mer Rouge, près de Nuweba, sur la côte égyptienne du Sinaï (dans le golfe d'Aqaba), la femelle tursiops Ouline se prend d'amitié, en 1994, avec un jeune pêcheur sourd-muet nommé Mahmoud. La plongeuse française Zora Boudiova joue avec la dauphine, et assiste aux premiers mois de vie de son bébé, Mabrouk ; hélas ! ce dernier expire, harcelé par trop de touristes.

Non loin de là, en Israël, Dobbie joue à Eilat, où sa présence est censée « soigner » les enfants autistes ou schizophrènes... Le contact des dauphins et des malades (jeunes ou vieux, mentaux ou somatiques) peut, certes, avoir des vertus thérapeutiques ; mais on se trouve, ici, en présence d'un phénomène qui se rapproche des guérisons miraculeuses dans la grotte de Lourdes : gare à l'excès de crédulité des uns, et à la rapacité commerçante des autres !

Au Japon, Piko s'est installé en 1995 à Tanabe (préfecture de Wakayama). En Polynésie, notamment à Rangiroa, aux Tuamotu, d'autres visiteurs de la mer dansent dans la vague avec les humains.

Au Brésil, Tiao souffle depuis 1994 dans le port de San Sebastiao. C'est aussi le premier dauphin « tueur d'homme » qu'on recense. Normalement bien disposé envers notre espèce, il accueillait les baigneurs avec plaisir ; jusqu'au jour où certains voulurent lui attacher une corde autour de la queue pour le hisser sur le rivage, et l'étouffer en lui enfonçant un bâton dans l'évent. En se débattant (mais qui le lui reprocherait dans ces circonstances ?), Tiao blessa huit nageurs, dont un mortellement.

Jojo et Dolphy

Le plus prodigieux « ambassadeur » de ces dernières années, baptisé Jojo, accueille les plongeurs à Providenciales, petite île de l'archipel des Turks et Caicos, au sud-est

Ces sténelles de l'Atlantique, réunies en formation circulaire, semblent discuter. Les dauphins parlent. Mais de quoi ?

de l'archipel des Bahamas, non loin du banc d'Argent. L'incroyable familiarité de ce tursiops est peut être imputable au fait qu'il a connu l'homme : on le soupçonne d'être aussi Liberty, ancien pensionnaire de l'*US Navy*, remis en liberté en 1974 au large d'Eleuthera.

Quoi qu'il en soit, c'est un être adorable, et qui figure désormais sur un nombre incroyable de photos sous-marines ! N'importe qui peut l'approcher. Il tournoie, danse, ondule, virevolte et s'ébaubit avec les plongeurs, qu'il imite de façon drolatique. Il accepte les caresses, mais décide qui a le droit de les lui proposer. Il rappelle aussi, parfois, qu'un dauphin demeure un animal puissant : un jour, une touriste (disons : pas trop futée !) lui met les doigts dans l'évent. Rien n'est plus désagréable à un souffleur. Jojo se retourne, assène quelques coups de rostre à la malotrue, qui se retrouve le nez et une côte cassés…

Cette histoire rappelle celle d'une plongeuse imprudente, dans les eaux de Hawaii. La jeune femme se mêle aux évolutions d'une troupe de globicéphales. Elle s'exalte et se grise. Elle pense qu'elle est acceptée par les grands cétacés noirs. Mais elle jauge mal les réactions d'un grand mâle. Elle veut le toucher. Le « pacha » se retourne, lui attrape la cuisse dans sa gueule et l'entraîne à 6 ou 7 mètres sous la surface. Il la laisse remonter, mais la reprend avant qu'elle n'ait fait surface ; et recommence… La malheureuse croit se noyer… Un plongeur, impuissant, filme la scène. Plus tard, lorsque les cétologistes étudient la séquence, ils comprennent que le globicéphale n'a pas voulu tuer la femme, mais lui infliger une punition – la même que les adultes de son espèce réservent aux petits désobéissants. Ils font mine de les entraîner au fond, les lâchent et les reprennent avant qu'ils n'aient soufflé.

En France, Jean-Louis (mal nommée, puisqu'il s'agit d'une dauphine !) enchante de longues années les plongeurs en Bretagne, près de la pointe du Raz, dans l'anse du Vorlen et la baie des Trépassés. Il suffit, pour l'appeler, de frotter une chaîne d'ancre avec un objet métallique. Nombre d'amis des dauphins (François-Xavier Pelletier, James Wharram, Horace Dobbs…) viennent lui rendre visite, enchantés par ses familiarités éphémères comme par ses crises d'indépendance farouche… Les cétologistes sont (au début) un peu surpris par ses obsessions sexuelles : la dauphine passe de longs moments à se masturber avec des cordages. Nombre d'entre eux s'extasient devant son sens du confort : la rusée vient à plaisir se faire asperger de bulles, comme dans un jacuzzi géant, près de son rocher favori (rebaptisé « rocher du Dauphin »), où les vagues se brisent avec une formidable puissance… L'animal, repéré en 1976, ne souffle plus dans les parages depuis 1987. Mort ou parti avec des congénères ?

En mer Méditerranée, en 1987-1989, la tursiops Marine aime à parader entre le golfe de Fos-sur-Mer et Carry-le-Rouet, à l'ouest de Marseille. Elle est rejointe par une « sœur », baptisée Fanny. Marine est enceinte : elle perd son bébé, puis disparaît. Fanny nage jusqu'en 1994 autour de Port-Saint-Louis-du-Rhône, n'hésitant pas à visiter les terminaux pétroliers de Fos-sur-Mer : preuve que les cétacés pardonnent nos saccages ! Craintive, elle accepte peu les contacts, sauf ceux d'une fillette et de son chien.

En France, toujours… D'autres dauphins font surface et s'approchent… Une vague bleue du bassin d'Arcachon se transmue en être de chair à la peau grise. Aileron en triangle, long bec, « sourire » à la bouche. L'animal est baptisé François… jusqu'à ce qu'on s'aperçoive que c'est une femelle. Donc, Françoise ! Cette dauphine joue toujours avec les bateaux près du cap Ferret ou de la dune du Pilat, dans les mêmes eaux qu'une bande de congénères résidents, auxquels elle semble ne pas oser se mêler.

Au début des années 1990, la facétieuse Dolphy établit ses quartiers dans les eaux des Pyrénées-Orientales, entre Collioure, Banyuls et Cerbère, où elle reçoit d'autres noms, comme Charlie ou Marie. Avec une belle ironie, elle aime venir souffler au pied des bâtiments de l'Institut océanographique de Banyuls, et elle picore le poisson dans la réserve sous-marine contiguë. Dans les petits ports touristiques où elle batifole, c'est la ruée des touristes ; la cohue jusque dans l'eau – au point qu'il faut envoyer les forces de l'ordre régler les différends ! En 1994 et 1995, Dolphy se laisse repérer dans les ports de la Catalogne espagnole, jusqu'à Barcelone. Puis elle s'évanouit.

Mystère des destins au Grand Bleu. Fascination des rencontres et des disparitions...

Les rendez-vous de Monkey Mia

Les deux plus belles histoires modernes où les dauphins sauvages viennent saluer les hommes, sont celles de Maravilla et de Monkey Mia.

Dans les eaux des Bermudes, où sombra en 1656 le galion la *Nuestra Senora de la Maravilla*, des dauphins tachetés *(Stenella frontalis)* jouent avec les humains. Matt Biondi, surnommé l'« homme-dauphin », le champion de natation américain qui raflait les médailles d'or aux Jeux Olympiques de Séoul, en 1988, aime évoluer avec eux. Les cétacés dansent en rythme sur la musique d'un synthétiseur sous-marin. La cétologiste Denise Herzing connaît chaque individu du groupe : Chopper, Stubby, Didi, Scallopfin, White Blaze, Remora, Kid, Romeo...

À Monkey Mia, dans la baie du Requin (Shark Bay), en Australie occidentale, tout commence en 1964. Une femme, nommée Ninny Watts, entend un tursiops près de son bateau. Elle lui donne un poisson, qu'il accepte. Elle le baptise Charlie. Il rameute des congénères. Un groupe se présente.

L'histoire s'ébruite. La presse, la radio, la télévision s'en emparent. Les touristes affluent. Ils veulent, eux aussi, admirer les dauphins : Speckeldy Betty, Crooked Fin ou son bébé Cookie, etc. Dans les années 1980, le nombre des tursiops familiers ne cesse de croître : les voilà près de 250 dans la baie Shark. Le nombre des visiteurs augmente encore plus vite : bientôt plus de 40 000 par an...

L'affaire est juteuse... surtout pour les marchands de ce nouveau temple de Nature. Hôtels et cabanes à frites fleurissent. Les touristes se comportent souvent avec respect, mais parfois comme des Attilas. Les *rangers* doivent y mettre bon ordre. On institue un code de bonne conduite pour les humains : interdiction de dépasser une certaine ligne, de chevaucher les cétacés, de s'accrocher à leur aileron, de leur jeter des nourritures aussi idiotes que des os de poulet !

On étudie de plus près les moeurs du troupeau. Des cétologistes comme Barbara Smuts ou Rachel Smolker découvrent, par exemple, que les dauphins forment des coalitions. Les trois mâles Snubby, Sickle et Bibi se liguent à différentes reprises pour isoler une femelle et s'accoupler avec elle, dans ce qui ressemble parfois à un viol collectif. Des coalitions de mâles en attaquent d'autres. Des femelles se rebiffent et mettent en fuite les fiers-à-bras...

On s'aperçoit, en outre, qu'une partie seulement des dauphins de la baie osent approcher les hommes. Certains poussent la « complicité », peut-être le désir d'imiter ou de plaire, jusqu'à aller pêcher un poisson et à l'offrir à une cétologiste. D'autres se tiennent prudemment au large.

Monkey Mia ressemble à une utopie réalisée. Pour la première fois, humains et dauphins vivent-ils en harmonie ?

Hélas ! le Paradis ne sera jamais sur Terre... Plusieurs cétacés périssent de maladies diverses, liées à la pollution grandissante du site. Le nourrissage par les touristes induit, plus vite qu'on ne le redoutait, des comportements aberrants qui détruisent la structure des clans. L'heure n'est plus forcément à l'optimisme.

Elle le redeviendra. Car les dauphins et les hommes ont une trop longue histoire commune.

Trop riche et trop emplie d'émotions. De plaisirs échangés. Souvent (de la part des humains) d'injustices et d'injures, de cruautés, de crimes et d'abominations. Mais aussi de fascinations, de caresses, de tendresses, de subtiles étreintes ; parfois, d'histoires d'amour. De rapprochements où les corps et les sentiments se mêlent...

Au secret bleu de l'eau.

Dans la splendeur lointaine du monde aquatique, là où normalement les humains ne vont pas, mais où ils osent parfois savourer leur bonheur.

Le bonheur sous la mer

L'homme fait des rêves bleus. Mouillés... Il en tire des poèmes, des tableaux, des symphonies, des chansons. Il imagine qu'il s'enfonce dans un liquide parfait, doux à sa peau, réglé à sa température, où il s'anéantit de plaisir. Un plaisir primordial. Une idée du *nirvana*.

L'envie de se fondre dans le Grand Tout liquide a fait l'objet d'analyses et de psychanalyses. On y décèle la nostalgie du ventre maternel, la pulsion de barboter à nouveau dans le fluide amniotique où l'on a sucé son pouce, logé, oxygéné, nourri et béat pendant 9 mois.

On peut y voir aussi le désir inconscient de parcourir à l'envers la prodigieuse histoire de l'évolution. Les cellules originelles sont apparues dans l'eau et dans l'argile, avec peut-être un peu d'écume et de basalte. Tout se passe comme si notre organisme en gardait une confuse mémoire.

Depuis qu'elle est née, il y a presque 4 milliards d'années, sous forme de bactéries puis d'algues bleu-vert, la vie a déployé des efforts prodigieux pour sortir de l'élément aquatique. Elle y est parvenue plusieurs fois. Les algues ont engendré les plantes terrestres. Les vers, les scorpions, les insectes ont conquis les continents. Les poissons se sont extraits de l'océan au Dévonien, voici 370 millions d'années, sous forme d'amphibiens L'évolution des vertébrés a consisté, ensuite, à s'affranchir de l'obligation de se reproduire dans l'eau. Les reptiles ont créé l'œuf à coquille. Les mammifères ont inventé l'utérus et replongé l'embryon dans une miniature d'océan.

La nature ne sait pas ce qu'elle cherche, mais elle trouve… À peine sortis de l'eau, certains animaux ont voulu y retourner. Des reptiles, comme les tortues, les crocodiles ou les ichtyosaures. Des oiseaux comme les manchots. Des mammifères, bien sûr : loutres, castors ou hippopotames… Les pinnipèdes nagent comme des naïades. Les cétacés incarnent les esprits de la mer.

Les dauphins hantent les rêves mouillés des hommes. L'obsession ne date pas de Cousteau, de Flipper ou du *Grand Bleu*. Pourquoi le cétacé déclenche-t-il tant de passions ? C'est un cousin de l'homme. Sa peau est nue comme la nôtre, tiède et douce. Il est souple et musclé. Beau gosse. On le dit amical, doté d'un langage et capable de comprendre, de consoler, de porter assistance.

Il séduit surtout notre espèce parce qu'il peuple une immensité où la conscience se dilue dans le fluide universel, qui ressemble à un lit d'amoureux, à un liquide amniotique ou à la matrice de la vie.

Le dauphin est un éternel fœtus qui sourit comme le Bouddha, et cliquette son bonheur dans la soupe bleue des origines.

Dauphin ici ;
L'éternité de la mer ;
Constellation là-haut !

ENCYCLOPÉDIE DES DAUPHINS

Portraits à l'encre marine

Soixante-huit espèces ; des formes élégantes, des tailles variées, des couleurs subtiles ; des adaptations efficaces, pour un habitat qui va des grands fleuves au grand large... Les cétacés sont beaux.
Un manège enchanté !

Pour les Polynésiens, les dauphins incarnent les guides de l'Océan, chargés de conduire la pirogue du marin vers de nouvelles terres... Ne reste qu'à les rejoindre ; et à les suivre !

Les cétacés...

Un cortège, un défilé de l'onde. L'attelage du char de Poséidon, dieu des mers...

Ces animaux sont élégants, rapides, taillés pour la nage. Sculptés par l'évolution pour l'immensité liquide. Il en existe de bizarres – le nez en cigare, le dos bossu, le museau camus ou la bouche armée d'une épée. La plupart ont le dos sombre et le ventre clair – pour mieux échapper à leurs proies ou à leurs ennemis. Quelques-uns sont tout noirs ou tout blancs, d'autres noir et blanc. Il en existe de diverses tailles, depuis le minuscule marsouin *vaquita* de la mer de Cortez (long de 1,30 mètre) jusqu'à l'orque et au cachalot géant (plus de 18 mètres) ; sans parler de la géante à fanons, la baleine bleue (parfois 30 mètres).

Ils ont en commun ce corps en torpille, ces bras modifiés en battoirs, cette queue plate, cet évent qui souffle comme on chante, ce sonar, ces sifflets, ce langage, cette vie sociale intense et ce gros cerveau complexe, qui leur offre le statut d'intellectuels des eaux, peut-être d'amis des humains !

Aquarelles

Voici le cortège de Neptune peint à la détrempe ; à l'aquarelle, ça va de soi ! Certains de ces portraits sont un peu flous ; d'autres plus précis.

Ces descriptions contiennent le résumé de ce que les cétologistes ont noté de l'apparence des espèces ; de ce qu'elles mangent ; de leur écologie ; de leur distribution ; de leur démographie.

1. Le plataniste de l'Indus

Platanista minor (Owen, 1853)
Famille des platanistidés

Au Pakistan, on l'appelle *susu.* Au Sind, on dit *bulhan.* Les riverains du fleuve Indus le croient doté de pouvoirs magiques.

Le terme de « plataniste » désignait déjà l'espèce à l'époque d'Alexandre le Grand ; il dériverait du nom de Plataïa, nymphe de l'eau et fille d'Asopos, roi des rivières. *Susu* imite le chuintement (« susss... ») que le cétacé émet en soufflant.

Longueur : 1,50 à 2,50 mètres.

Poids : 50 à 90 kilogrammes.

Nouveau-né : 70 centimètres, 8 kilogrammes.

Tout en angles : long rostre un peu spatulé. Vingt-sept à trente-trois dents pointues par demi-mâchoire. Yeux minuscules. Cou flexible. Aileron dorsal en triangle. Bras en trapèzes. Peau gris-brun sur le dos et les flancs, plus pâle sur le ventre.

Le *susu* aime les tourbillons et les courants. En surface, il s'incline sur le flanc droit pour respirer : son évent, décalé à gauche, est muni à droite d'une crête qui empêche l'eau d'entrer. Régime : crustacés, mollusques, poissons (poissons-chats, carpes...). Les Pakistanais affirment qu'il mange parfois des oiseaux.

L'espèce est presque aveugle, mais la vue est peu utile dans les eaux limoneuses. Le *susu* dispose d'un sonar de précision, qui fonctionne sur des fréquences comprises entre 1 000 et 380 000 hertz.

L'animal hantait naguère la majeure partie de l'Indus, de l'Himalaya au delta, sans oublier les Cinq Rivières du Pendjab. On ne le voit plus guère que dans la partie moyenne du fleuve, entre Guddu et Sukkur (sur à peine 170 kilomètres). Il souffre des pollutions et reste chassé, quoique officiellement protégé ; car son huile est réputée aphrodisiaque.

En 1974, on estimait sa population à 1 000 individus. Il en reste moins de 500. En 1986, un recensement en a dénombré 429.

En danger d'extinction.

2. Le plataniste du Gange

Platanista gangetica (Roxburgh, 1801)
Famille des platanistidés

Le *susu* du Gange hante ce fleuve et… les textes sacrés de l'Inde : *Ramayana*, *Baghavad Gîta.* Pline en parle dans ses *Histoires naturelles.* Les Indiens le confondent parfois avec leur crocodile à long museau, ou gavial. Pour eux, le nom de *susu* vient du bengali *susuk.* L'animal est encore appelé *sousa* en hindi, *sansar* en sanskrit, *sishuk*, *suchhum*, etc.

Longueur : 1,70 à 2,50 mètres.

Poids : 40 à 70 kilogrammes (mâle) ; 50 à 90 kilogrammes (femelle).

Nouveau-né : 75 centimètres, 8 kilogrammes.

Semblable au plataniste de l'Indus : les deux espèces se distinguent par des détails. Bec étroit, un peu spatulé. Vingt-sept à trente-trois dents par demi-mâchoire. Petits yeux. Cou flexible. Aileron dorsal en triangle. Bras en trapèzes. Gris-brun sur le dos, plus clair sur le ventre.

Conçu pour le fleuve ! On l'a vu, à l'étiage d'un cours d'eau, user d'un de ses battoirs comme d'un piolet pour se haler vers l'avant. Il chasse mollusques, crustacés et poissons-chats. Il nage souvent au fond, sur le côté, ce qui lui a valu le sobriquet anglais de *side swimmer*, et explore la vase avec sa main. Vue médiocre, mais écholocation subtile. Clics entre 1 000 et 380 000 hertz. Sifflets, grognements, gazouillis.

L'espèce hantait jadis le Gange de l'Himalaya au delta. Non seulement le fleuve, mais ses affluents (Yamuna, Gogra, Gandak), ainsi que le Brahmapoutre, la Meghna et le Karnaphuli. Des barrages ont divisé et bouleversé son royaume. La pollution le tue. On le chasse encore pour son huile, réputée médicinale.

Population totale : environ 4 000 individus, dont une cinquantaine au Népal.

En danger d'extinction.

3. Le dauphin de La Plata

Pontoporia blainvillei (Gervais et d'Orbigny, 1844)
Famille des pontoporiidés

Le petit prince d'un immense estuaire... Repéré en 1842 par un archéologue français, le comte de Fréminville, près de Montevideo, il est dédié au naturaliste de Blainville. *Pontoporia* vient du grec *pontos*, « mer », et *poros*, « orifice » (allusion à l'évent). Les Argentins et les Uruguayens parlent de *franciscana* (« franciscain »).

Longueur : 1,50 à 1,80 mètre.

Poids : 35 à 50 kilogrammes.

Nouveau-né : 70 centimètres, 7 kilogrammes.

Bec effilé, front bombé. De cinquante à soixante dents par demi-mâchoire. Évent en croissant (et non en fente, comme chez les autres dauphins de rivière). Aileron dorsal en triangle. Bras en trapèzes. Ocre brun sur le dos, avec du jaune au ventre. Les bébés sont plus sombres. Les vieux blanchissent au point que les marins locaux les appellent « fantômes ».

Nage rapide. Nourriture : crustacés, concombres de mer, poulpes, calmars, poissons. Sonar mal connu.

L'espèce hante le rio de La Plata, où finissent le Parana et l'Uruguay. Elle remonte un peu ces fleuves. L'été, elle gagne l'océan, voyage vers le nord jusqu'à la latitude de São Paulo et vers le sud jusqu'à la péninsule Valdés. Elle souffre des filets des pêcheurs et du trafic maritime.

Effectifs inconnus : quelques milliers.

4. Le dauphin rose d'Amazonie

Inia geoffrensis (de Blainville, 1817)
Famille des iniidés

On raconte, chez les *caboclos* du Brésil, qu'il sort de l'eau pour séduire les jeunes filles ou les jeunes hommes, avec lesquel(le)s il a des enfants ; ceux-ci, pareils aux humains, trahissent leur origine parce qu'ils ont toujours les pieds humides...

Le *boto* (*boutou*, ou *botu*) exhibe une peau d'un étrange et très « humain » rose chair. On en distingue trois sous-espèces : de l'Amazone *(Inia geoffrensis geoffrensis)*, du Madeira *(I. g. boliviensis)* et de l'Orénoque *(I. g. humboldtiana)*.

Longueur : 1,80 à 2,80 mètres (mâle) ; 1,80 à 2,40 mètres (femelle).

Poids : 80 à 160 kilogrammes.

Nouveau-né : 80 centimètres, 12 kilogrammes.

Bec démesuré, commissure « souriante ». Le museau et le menton ont une maigre « barbe », faite d'une cinquantaine de vibrisses. Vingt-quatre à trente-quatre dents par demi-mâchoire : les antérieures sont coniques, les postérieures aplaties. Cette denture hétérodonte est nécessaire pour capturer et broyer les poissons du fleuve, à l'épaisse cuirasse. La tête s'articule sur un cou plus souple que celui des autres cétacés : elle peut pivoter de 90 degrés. Melon proéminent. Petits yeux. Colonne vertébrale souple. Aileron dorsal en triangle. Bras spatulés, aux doigts bien visibles.

Les bébés *botos* sont gris-bleu. La nuance incarnate éclaircit d'abord le ventre. À mesure que le sujet vieillit, elle gagne les flancs et le dessus. Quelques adultes gardent du bleu sur le dos et la queue. Les vieux individus blanchissent.

Le *boto* chasse en couples ou en petites bandes, souvent au confluent des rivières d'eaux « noires » et d'eaux « blanches », où pullulent les proies ; par exemple, les poissons-chats et les piranhas. À la saison des crues, de janvier à mai, l'espèce migre dans la forêt inondée et souffle entre les troncs.

Sonar : de 20 à 80 clics par seconde, sur des fréquences de 25 à 250 000 hertz.

Le dauphin rose occupe un royaume immense – le « pays des Mille rivières ». Il honore les bassins de l'Amazone et de l'Orénoque, de l'océan Atlantique aux Andes, parfois à 4 000 kilomètres de la mer. Il souffre aujourd'hui de la déforestation, des barrages et des pollutions, notamment du mercure que les *garimpeiros* (les chercheurs d'or) déversent par tonnes dans les eaux.

On estime qu'il en existe, en moyenne, un couple par kilomètre carré de rivière ou de lac. Au total, plusieurs dizaines de milliers !

5. Le dauphin du Yangzi

Lipotes vexillifer (Miller, 1918)
Famille des lipotidés

Les Chinois l'appellent *baïji*, *beïji* ou *baïjitun*, c'est-à-dire « dauphin blanc ». Voici le petit empereur menacé du Yangzi, Yang-Tseu-kiang ou Chiangjiang – le fleuve Bleu –, l'artère géographique et historique de la Chine. Il passe pour la réincarnation d'un jeune prince ou d'une princesse morts noyés. Son nom latin – *Lipotes vexillifer* – signifie « lointain porte-drapeau ».

Longueur : 2 à 2,50 mètres.

Poids : 80 à 180 kilogrammes.

Nouveau-né : 75 centimètres, 10 kilogrammes.

Tête fine. Crâne plus gros du côté droit que gauche. Bec un peu retroussé. Trente à trente-cinq dents par demi-mâchoire. Yeux minuscules. Évent en rectangle. Cou marqué. Aileron dorsal en triangle, épaissi de graisse. Bras arrondis. Peau gris-bleu, plus sombre sur le dessus.

L'esprit du Yangzi profite des crues de la mousson d'été pour visiter les affluents et les lacs éloignés. Il mange carpes, poissons-chats et crustacés. Clics sur des fréquences de 8 000 à 150 000 hertz.

Du temps que le poète Li Po le chantait, le *baïji* nageait en nombre dans le fleuve Bleu, ses affluents (le Wu, le Han…) et ses lacs (Dongting, Poyang…). Il figure aujourd'hui parmi les dix mammifères les plus menacés du monde, avec son voisin des montagnes du Sichuan, le grand panda. Il ne fréquente plus que le cours inférieur du Yangzi, en aval de Yidu ; on ne le salue plus ni à Chongqing, ni dans le défilé des Trois Gorges (dont l'énorme barrage signifiera peut-être sa perte définitive).

Moins de 300 sujets. Protégé depuis 1975, le *baïji* a-t-il encore une chance ?

6. Le bélouga

Delphinapterus leucas (Pallas, 1776)
Famille des monodontidés

Les Inuit le révèrent, mais le tuent et le mangent après lui avoir demandé pardon. Le premier qui le décrit, en 1776, est le naturaliste allemand Peter Simon Pallas, ami de Catherine de Russie, lors d'un voyage en Sibérie, aux bouches de l'Ob. Un dauphin des neiges : *Delphinus leucas* ! En 1804, Bernard de Lacépède crée le genre *Delphinapterus* (« dauphin sans ailes »). Il existe peut-être trois sous-espèces de cet animal : le type *(D. leucas leucas)* ; la sous-espèce de la mer d'Okhotsk, la plus grosse *(D. l. dorofeevi)* ; et celle de la mer de Barents, la plus petite *(D. l. marisalbi)*.

Celui qu'on a aussi baptisé « marsouin blanc » s'appelle, en russe, *beluga* (« créature blanche »). Les Aïnous parlent de *pechuga*, les Tchouktches de *puulia*.

Longueur : 4,50 mètres (jusqu'à 6) pour le mâle ; 4 mètres (jusqu'à 5) pour la femelle.

Poids : 650 kilogrammes (jusqu'à 1 500) pour le mâle ; 400 (jusqu'à 900) pour la femelle.

Nouveau-né : 1,40 mètre, 40 kilogrammes.

Tête ronde. Melon changeant. Petits yeux malins. Évent déporté à gauche. Huit à onze dents (souvent tordues) par demi-mâchoire supérieure, huit ou neuf par demi-mâchoire inférieure. Le dos n'a pas d'aileron, mais une crête bosselée : sous la banquise, l'espèce serait gênée par une haute dorsale. Battoirs courts et ovales. Queue en demi-lune.

Le bébé a la peau d'un sombre brun-rouge (couleur foie). Il garde cette teinte 1 an, puis se marbre de gris ardoise (au Québec, on l'appelle alors « bleuvet »). Après 3 ans, le tégument pâlit chaque saison davantage. Le blanc (souvent un peu crème) est l'apanage des adultes, dont certains gardent des taches brunes aux bras ou à la queue.

Le bélouga aime tout : vers annélides, crustacés (isopodes, copépodes, crevettes...), concombres de mer, mollusques, poissons (morues, harengs, capelans, etc.). Il se délecte de saumons, de corégones et d'ombles chevaliers. Il nage des milles et des milles sous la banquise, qu'il brise à coups de tête et d'épaules pour venir respirer – à condition qu'elle n'excède pas une épaisseur de 20 centimètres. On l'a vu souvent se hisser sur la glace : mais on ignore pourquoi.

L'animal émet des ultrasons de haute fréquence (jusqu'à 300 000 hertz) pour l'écholocation. Il produit, en outre, une variété stupéfiante de sons : ces trilles, ces sifflets, ces gazouillis justifient son surnom de « canari de mer ». Il est si doué pour les vocalises qu'il imite tout ce qui bouge ; y compris les bateaux, les sirènes ou les cloches de bord ; y compris les sous-marins : à plusieurs reprises, durant la Guerre froide, il a manqué déclencher un conflit atomique ! Américains ou Soviétiques croyaient à l'arrivée de l'ennemi...

Éminemment sociable, ce cétacé vit en troupes de dix à trente sujets, parfois réunies en grands congrès. Son aire de distribution inclut l'océan Glacial Arctique et les fleuves tributaires. L'animal préfère croiser au-dessus du plateau continental, mais sonde profondément au large. L'hiver, il voyage vers le sud (dans l'Atlantique, jusqu'au Massachusetts et à l'Irlande ; dans le Pacifique, jusqu'à Honshu et à la Colombie britannique). L'été, certains sujets remontent les cours d'eau sur des kilomètres – plus de 1 000 dans le Yukon, le Mackenzie, l'Ob, l'Ienisseï ou la Lena. En 1966, dans le Rhin, un égaré (vite baptisé « Moby Dick ») a nagé jusque sous les ponts de Coblence.

Les peuples arctiques traquent depuis toujours la baleine blanche. Ils recherchent son huile, sa viande et sa peau, dont ils font le « cuir de marsouin ». Ils ont gardé le droit d'en tuer chaque année 3 000 (mais ils en blessent deux fois plus). La chasse commerciale a cessé, mais le Japon intrigue pour la reprendre.

La population totale de l'espèce ne dépasse pas 40 000 à 50 000 sujets. Mer d'Okhotsk : 5 000 ; mer de Chukchi : 1 500 ; mers des Laptev, de Kara et de Barents : 8 000 à 10 000 ; baie d'Hudson, détroit de Davis et mer du Groenland : 14 000 ; mer de Beaufort : 5 000 ; détroit de Cook, 300 ; baie de Bristol, 1 500.

Le groupe du Saint-Laurent comptait jadis 5 000 représentants ; à peine 450 survivent, protégés depuis 1970, mais empoisonnés et stérilisés par un pernicieux cocktail de pesticides, de dioxines, de PCB et de métaux lourds. Résument-ils le sombre avenir des cétacés immaculés ?

7. Le narval

Monodon monoceros (Linné, 1758)
Famille des monodontidés

Voici que s'avance la mystérieuse licorne de mer, compagne de la déesse inuit de l'océan (Sedna), laquelle enlève les enfants rêveurs au pays des glaces…

Le narval n'a que deux dents à la mâchoire supérieure. Celle de gauche s'allonge chez le mâle, transperce la lèvre supérieure et devient une épée torsadée de plus de 2 mètres. Record : 3 mètres, pour un diamètre à la base de 8 centimètres et un poids de 10 kilogrammes !

L'unicorne est connu depuis l'aube des temps par les peuples du Nord. Pour les Inuit, c'est *kallilugruk* (en Alaska), *tugalik* (au Canada) ou *kelleluak kakortok* (au Groenland). Le Suédois Carl von Linné donne à l'espèce son nom savant en 1758 : *Monodon* (« une dent ») *monoceros* (« une corne »). Le mot norvégien *narwhal* (« baleine-épave ») est passé dans la plupart des langues.

Longueur sans l'épée : 5 mètres (jusqu'à 6,20) pour le mâle ; 4 mètres (au maximum : 5,10) pour la femelle.

Poids : 1 600 kilogrammes (jusqu'à 1 800) pour le mâle. 900 (jusqu'à 1 500) pour la femelle.

Nouveau-né : 1,70 mètre, 80 kilogrammes.

Corps en torpille. Tête ronde. Petits yeux. Évent un peu décalé à gauche. Battoirs ovales, relevés à leur extrémité. L'aileron dorsal se résume à quelques bosses. Les lobes de la queue sont convexes.

L'originalité des dents vaut qu'on s'y attarde. Dans le ventre de sa mère, le fœtus en a quatre à la mâchoire supérieure. L'adulte n'en montre plus que deux. Ces pièces d'ivoire, bien ancrées dans l'os maxillaire, poussent en spirale enroulée dans le sens inverse des aiguilles d'une montre. La dent gauche du mâle devient épée. La droite s'allonge aussi, parfois, mais reste toujours plus courte. Certaines femelles brandissent une arme, parfois même deux – mais réduites.

Les bébés ont la peau gris-bleu. En grandissant, ils se constellent de taches pâles, d'abord sur le bas-ventre puis le ventre et les flancs. Le dos vire au brun-vert olive, puis se barbouille de brun-noir – avec un semis de macules livides. Les sujets âgés blanchissent.

L'animal patrouille dans les chenaux de la banquise. Il se goberge de calmars, de crevettes nageuses (krill), de crabes royaux *(Kaempferia)*, de turbots, de morues, de flétans, de saumons, de harengs, etc. On a supposé que les mâles utilisaient leur épée pour embrocher le poisson ou fouiller le sédiment. Pas du tout ! L'unicorne n'emploie pas davantage sa lance pour forer la glace. Tant que la banquise est épaisse de moins de 20 centimètres, il agit comme le bélouga : un bon coup de boule…

Outre les clics d'écholocation, l'animal émet des plaintes gutturales, des gazouillis, des sifflements. Le Canadien P. Beamish a formulé l'hypothèse que la corne est, en vérité, un amplificateur sonore. Elle vibre quand le narval cliquette. Cette amplification peut avoir deux fonctions : immobiliser les petites proies grâce à l'onde de choc (le « cri qui tue ») ; et donner lieu, entre mâles, à de singuliers duels d'ultrasons.

L'adulte n'a pas d'ennemi naturel, sauf peut-être l'orque en période de disette. L'ours blanc ou le puissant requin du Groenland (6 mètres de longueur) peuvent dévorer un bébé séparé de sa mère.

L'homme est plus cruel. L'unicorne a toujours été recherché par les Inuit pour sa viande, sa graisse, son cuir et sa dent. Un délice de la cuisine inouk, le *muktuk*, se prépare avec le lard et la peau de l'espèce (ou du bélouga). Tant que la chasse se pratiquait en kayak et au harpon à main, le prélèvement restait minime. Mais les peuples de l'Arctique ont maintenant des canots à moteur et des fusils. Et certaines riches compagnies les paient en sous-main pour chasser plus que de raison, en abusant de la « clause d'exemption aborigène »

Un organe de la licorne de mer a hélas ! pris beaucoup de valeur : sa dent. Un pied (30 centimètres) de ce superbe ivoire se vend 150 à 200 dollars ou euros. Une défense entière : 3 000 à 4 000. Danger !

Le nombre d'animaux exécutés chaque année dépasse le chiffre des naissances, alors que les pollutions (pesticides, PCB, dioxines, métaux lourds...) stérilisent et déciment les troupeaux. Et que le réchauffement climatique, aux conséquences encore incalculables, commence d'affecter le Grand Nord...

Population mondiale : entre 20 000 et 30 000 têtes. On a vu nager des unicornes au Kamtchatka, en Colombie britannique, à Terre-Neuve et, en mer du Nord, jusqu'aux abords de la Hollande. Ces errances méridionales deviennent rares. L'aire habituelle du narval inclut l'océan glacial Arctique et l'extrême nord des océans Pacifique et Atlantique. Le groupe le plus vigoureux (10 000 sujets) hante le détroit de Davis, la baie de Baffin et la mer du Groenland. Celui de l'Arctique russe se divise peut-être en deux sous-groupes, de part et d'autre de la Nouvelle-Zemble ; mais le troupeau de la mer de Barents a été presque anéanti.

8. Le marsouin à lunettes

Australophocoena dioptrica (Barnes, 1985)
Famille des phocénidés

Ses yeux cerclés de noir lui donnent un air intellectuel. A-t-il chaussé des bésicles ? Il est proche du marsouin de Dall, dont il constitue peut-être une forme australe.

Longueur : 1,60 mètre (jusqu'à 2).

Poids : 50 à 60 kilogrammes (jusqu'à 85).

Nouveau-né : 50 centimètres, 6 kilogrammes.

Tête fine. Museau camus. Dix-huit à vingt-trois dents aplaties par demi-mâchoire supérieure ; seize à dix-neuf par demi-mâchoire inférieure. Aileron dorsal en triangle émoussé. Bras arrondis.

Noir dessus, blanc dessous, avec une frontière nette qui passe par l'œil et court sur les flancs. Une ligne foncée va de la bouche aux battoirs blancs.

Il souffle dans les eaux sud-américaines, de l'Uruguay à la Terre de Feu et aux Malouines. Son domaine s'étend jusqu'à la Georgie du Sud, peut-être à l'Antarctique. On peut l'avoir vu aux Kerguelen et à l'île Auckland (au sud de la Nouvelle-Zélande).

Effectifs inconnus.

9. Le marsouin de Dall

Phocoenoides dalli (True, 1885)
Famille des phocénidés

Il accélère, il fonce, son sillage bouillonne : voici le « marsouin écumeux », ou « marsouin à hélice » ! On dit aussi « marsouin d'Alaska » ou « marsouin de True ».

Longueur : 1,80 mètre (jusqu'à 2,35).

Poids : 135 kilogrammes (jusqu'à 220).

Nouveau-né : 70 centimètres, 15 kilogrammes.

Tête petite, bouche prognathe. Dix-neuf à vingt-neuf dents en piques par demi-mâchoire, sans compter de curieuses protubérances, les « dents gingivales », chargées de retenir les proies glissantes. Aileron dorsal un peu crochu. Bras en faux.

Dos de charbon, ventre de neige, tout comme le bout de l'aileron et de la queue. Bras rayés. On observe des sujets tout noirs (mélaniques), d'autres albinos, d'autres zébrés.

Le joli marsouin de Dall se nourrit de poissons (merlus, harengs, chinchards…) et surtout de calmars. Il descend gober des poissons-hachettes en profondeur. Clics autour de 10 000 à 30 000 hertz. L'espèce vit en bandes d'une douzaine de sujets, mais en 1953, au large d'Hokkaïdo, on en a vu un « congrès » de 8 kilomètres sur 2,5.

L'animal fréquente le Pacifique Nord, du Japon à la Californie et au détroit de Béring. Il abonde en mer d'Okhotsk. Frustrés par le moratoire de 1986 sur la chasse à la baleine, les Japonais ont décidé de le « récolter » pour sa viande. Environ 40 000 prises par an. Risque de surexploitation !

Population totale : entre 800 000 et 1 500 000 sujets.

10. Le marsouin commun

Phocoena phocoena (Linné, 1758)
Famille des phocénidés

Pas si « commun » que cela, et même de plus en plus rare… On l'appelle aussi « marsouin des ports », mais il y a belle lurette que personne ne l'a vu souffler dans un havre ! Peut-être venait-il au Pirée au temps d'Aristote (qui le peint dans son *Histoire des animaux*), ou à Stockholm à l'époque (1758) à laquelle Carl von Linné le baptise *Delphinus phocoena* (« dauphin-phoque »). Outre le type *(P. p. phocoena)*, on en distingue deux sous-espèces, l'une de la mer Noire *(P. p. relicta)*, l'autre du Pacifique Nord *(P. p. vomerina)*.

Longueur : 1,40 à 1,50 mètre (jusqu'à 1,80).

Poids : 45 à 50 kilogrammes (jusqu'à 90).

Nouveau-né : 50 centimètres, 7 kilogrammes.

Nonobstant sa petite taille, l'animal dégage une impression de force. Tête courte, sans bec. Dix-neuf à vingt-huit dents par demi-mâchoire – spatulées comme des piques de jeu de cartes. Aileron dorsal élargi à la base. Bras ovales.

La peau, gris foncé sur le dos, s'éclaircit de perle sur les flancs. Ventre blanc. Une ligne sombre unit le menton aux bras. Les vieux sujets blanchissent.

Clics de faible intensité, sur 1 000 à 5 000 hertz. Discret, l'animal fuit l'homme et ses navires. Il se nourrit de poissons, de calmars, de crevettes, de vers... Il aime les estuaires, migre en eau froide au printemps, en eau tiède en automne, et remonte certains fleuves : on l'a vu dans la Meuse, à 300 kilomètres de la mer.

Le marsouin commun hante les eaux tempérées de l'hémisphère Nord, notamment en mer Noire, en Méditerranée, en mer du Nord et en Baltique. Dans l'Atlantique, il souffle de la Mauritanie au Svalbard, et de la Floride à la baie d'Hudson. Dans le Pacifique, on le croise de la Basse-Californie et du Japon au détroit de Béring. En été, il gagne l'océan glacial Arctique.

L'homme l'a chassé sans pitié. En France et en Angleterre, il était réputé « poisson royal », comme la baleine. On en servait la chair à la table de François Ier et de Henry VIII, notamment durant le carême. En mer Noire, où il « pullulait », les Soviétiques l'ont massacré au point qu'ils ont dû fermer leurs pêcheries en 1960, faute de « matière première ».

Il existait, autrefois, des millions de marsouins communs dans l'océan. On ignore combien survivent.

11. Le marsouin de Burmeister

Phocoena spinipinnis (Burmeister, 1865)
Famille des phocénidés

On le dit aussi « marsouin noir ». Il est sombre comme les prunelles des filles d'Amérique latine dont il honore les rivages. En 1865, le naturaliste allemand Hermann Burmeister le nomme *« spinnipinnis »* à cause de son aileron dorsal armé d'une épine.

Longueur : 1,50 mètre (jusqu'à 1,80).

Poids : 50 kilogrammes (jusqu'à 80).

Nouveau-né : 50 centimètres, 7 kilogrammes.

Tête aplatie, sans bec. Quatorze à dix-neuf dents spatulées par demi-mâchoire. Aileron dorsal pointu. À la base antérieure de cet appendice, trois rangées de bosses s'unissent en une grosse épine charnue. Bras larges. Peau gris-noir dessus. Le ventre, gris pâle, se rehausse d'une double macule blanche. Une bande de jais court du menton aux bras.

Une douzaine de sujets, à peine, ont été capturés par des pêcheurs. Aucun échouage attesté. Quelques observations en liberté, dans le détroit de Magellan et le canal du Beagle. On suppose que l'animal gobe calmars et poissons. Nulle idée de sa vie sociale, ni de ses vocalises.

Le marsouin de Burmeister hante les eaux de l'Amérique du Sud, de l'Uruguay au Pérou, en passant par les Malouines et le cap Horn.

Effectifs inconnus.

12. Le marsouin du Golfe

Phocoena sinus (Norris et McFarland, 1958)
Famille des phocénidés

Le Lilliputien des cétacés ; Victor Hugo eût écrit : « le nain des géants » !... Les Mexicains lui donnent le nom de *vaquita* (« petite vache ») ou de *cochito.* Ses autres appellations de « marsouin du Golfe » ou « de Californie » font allusion au fait qu'il ne fréquente que le golfe de Californie, ou mer de Cortez. Le mot latin *« sinus »* qu'on lui accole signifie « de poche » ; en l'occurrence, « du golfe ».

Longueur : 1,20 mètre (jusqu'à 1,40).

Poids : 35 kilogrammes (jusqu'à 45).

Nouveau-né : 35 centimètres, 5 kilogrammes.

Corps trapu. Tête ronde, sans bec. Nez retroussé. Dix-huit à vingt et une dents en piques ou en spatules par demi-mâchoire. Aileron dorsal arqué. Bras larges.

La peau est un camaïeu de gris : sombre sur le dessus, les bras, la queue. Moyen sur les flancs, où s'inscrit une tache en forme de marsouin (curieux simulacre !). Pâle sur la poitrine et le ventre. Certains sujets sont brunâtres, beaucoup blanchissent avec l'âge.

Nourriture : calmars, crevettes, poissons. Lent, mais habile en eau peu profonde : l'animal ose franchir des hauts fonds où ses cousins s'échouent. Clics mal connus, de 1 000 à 3 000 hertz.

Le marsouin du Golfe vit en petites troupes. Mais cet endémique ne souffle plus que dans la moitié septentrionale de la mer de Cortez. Il est victime des filets des pêcheurs de crevettes, de requins, de mantas et de poissons totoabas. Il souffre des aménagements du fleuve Colorado et des saccages du tourisme.

Population totale : quelques centaines de sujets.

En danger d'extinction.

13. Le marsouin aptère

Neophocaena phocoenoides (G. Cuvier, 1829)

Famille des phocénidés

On qualifie d'« aptère » (« sans ailes » ou « sans nageoires ») ce cétacé asiatique, parce qu'il n'a pas d'aileron dorsal : mais son dos se hérisse d'une crête basse, d'une rangée de tubercules dont une légende orientale prétend qu'elle est le reste d'une armure de chevalier.

Il existe trois sous-espèces de cet odontocète : celle d'Asie méridionale *(N. p. phocaenoides)* ; celle de Chine, de Corée et du Japon *(N. p. sunameri)* ; et celle du fleuve Yangzi *(N. p. asiaeorientalis).*

Longueur : 1,50 mètre (jusqu'à 1,80).

Poids : 40 kilogrammes (jusqu'à 50).

Nouveau-né : 60 centimètres, 6 kilogrammes.

Tête globuleuse. Museau camus. Treize à vingt-deux dents en piques par demi-mâchoire. Bras larges. Peau ardoise sur le dessus, gris pâle sur le museau et le ventre. Les yeux sont roses, les orbites et le menton pigmentés de charbon, de sorte qu'on croirait parfois voir un bandit masqué !

L'espèce nage en force et traque poissons, calmars et crustacés. Bruits variés, gazouillis d'oiseau et clics rapides. L'aire de distribution va du golfe Arabo-Persique au Japon, en passant par le Pakistan et l'Inde (y compris Indus, Gange et Brahmapoutre), l'Asie du Sud-Est, la Chine et l'Indonésie. L'animal remonte le Yangzi jusqu'au lac Dongting. Repéré en Afrique du Sud, en Nouvelle-Guinée et en Australie du Nord.

Effectifs inconnus.

14. Le dauphin de l'Irraouaddy

Orcaella brevirostris (Gray, 1886)

Famille des delphinidés

On l'appelle *pesut* à Bornéo et *lumba lumba* en Malaisie… Le dauphin de l'Irraouaddy, orcelle ou dauphin à bec court, garde son mystère, même si on le connaît depuis 1866 : à cette date, l'Anglais Sir Elliot rapporte du Bengale le crâne d'un « marsouin à bec court » *(brevirostris)*. Un peu plus tard, l'Écossais John Anderson le baptise « petit orque de fleuve » *(Orcaella fluminalis)*.

Certains cétologistes ont classé l'espèce parmi les monodontidés, avec le narval et le bélouga. Mais il s'agit bien d'un delphinidé. On en distingue une sous-espèce propre à certains fleuves de Bornéo *(O. b. pelletieri)* qui, selon François-Xavier Pelletier, n'a pas de dents.

Longueur : 2 mètres (jusqu'à 2,50).

Poids : 100 kilogrammes (jusqu'à 120).

Nouveau-né : 80 centimètres, 10 kilogrammes.

Tête ronde. Gros melon. Bouche rectiligne, oblique et pulpeuse. Évent décalé à gauche. Les dents, coniques, sont au nombre de douze à dix-neuf par demi-mâchoire (mais absentes chez la sous-espèce de Bornéo). Aileron dorsal en faucille. Bras en ellipses. Peau gris-bleu, plus claire sur le ventre. Les vieux sujets présentent toutes sortes de cicatrices livides.

Le dauphin de l'Irraouaddy déteste s'afficher. Il laisse à peine affleurer son évent. Mais des pêcheurs cambodgiens l'ont surpris en train de se mouvoir à reculons, debout sur la queue, comme un dauphin de cirque ! Il aime les eaux troubles, riches en crustacés, mollusques, alevins et poissons. On connaît mal ses clics d'écholocation et ses autres émissions sonores.

L'orcelle nage en petites bandes dans les eaux côtières de l'Indo-Pacifique, du golfe du Bengale au nord de l'Australie, en passant par l'Asie du Sud-Est, l'Indonésie et la Nouvelle-Guinée. Pendant les crues de la mousson d'été, elle remonte les fleuves : Indus, Gange, Brahmapoutre, Meghna, Irraouaddy, Salouen, Chao Phraya, Mékong, Mahakam, Digul... Certains groupes passent leur vie en rivière. D'autres accomplissent des migrations océanes.

L'orcelle souffre des grands barrages fluviaux, des pollutions, du saccage des forêts vierges et des mangroves, et de la surpêche qui la prive de ses proies.

Effectifs : quelques dizaines de milliers ?

15. Le dauphin sténo

Steno bredanensis (Lesson, 1828)
Famille des delphinidés

Un Cyrano des vagues ! Il avance précédé de son « cap », de sa « péninsule »... Il justifie ses sobriquets de « dauphin rostré », « dauphin à long bec » ou « à bec étroit »...

Un sujet de l'espèce s'échoue près de Brest, au début du XIXe siècle : le peintre Van Breda en fait le portrait ; Georges Cuvier en décrit le crâne ; René Lesson baptise l'espèce *Delphinus bredanensis* ; l'Anglais Gray crée le genre *Steno* (du grec *stenos*, « étroit »). Le « dauphin de Breda » est encore dit « à dents rugueuses ».

Longueur : 2,40 mètres pour le mâle (jusqu'à 2,75), 2,20 pour la femelle.

Poids : 130 kilogrammes (jusqu'à 160).

Nouveau-né : 90 centimètres, 15 kilogrammes.

Longue tête. Bec comprimé latéralement comme celui de l'ichtyosaure du Secondaire. Vingt à vingt-sept dents bizarres, striées, par demi-mâchoire. Aileron dorsal élevé. Bras en faux. Peau gris foncé ou violet-noir dessus ; gris moyen sur les flancs. Des taches rondes, blanc et rose, parsèment les flancs et s'unissent en plage claire sur le ventre.

Le sténo fait la course avec les navires. Il mange calmars, seiches, poulpes, etc. Clics sur des fréquences de 1 000 à 150 000 hertz.

L'animal hante les trois grands océans, entre les 45e parallèles nord et sud. Il patrouille de préférence en bordure du plateau continental, où les calmars pullulent. Il chasse en compagnie des thons et meurt en masse dans les grands filets. Les Japonais en tuent des centaines chaque année pour la viande, notamment lors d'une cérémonie sanglante et barbare à la péninsule d'Izu.

On ignore les effectifs de l'espèce.

Les dauphins incarnent la liberté dans la mer et la grâce d'un fluide immense et merveilleux. Saurons-nous écouter leur leçon ?

16. Le dauphin gris d'Amazonie

Sotalia fluviatilis (Gervais, 1853)
Famille des delphinidés

Un souffle dans les arbres ; un mystère de la forêt… Les Indiens Tupi l'appellent *tucuxi*. En 1853, Gervais examine un crâne rapporté en Amazonie, qu'il baptise *Delphinus fluviatilis*. En 1866, Gray invente le genre *Sotalia*. On distingue trois sous-espèces de ce souffleur : *S. f. fluviatilis* dans l'Amazone et ses affluents ; *S. f. guianensis* dans l'Orénoque et en Guyane ; et *S. f. brasiliensis* au sud de l'Amazonie.

Longueur : 1,40 mètre (jusqu'à 1,90).

Poids : 40 kilogrammes (jusqu'à 60).

Nouveau-né : 60 centimètres, 7 kilogrammes.

Le dauphin gris d'Amazonie, ou d'estuaire, ou sotalie, ressemble à un petit tursiops. Tête ronde. Bec d'oie. La bouche, « souriante », est garnie de dents coniques, au nombre de vingt-six à trente-cinq par demi-mâchoire. Aileron dorsal en triangle. Bras spatulés.

Bébés noirâtres (au ventre clair). Adultes d'un gris moyen, parfois brunâtres. Deux taches gris perle, en diagonale, ornent chaque flanc. Menton, gorge et poitrine roses.

Le dauphin gris capture mollusques, crustacés et poissons. Clics d'écholocation à plus de 50 000 hertz. L'animal lance d'étranges appels sur un seul ton. À la saison des pluies, il explore la forêt inondée. Il hante la côte orientale de l'Amérique centrale et du Sud, du Costa Rica à Rio de Janeiro, parfois jusqu'à la latitude de São Paulo. Il remonte l'Orénoque jusqu'en amont de Ciudad Bolivar. Dans l'Amazone, on le voit jusqu'à Iquitos, au Pérou.

Quelques dizaines de milliers de sujets ?

17. Le dauphin à bosse de l'Indo-Pacifique

Sousa chinensis (Osbeck, 1765)
Famille des delphinidés

Il exhibe l'aileron dorsal classique des dauphins, mais cet appendice est perché sur une bosse qui lui donne un air de Quasimodo…

En 1757, l'Allemand Per Osbeck décrit un « dauphin blanc » qu'il nomme *Delphinus chinensis*. En 1960, Fraser et Purves redonnent vie au genre *Sousa*, inventé par Gray. Ainsi paraît, pour la science, *Sousa chinensis*, dont on distingue trois sous-espèces : *S. c. chinensis*, de la Chine et de Bornéo ; *S. c. lentiginosa*, du golfe du Bengale ; et *S. c. plumbea*, de l'Inde, de l'Arabie et de l'Afrique orientale. L'animal reçoit presque partout le nom commun de *sousa*. En Arabie, on l'appelle *darfil* ; en Inde, *malar*.

Longueur : 2,40 mètres (jusqu'à 3).

Poids : 90 kilogrammes (jusqu'à 140).

Nouveau-né : 90 centimètres, 20 kilogrammes.

Le jeune *sousa* rappelle un tursiops. Chez l'adulte, la graisse du dos s'accumule jusqu'à former la gibbosité caractéristique de l'espèce, dont on ignore la fonction. Bec en cylindre. Trente à trente-huit dents par demi-mâchoire. Aileron dorsal en triangle ou en faux, qui devient mou chez les sujets âgés, à la bosse hypertrophiée. Bras spatulés.

La robe varie du blanc à l'anthracite, en passant par le gris-bleu. Certains sujets sont sans tache, d'autres mouchetés ou ponctués. Les bébés sont crème. Les vieux s'assombrissent.

Le *sousa* de l'Indo-Pacifique patrouille autour des récifs ou des mangroves, en quête de crustacés, de mollusques et de poissons. Il remonte certains fleuves. Mœurs crépusculaires ou nocturnes. Clics avoisinant 25 000 hertz. Sifflements rythmés.

L'espèce roule sa bosse du cap de Bonne-Espérance à l'embouchure du Yangzi, en passant par Madagascar, l'Inde et l'Indochine. Jusqu'au nord de l'Australie.

Effectifs inconnus.

18. Le dauphin à bosse de l'Atlantique

Sousa teuszii (Kükenthal, 1892)
Famille des delphinidés

On l'a longtemps pris pour une exception au royaume des dauphins : on le croyait herbivore !

Sa réputation d'amateur de verdure lui vient de l'Allemand Edward Teüsz. En 1892, celui-ci en trouve un sujet échoué au Cameroun, dont (dit-il) l'estomac est empli d'herbe. Confond-il avec un lamantin ? Il faut attendre 1956 pour que le Français Jean Cadenat établisse que ce cétacé est bien carnivore !

Le dauphin à bosse (ou *sousa*) de l'Atlantique, parfois nommé « dauphin du Cameroun », n'est peut-être qu'une sous-espèce du *sousa* de l'Indo-Pacifique. Il en diffère par le nombre de dents (vingt-six à trente et une par demi-mâchoire) et de vertèbres.

Longueur : 2 mètres (jusqu'à 2,60).

Poids : 90 kilogrammes (jusqu'à 140).

Nouveau-né : 90 centimètres, 15 kilogrammes.

Melon rond. Bec de canard. Aileron dorsal en faux, juché sur une énorme bosse. Bras spatulés. Peau beige, presque blanche, chez le bébé ; puis gris sombre.

L'animal avale mollusques et poissons. Il aime chasser avec les tursiops et d'autres cétacés. Et avec l'homme ! C'est un des dauphins qu'en Mauritanie, sur le banc d'Arguin, le peuple Imragen « appelle » pour une pêche fructueuse – et partagée – aux mulets migrateurs.

En Afrique, c'est le seul souffleur qui hante les fleuves. On le rencontre dans le Sénégal, la Gambie, la Volta et le Niger, qu'il remonte jusqu'à l'endroit où les marées se font sentir. En mer, on le salue du nord de la Mauritanie à l'Angola.

Effectifs inconnus.

19. Le dauphin à bec blanc

Lagenorhynchus albirostris (Gray, 1846)
Famille des delphinidés

Mettons qu'il a conduit Jacques Cartier jusqu'au Canada ! L'Atlantique Nord est son royaume…

L'Anglais Gray le choisit pour modèle, en 1846, quand il crée le genre *Lagenorhynchus* – du grec *lagenos*, « bouteille », et *rhynchos*, « nez ». En latin, *albirostris* signifie « blanc bec ».

Longueur : 2,70 mètres (jusqu'à 3,20).

Poids : 180 kilogrammes (jusqu'à 275).

Nouveau-né : 1,20 mètre, 40 kilogrammes.

Bec court. De vingt-deux à vingt-cinq dents par demi-mâchoire. Aileron dorsal en faux. Bras larges à la base. La robe est pie, rehaussée de plages grises. Dos de charbon.

Stries blanches aux joues. Rostre pâle. Flancs sombres, décorés d'une comète argentée. Selle gris et blanc. Ventre immaculé.

À la nage, l'animal se donne des airs de hors-bord. Il dépasse n'importe quel paquebot à la course… Il se nourrit de mollusques, de crustacés, de poissons. Clics mal connus. L'espèce est grégaire. Elle adore les eaux froides de l'Atlantique Nord, du cap Hatteras au golfe de Gascogne, avec pour limite méridionale le courant du Golfe (Gulf Stream). En été, elle quête sa pitance jusqu'au Groenland et à l'océan Glacial.

Effectifs inconnus : entre 50 000 et 200 000 ?

20. Le dauphin à flancs blancs de l'Atlantique

Lagenorhynchus acutus (Gray, 1828)
Famille des delphinidés

Trompeuse appellation : ses flancs ne sont pas blancs, mais gris, avec de longues taches jaune et crème que la lumière exalte. L'espèce paraît pour la science en 1828, grâce à l'Anglais John Gray, sous le nom de *Delphinus acutus* (« dauphin pointu », par allusion à sa dorsale aiguë).

Longueur : 2,40 mètres (jusqu'à 3).

Poids : 180 kilogrammes (jusqu'à 250).

Nouveau-né : 1,10 mètre, 35 kilogrammes.

Petite tête. Bec court. Trente à quarante dents par demi-mâchoire. Aileron dorsal aigu. Bras incurvés. Du museau à la queue, le dessus du corps est anthracite, rehaussée de moirures bleues. Flancs gris, avec deux flammes pâles. L'œil a l'air maquillé. Une ligne foncée unit la bouche aux battoirs. Gorge et ventre immaculés.

L'animal chasse en bande calmars, seiches et poissons. Clics mal connus. Mœurs grégaires : on en a décrit un échouage de deux cents individus dans le Maine (États-Unis), en 1974. L'espèce partage son royaume atlantique avec sa cousine à bec blanc, du cap Hatteras au golfe de Gascogne, jusqu'en Méditerranée et en mer Baltique.

Effectifs : entre 50 000 et 200 000 sujets.

21. Le dauphin obscur

Lagenorhynchus obscurus (Gray, 1828)
Famille des delphinidés

Beau ténébreux !... En 1826, le Français Lesson décrit un dauphin patagon qu'il appelle *Delphinus superciliosus* et que, en 1828, l'Anglais Gray qualifie d'*obscurus*. En 1832, l'équipage du *Beagle* (capitaine : FitzRoy ; naturaliste : Charles Darwin) capture ce cétacé, que True classe dans le genre *Lagenorhynchus*.

Longueur : 1,80 mètre (jusqu'à 2,10).

Poids : 120 kilogrammes (jusqu'à 150).

Nouveau-né : 70 centimètres, 8 kilogrammes.

Le plus petit des lagénorhynques. Bec court. De vingt-quatre à trente-six dents par demi-mâchoire. Aileron dorsal bref. Bras pointus. Peau anthracite sur le dos, gris pâle sur le ventre. Museau noir. De chaque côté du poitrail, on découvre une tache grise en forme de... dauphin. Sur l'abdomen, brillent deux flammes blanches.

Le dauphin obscur évolue de préférence près des rivages, parmi les récifs. Il effectue des migrations de printemps vers les eaux subantarctiques, et revient vers le nord en automne. Il avale mollusques, crustacés et poissons. Émissions sonores inconnues. L'espèce est commune en Patagonie, en Afrique du Sud, en Australie méridionale et en Nouvelle-Zélande. Distribution circumpolaire, mais aires de peuplement discontinues.

Effectifs inconnus.

22. Le dauphin à flancs blancs du Pacifique

Lagenorhynchus obliquidens (Gill, 1865)
Famille des delphinidés

On l'appelle aussi « dauphin de Gill » ou « à dents obliques ». Il a en effet (c'est le sens de l'adjectif *obliquidens*) les dents plantées de travers... C'est en 1865 que l'Américain Gill décrit trois crânes de ce cétacé, trouvés près de San Francisco.

Longueur : 2 mètres (jusqu'à 2,40).

Poids : 110 kilogrammes (jusqu'à 140).

Nouveau-né : 80 centimètres, 10 kilogrammes.

Petite tête. Bec court, un peu prognathe. Vingt-trois à trente-trois dents par demi-mâchoire. Aileron dorsal en faux, pointu chez les jeunes, en harpon chez les vieux. Bras courts. Museau noir. Yeux cerclés d'anthracite. Une ligne obscure unit la bouche aux battoirs, qui sont sombres, comme le dos et la queue. Raie grise sur les flancs. Ventre immaculé.

L'espèce nage vite et saute avec enthousiasme. Elle aime voyager avec les otaries ou avec d'autres cétacés : dauphins communs, globicéphales, marsouins de Dall... Nourriture : poissons (anchois, sardines...) et calmars. Clics sur des fréquences de 100 à 100 000 hertz. Sifflets, murmures et gazouillis.

L'animal hante les eaux côtières fraîches du Pacifique Nord, de la Basse-Californie à l'Alaska. À l'ouest, il nage de la Chine au Kamtchatka. Certains groupes sont sédentaires, d'autres nomades. Ce cétacé est chassé au Japon, notamment à l'île Iki.

Chacune de ses deux populations (est et ouest) compte environ 30 000 individus.

23. Le dauphin porte-croix

Lagenorhynchus cruciger (Quoy et Gaimard, 1824)
Famille des delphinidés

Ne l'imaginons pas en chevalier galopant vers la Terre Sainte ! Quoique... Son aileron figure assez bien une bannière, et il a sur chaque flanc une croix blanc et noir, en X aplati. On le nomme « dauphin croisé » ou « porte-croix », mais aussi « dauphin sablier », car les taches de ses flancs font songer au double récipient où s'écoule le sable du temps.

Son fief ? Les Cinquantièmes hurlants... En 1822-1824, la *Coquille*, l'*Uranie* et la *Physicienne* voguent aux latitudes australes. À bord, les naturalistes René Lesson, Jean-René Quoy et Jean-Paul Gaimard. Ces derniers nomment *Delphinus cruciger* (« dauphin porte-croix ») un cétacé que Gervais et Van Beneden rangeront dans le genre *Lagenorhynchus*.

Longueur : 1,60 mètre (jusqu'à 1,85).

Poids : 100 kilogrammes (jusqu'à 120).

Nouveau-né : 70 centimètres, 10 kilogrammes.

Grosse tête. Bec court. Vingt-huit dents acérées par demi-mâchoire. Aileron dorsal falciforme, un peu crochu. Bras spatulés. Dessus noir, ventre pâle. La croix, sur les flancs, est plus ou moins nette, parfois biscornue. Le dauphin sablier nage vite, marsouine et bondit en bande. On l'a vu avec des globicéphales noirs, des hyperoodons du Sud ou d'autres baleines à bec. Il mange du krill, des calmars, des poissons (morues antarctiques, sébastes noirs). Clics inconnus.

L'espèce loge en eau froide (moins de 5 degrés Celsius), le long de la Convergence antarctique. Elle semble assez commune près des Malouines et de la terre de Feu, dans le détroit de Drake et les archipels de la péninsule Antarctique. L'été, elle patrouille au ras de la banquise.

Effectifs inconnus.

24. Le dauphin de Peale

Lagenorhynchus australis (Peale, 1848)

Famille des delphinidés

On l'appelle aussi « dauphin à menton noir » ou « dauphin austral ». Il a contemplé bien avant Magellan les feux des Fuégiens sur les rivages de la terre de Feu... En 1839 en Patagonie, le peintre naturaliste américain Peale, embarqué sur le *Vincennes*, croque ce cétacé, qu'il baptise *Phocaena australis* (« marsouin austral »).

Longueur : 2 mètres (jusqu'à 2,60).

Poids : 110 kilogrammes (jusqu'à 135).

Nouveau-né : 75 centimètres, 12 kilogrammes.

Bec court. Une trentaine de dents coniques par demi-mâchoire. Aileron dorsal en faux. Bras courts. Museau et menton noirs. La teinte obscure couvre l'œil et se prolonge sur le front, le crâne, le dos, l'aileron et la queue. Une ligne charbonneuse unit le rostre aux battoirs. Côtés du poitrail gris perle, ventre de neige. Arrière des flancs et queue noirs, avec une tache pâle en V.

Le dauphin de Peale apprécie calmars, crustacés et poissons. Clics sur des fréquences de 3 000 à 20 000 hertz. L'animal habite la pointe de l'Amérique du Sud, de la péninsule

Valdés (océan Atlantique) à Valparaiso (océan Pacifique), en passant par les Malouines et le cap Horn.

On ignore sa population.

25. Le dauphin de Fraser

Lagenodelphis hosei (Fraser, 1956)
Famille des delphinidés

On le nomme aussi « dauphin de Bornéo » ou « de Hose » : le premier naturaliste qui le décrit (en 1895, au Sarawak) s'appelle, en effet, Charles Hose.

Longueur : 2,30 mètres (jusqu'à 2,60).

Poids : 90 kilogrammes (jusqu'à 135).

Nouveau-né : 1 mètre, 15 kilogrammes.

Museau moins pointu que les lagénorhynques, mais avec un bec, au contraire des marsouins. Dents nombreuses : de quarante à quarante-quatre par demi-mâchoire. Aileron dorsal étroit et crochu. Bras courts. Peau noire sur le dos, blanche sur le ventre. Les flancs gris s'ornent de deux bandes parallèles noirâtres qui courent de l'œil à la queue.

Le dauphin de Fraser développe un style de nage « agressif » et lève beaucoup d'écume. Il apprécie la compagnie des sténelles et des faux-orques. Il gobe seiches, calmars, crustacés et poissons de surface ou des abysses (poissons-hachettes, gonostomatidés, etc.). Clics et sifflements inconnus. Cet excellent plongeur hante la zone intertropicale des trois grands océans, mais remonte jusqu'en Bretagne.

Effectifs : quelques dizaines de milliers ?

26. Le dauphin commun

Delphinus delphis (Linné, 1758)
Famille des delphinidés

Il bondit comme un trait d'azur sur les fresques minoennes du palais de Knossos. Aristote, Pline, Pierre Belon, Guillaume Rondelet et les autres ont évoqué sa beauté. C'est l'ami du marin, le compagnon d'Ulysse dans l'*Odyssée*, le guide de Jason qui conquit la Toison d'or, le pilote de Hannon le Navigateur et de Pythéas de Marseille. Le protecteur des navigateurs de tous les siècles, qui aiment le voir surgir parmi les vagues parce qu'il porte bonheur et qu'il a la réputation de sauver les naufragés...

Le mot grec *delphis*, dont dérive le latin *delphinus* et notre « dauphin », a la même origine que le nom de Delphes, où était l'oracle d'Apollon : le dieu du soleil et le prince de la mer étaient associés. En 1758, le Suédois Carl von Linné baptise l'espèce pour la science en mariant le latin et le grec. L'animal reçoit d'autres sobriquets plus imagés : « bec d'oie », « camus », « petit souffleur », etc.

On en connaît six sous-espèces : de l'Atlantique Nord et de la Méditerranée *(D. d. delphis)* ; de la mer Noire *(D. d. ponticus)* ; du golfe Arabo-Persique *(D. d. tropicalis)* ; de l'océan Indien *(D. d. dussumieri)* ; du Pacifique Nord *(D. d. bairdii)* ; et de l'Atlantique Sud *(D. d. capensis)*.

Longueur : 2,10 mètres (jusqu'à 2,60).

Poids : 90 kilogrammes (jusqu'à 140).

Nouveau-né : 80 centimètres, 12 kilogrammes.

Tête arrondie. Rostre long et mince. Quarante à cinquante-sept dents par demi-mâchoire. Aileron dorsal aigu. Bras incurvés. Dos gris sombre et ventre pâle. Les flancs portent des lignes, des ellipses, des traits croisés moutarde ou gris-jaune. L'arrière du tronc est un camaïeu de gris. Stries sombres du menton aux bras. Le pourtour de l'œil est barbouillé de charbon.

L'animal patrouille de préférence à la limite du talus continental ou au-dessus des crêtes sous-marines riches en proies. Il se nourrit de poissons, de calmars, de crabes. Il plonge à plus de 300 mètres pour capturer poissons-hachettes ou poissons-lanternes.

Clics sur des fréquences de 1 000 à 150 000 hertz. Sifflements, cris, grincements... « Un murmure, des soupirs, une mélopée... », note Aristote. « Un gémissement semblable à celui de l'homme... », écrit Pline le Naturaliste.

Il arrive qu'on rencontre un individu solitaire. Mais l'espèce forme des groupes de dizaines, voire de centaines de sujets. Des congrès de 200 000 à 300 000 individus étaient signalés en mer Noire. En Nouvelle-Zélande, on en a aperçu une armada qui occupait un quadrilatère de 44 kilomètres sur

27 (1 200 kilomètres carrés !). En 1948, au large de Dakar, le cétologiste René-Guy Busnel en a observé un rassemblement de 50 kilomètres sur 2 ; à raison d'un sujet tous les 100 mètres carrés, cette troupe comptait un million de têtes !

L'espèce souffle dans toutes les mers tempérées et chaudes du globe, entre les 35e parallèles nord et sud, et jusqu'en Islande grâce au courant du Golfe.

L'animal est – hélas ! – touché par les pollutions industrielles, agricoles et domestiques ; par le saccage des côtes ; et par la grande pêche, qui lui vole sa nourriture et le tue dans des filets monstrueux.

Population inconnue : 10 millions d'individus ? Beaucoup moins ? Davantage ?

27. Le dauphin tursiops

Tursiops truncatus (Montagu, 1821)
Famille des delphinidés

Le dauphin tel qu'en lui-même… L'incarnation de la « delphinité », si ce mot a un sens… La puissance et la grâce réunies, avec ce perpétuel « sourire » qui donne de l'humour à la mer !

C'est l'animal qu'on offre en peluche aux bébés et en jouet aux enfants ; qu'on collectionne en figurines ; qu'on dévore en bandes dessinées ; dont la silhouette de Flipper a émerveillé des générations de téléspectateurs… Le tentateur du film *Le Grand Bleu*, l'incarnation des mystères engloutis, l'un des supports les plus utilisés par les publicitaires soucieux d'inspirer la confiance…

Aristote et Pline en parlent dans l'Antiquité, Pierre Belon et Guillaume Rondelet à la Renaissance. Bernard de Lacépède (1804) en offre une monographie. En 1821, d'après un spécimen échoué dans le Devonshire, l'Anglais George Montagu en donne la description scientifique originelle, sous l'appellation de *Delphinus truncatus*. *Truncatus* vient du latin *truncare*, « couper » : allusion à la brièveté du rostre. Le mot *Tursiops* est forgé en 1843, par John Gray, sur le latin *tursio*, « marsouin », et le grec *ops*, « œil » ou « face ».

On en connaît de nombreuses formes locales, dont trois méritent le statut de sous-espèces : *T. t. truncatus* dans l'océan

Atlantique (incluant *T. t. gephyreus* et *T. t. pervimanus*) ; *T. t. aduncus* dans l'océan Indien (incluant *T. t. abusalem*, *T. t. catalania*, *T. t. dawsoni*, *T. t. hamatus*, etc.) ; et *T. t. gilli* dans l'océan Pacifique (incluant *T. t. nuuanu*). L'animal est encore baptisé « nez-en-bouteille », « grand dauphin », « grosnez », « nez tronqué », « grand souffleur »...

Longueur : 3 mètres (jusqu'à 4,20 pour le mâle, 3,70 pour la femelle).

Poids : 200 kilogrammes (avec un record à 650 kilogrammes).

Nouveau-né : 1,20 mètre, 30 kilogrammes.

Melon rond. Bec court (8 centimètres), un peu prognathe. « Sourire » irrésistible... et génétiquement figé ! De dix-huit à vingt-six dents coniques par demi-mâchoire. Aileron dorsal en faux. Bras courts. Peau grise sur le dos, pâle sur les côtés, presque blanche avec de jolies nuances roses sur la poitrine et le ventre. Une ligne claire unit les yeux aux battoirs. Les sujets de l'océan Indien sont plus foncés, ceux du Pacifique brunâtres, les nouveau-nés bleutés. Divers adultes ont une callosité blanche au menton.

Le tursiops mange mollusques, crustacés et poissons, qu'il traque près des côtes ou au large, selon la saison. Il aime tout, de la crevette au petit requin, en passant par le calmar (son mets favori), le mulet, le hareng, le saumon... Clics sur des fréquences de 4 000 à 180 000 hertz. Sifflets, couinements, grattements, grognements, grincements de porte.

L'espèce vit en petites bandes matriarcales ou de mâles célibataires. À certains moments de l'année, pour des raisons alimentaires ou sexuelles, ces unités se rassemblent en troupeaux de plusieurs centaines d'individus. Le tursiops apprécie la compagnie d'autres cétacés : dauphins de Risso, dauphins sténos, *sousas*, globicéphales, mais aussi baleines franches, baleines à bosse ou rorquals. En captivité, il a engendré des hybrides (stériles) avec le faux-orque, le globicéphale noir, le dauphin sténo, le dauphin de Risso. En liberté, de telles unions sont improbables.

L'animal souffle dans toutes les mers tempérées et chaudes de la planète, jusqu'au Groenland et aux Aléoutiennes au nord ; à la Nouvelle-Zélande et à la Patagonie au sud. Les plus gros sujets du monde nagent dans le Fiordland néo-zélandais.

Longtemps chassé au harpon et au fusil – surtout par des marins-pêcheurs jaloux –, le tursiops souffre à présent des immenses filets de la pêche industrielle (sennes tournantes, filets dérivants), du trafic maritime et d'un cocktail de polluants chimiques (PCB, métaux lourds, pesticides...) qui le rendent malade et stérile.

Si bizarre que cela paraisse aux *aficionados* de Flipper ou du séduisant visiteur du *Grand Bleu*, les cétologistes sont incapables de répondre à cette simple question : quels sont les effectifs de l'espèce ? Plusieurs centaines de milliers de sujets ?

28. La sténelle tachetée

Stenella attenuata (Gray, 1846)
Famille des delphinidés

Elle a le corps piqueté de taches claires, comme un ciel étoilé de José Maria de Heredia dans *Les Conquérants* ; ou comme un Van Gogh en Provence ! Chante-t-elle sous les constellations ? On nomme aussi l'espèce « dauphin bridé » à cause de la ligne sombre qui unit son museau à ses bras ; ou « dauphin douteux » ; parfois « gamin », ou « petit garçon ».

En 1846, on en rapporte un crâne au Britannique Gray, qui crée l'espèce *Delphinus attenuatus*. En 1866, le même naturaliste forge le mot *Stenella* (du grec *stenos*, « étroit », en référence à l'aspect du bec). On rassemble à présent, sous le nom de *Stenella attenuata*, des formes variées : *Stenella graffmani*, du centre et de l'est Pacifique ; *S. dubia* ; *S. frontalis*, de l'Atlantique tropical ; *S. malayana* de l'Asie du Sud-Est ; etc.

Longueur : 2,10 mètres (jusqu'à 2,75).

Poids : 100 kilogrammes (jusqu'à 140).

Nouveau-né : 90 centimètres, 12 kilogrammes.

Rostre long et fin. De vingt-neuf à trente-six dents coniques par demi-mâchoire. Aileron dorsal en faux. Bras pointus. Les nouveau-nés ont une robe gris-bleu, sans taches. Les adultes exposent un dos acier, des flancs gris moyen, un ventre gris-rose et un semis de macules blanches. Les formes côtières sont plus densément pointillées que celles du large. Mâchoires à bout blanc, soulignées de noir. L'œil est cerclé de charbon.

Le dauphin tacheté exécute mille acrobaties. Il avale calmars et poissons (poissons volants, sardines, anchois, etc.), qu'il traque souvent avec les thons, les espadons ou les marlins. Clics jusqu'à 150 000 hertz.

L'animal vit en troupes d'une centaine de sujets, parfois plus de mille, dans la zone intertropicale des trois grands océans. C'est le cétacé qui a le plus souffert de la pêche au thon dans le Pacifique oriental où, à elle seule, la flotte des États-Unis en tuait naguère au moins 200 000 par an.

Effectifs inconnus : quelques millions ?

29. La sténelle tachetée de l'Atlantique

Stenella plagiodon (Cope, 1866)
Famille des delphinidés

La cousine germaine, voire une sous-espèce, de la sténelle tachetée... (Le genre *Stenella* était naguère crédité de vingt-cinq espèces ; un « coup de balai » taxonomique a ramené ce chiffre à cinq...) On la connaît aussi sous le nom de « dauphin du Gulf Stream ». Le dominicain Antoine Pernetty, naturaliste de Bougainville aux Malouines, la décrit en 1763. Un siècle plus tard, l'Américain E.D. Cope l'appelle *Delphinus plagiodon* (du grec *plagios*, « oblique », et *odous*, « dent »).

Longueur : 2 mètres (jusqu'à 2,40).

Poids : 110 kilogrammes (jusqu'à 145).

Nouveau-né : 90 centimètres, 12 kilogrammes.

Front bossu. Long rostre. De vingt-quatre à trente-sept petites dents par demi-mâchoire. Aileron dorsal en faux. Bras pointus. Les jeunes ont le dessus d'un délicat gris-bleu et le dessous blanc à reflets roses. Les taches apparaissent d'abord sur le museau, puis sur la tête, avant de gagner la quasi-totalité du corps vers l'âge de 2 à 3 ans.

L'animal nage vite et surfe avec grâce. Il mange crustacés, calmars et poissons. Clics mal connus, avec des explosions mêlées de coups de sifflet. L'espèce se déplace en troupes de dix à cent individus, dans les aires chaudes de l'Atlantique, du Maroc à la Nouvelle-Angleterre au nord, de l'Angola au Brésil au sud.

Quelques dizaines de milliers de sujets ?

30. La sténelle bleu et blanc

Stenella coeruleoalba (Meyen, 1833)
Famille des delphinidés

Le bleu et le blanc de la mer même…

L'espèce enchante le détroit de Gibraltar depuis le temps des Colonnes d'Hercule ; et même avant ! Elle hante aussi la plupart des mers tempérées et chaudes. On la nomme parfois « dauphin grec », « dauphin rayé », « dauphin de Téthys » ou « dauphin de la déesse »…

En 1833, l'Allemand Franz Julius Meyen la décrit et la qualifie de *coeruleoalba*, « bleu et blanc ». On réunit aujourd'hui, sous cette appellation, *Stenella styx* de l'Atlantique, *S. euphrosyne* du Pacifique Nord et *S. marginata*, de l'Atlantique Nord.

Longueur : 2,40 mètres (jusqu'à 3 ; à peine 2 en Méditerranée).

Poids : 110 kilogrammes (jusqu'à 140).

Nouveau-né : 1 mètre, 15 kilogrammes.

Rostre long et fin. Quarante à cinquante dents par demi-mâchoire. Aileron dorsal et bras en faux. Dos foncé, gris-brun ou gris-bleu ; ventre blanc, qu'une ligne foncée sépare des flancs. Bec sombre. Deux stries obscures courent en oblique sur la poitrine.

La sténelle bleu et blanc semble toujours vouloir folâtrer : bien sûr, elle a aussi ses angoisses ou ses tristesses ! Elle mange crustacés, calmars et poissons, qu'elle chasse souvent avec les thons. Clics mal connus.

L'espèce s'unit en bancs de plus de 1 000 sujets. Elle fait écumer les trois grands océans, entre les 30e parallèles nord et sud. L'été, elle patrouille jusqu'aux mers polaires. C'est un des cétacés que les Japonais massacrent à la péninsule d'Izu et à l'île Iki ; naguère, il en périssait ainsi 20 000 par an.

Effectifs inconnus : quelques centaines de milliers ?

31. La sténelle à long bec

Stenella longirostris (Gray, 1828)
Famille des delphinidés

Elle mérite son autre nom de « dauphin fileur » : c'est peu dire qu'elle va vite ! Elle fonce. Elle sinue. Elle plonge et fait surface à la vitesse de l'éclair. Elle bondit plus souvent – et plus haut – que tout autre cétacé. Coups de queue aux nuages, sauts périlleux et figures incroyables : elle est capable d'effectuer sept vrilles dans l'atmosphère avant de retomber dans un bouquet de gloire !

En 1828, John Gray décrit un *Delphinus longirostris*, qu'il reclassera dans le genre *Stenella*. On inclut, dans cette espèce, les formes *Stenella alope*, *S. microps*, *S. rosiventris*... Les cétologistes parlent de plusieurs variétés : du Costa Rica ; du Pacifique Est ; à ventre blanc (Mexique et Brésil) ; de l'Atlantique Sud ; de l'océan Indien ; d'Hawaii ; sans oublier la naine, longue de 1,30 mètre, qui pèse 25 kilogrammes et ne hante que le golfe du Siam.

Longueur : 1,80 mètre (jusqu'à 2,20).

Poids : 75 kilogrammes (jusqu'à 95).

Nouveau-né : 75 centimètres, 12 kilogrammes.

Bec très long. De quarante-six à soixante cinq dents par demi-mâchoire. Aileron dorsal en faux. Bras pointus. Dos noirâtre ou acier, parfois gris-brun. Flancs bleus avec, chez certains sujets, une flamme blanche des épaules à l'anus. Ventre pâle.

La sténelle à long bec nage vite, saute et surfe à l'étrave des navires, qu'elle précède pendant des heures sans bouder son plaisir. Elle vagabonde en bancs populeux, souvent avec d'autres sténelles ou des thons. Elle dévore crustacés, mollusques et poissons, et plonge pour se procurer d'autres délices, tels les calmars pélagiques. Clics sur un large spectre, jusqu'à plus de 100 000 hertz. Cris variés, sifflements et gargouillis.

L'espèce vagabonde au pays de la houle et du vent, dans une bande d'océan mondial dont la frontière nord va du Japon à la Californie et de la Nouvelle-Angleterre au Portugal ; et dont la limite sud court de l'Australie au Pérou et de l'Uruguay à l'Afrique australe. Elle souffre des pollutions et de la grande pêche au thon : 80 pour 100 de ses effectifs ont été anéantis dans le Pacifique Est depuis les années 1960.

Population inconnue : jadis, des millions, dont 2 millions pour le seul Pacifique Est.

32. La sténelle clymène

Stenella clymene (Gray, 1850)
Famille des delphinidés

Dans la mythologie grecque, Clymène (*Klyméné*, « la Fameuse ») était une nymphe océanide, fille de la déesse de la mer, Téthys. Ayant épousé le Titan Japhet, elle en eut trois enfants : le géant Atlas, qui porte le monde ; Épiméthée, qui ouvrit la boîte de Pandore ; et Prométhée, qui offrit le feu aux hommes...

En 1850, le Britannique John Gray examine des crânes de cétacés au British Museum. Il tombe sur une bizarrerie, qu'il appelle *Delphinus clymene*. La sténelle clymène est encore baptisée « dauphin à casque » à cause de la calotte noire qui lui couvre la tête, et de la curieuse « visière » grise qui orne son front.

Longueur : 1,80 mètre (jusqu'à 2).

Poids : 75 kilogrammes (jusqu'à 90).

Nouveau-né : 75 centimètres, 10 kilogrammes.

Bec un peu plus court que la sténelle à long bec (logique !). De trente-huit à quarante-neuf dents par demi-mâchoire. Aileron dorsal élevé. Bras pointus. Casque, dos, bras et queue noirâtres. Flancs gris-bleu, avec une ligne foncée, onduleuse, entre l'épaule et l'anus. Ventre blanc, lavé de rose. Yeux cerclés. Une bande médiane grise, de l'évent au rostre, renforce l'illusion du « casque ».

On ne sait presque rien de la vie quotidienne de cette nymphe que personne n'a vraiment observée en liberté. Nage rapide, plongées profondes en quête de calmars et de poissons-lanternes (myctophidés). Clics inconnus. L'espèce hante l'océan Atlantique, dans une zone comprise entre New York et Gibraltar au nord, Montevideo et Le Cap au sud.

Effectifs inconnus : quelques milliers ?

33. Le lissodelphe austral

Lissodelphis peronii (Lacépède, 1804)
Famille des delphinidés

On le nomme aussi « dauphin baleine franche » parce qu'il n'a pas d'aileron dorsal ; ou « dauphin de Péron » pour honorer son découvreur. Lors de la mission française en Australie que conduit Nicolas Baudin sur le *Géographe*, en 1800-1803, le naturaliste François Péron observe, au large de la terre de Van Diemen (la Tasmanie), un curieux souffleur noir et blanc « au dos lisse ». L'Allemand Constantine Gloger invente, en 1841, le genre *Lissodelphis*, « dauphin lisse ».

Longueur : 1,80 mètre (jusqu'à 2,40).

Poids : 60 kilogrammes (jusqu'à 80).

Nouveau-né : 70 centimètres, 9 kilogrammes.

Long corps. Bec court. Environ quarante-cinq dents par demi-mâchoire. Petits bras arqués. L'absence d'aileron dorsal devrait poser un problème de stabilité lors de la nage, mais l'animal compense ce défaut par sa morphologie : il est plus large que haut. On observe chez lui un aplatissement dorso-ventral.

Noir dessus, blanc dessous. Battoirs immaculés. L'étrangeté de cette pigmentation pie a inspiré Herman Melville qui, dans *Moby Dick*, affuble l'espèce du sobriquet de « marsouin à gueule enfarinée » !

Le lissodelphe austral plonge en quête de calmars abyssaux, de poissons-lanternes, etc. Clics mal connus. L'espèce souffle en troupes de dix à cent sujets. Mers australes, entre tropique du Capricorne et Cinquantièmes hurlants, avec des errances proches de l'équateur, à la faveur des courants froids de Benguela et de Humboldt.

Effectifs inconnus. Espèce rare.

34. Le lissodelphe boréal

Lissodelphis borealis (Peale, 1848)
Famille des delphinidés

Un hôte du Pacifique Nord, aussi noir et blanc que son cousin austral, mais avec encore plus d'encre sur la peau…

En 1848, le peintre américain T. Peale en observe un sujet dans l'estuaire de la rivière Columbia, en Oregon. Il croit apercevoir un parent du bélouga. Certains sujets japonais, très pâles, peuvent composer la sous-espèce *albiventris*.

Longueur : 2,10 mètres (jusqu'à 3,10 pour le mâle, 2,70 pour la femelle).

Poids : 70 kilogrammes (jusqu'à 100).

Nouveau-né : 80 centimètres, 10 kilogrammes.

Corps aplati, sans aileron dorsal. Bec court. Trente-six à quarante-neuf dents par demi-mâchoire. Bras petits et pointus. Peau d'un noir profond, velouté, sauf sur l'abdomen et le dessous de la queue, où elle est de neige. Mentonnière blanche. Bébés bruns.

L'animal nage le plus souvent à la paresseuse, mais on le voit jouer sur la lame d'étrave des grandes baleines ou des bateaux. Il vogue avec le globicéphale tropical, le dauphin à flancs blancs, le dauphin commun, celui de Risso, le marsouin de Dall, etc. Il plonge à des centaines de mètres, en quête de calmars, de poissons-lanternes, etc. Clics autour de 40 000 hertz. Coups de sifflet, gémissements, grognements.

Les groupes, forts de 20 à 40 sujets, avancent en V. L'espèce hante les eaux froides du Pacifique Nord, du Japon au détroit de Béring et à la Californie.

Effectifs inconnus.

35. Le dauphin d'Heaviside

Cephalorhynchus heavisidii (Gray, 1828)
Famille des delphinidés

Le « dauphin du Cap » ou « de Benguela »... Il doit ce dernier nom au courant froid qui remonte la côte ouest de l'Afrique du Sud et de la Namibie. En 1828, John Gray le baptise *Delphinus heavisidii*. Il le rangera dans le genre *Cephalorhynchus*.

Longueur : 1,20 mètre (jusqu'à 1,40).

Poids : 40 kilogrammes (jusqu'à 55).

Nouveau-né : 60 centimètres, 8 kilogrammes.

Mini-format ; le nain des cétacés, avec le marsouin du Golfe. Tête sans bec, un peu prognathe. De vingt-cinq à trente dents par demi-mâchoire. Aileron dorsal en triangle émoussé. Bras ovales. Livrée noir et blanc. Le jais occupe la tête, la gorge, le dos et la queue. Les battoirs sont noirs dessus, blancs dessous. La tache immaculée du ventre forme un élégant nuage.

On sait peu de chose sur ce cétacé timide, qui mange calmars et poissons de fond (soles, turbots). Clics autour de 8 000 hertz. Le dauphin d'Heaviside nage en petites troupes, rarement à plus de 10 milles du rivage, du cap de Bonne-Espérance au cap Cross, en Namibie. Endémique des eaux froides du courant de Benguela.

Population réduite : 1 000 à 2 000 sujets ?

36. Le dauphin d'Hector

Cephalorhynchus hectori (Van Beneden, 1881)
Famille des delphinidés

Une petite torpille noir et blanc, près de l'île Fumante et de l'île de Jade ; en Nouvelle-Zélande, au « pays du Long nuage blanc »... Le dauphin d'Hector, ou à front blanc *(albifrons)*, n'habite que les eaux de cet archipel. Lutin des vagues à l'aileron dorsal rond... En 1873, Sir James Hector décrit ce cétacé, que le Belge Van Beneden baptise *Electra hectori*, puis intègre au genre *Cephalorhynchus*.

Longueur : 1,40 mètre (jusqu'à 1,70).

Poids : 40 kilogrammes (jusqu'à 60).

Nouveau-né : 60 centimètres, 9 kilogrammes.

Bec bref. Vingt-quatre à trente-deux dents par demi-mâchoire. Aileron dorsal caractéristique, arrondi, en demi-cercle. Bras ovales. La peau est un camaïeu de noir, de gris et de blanc. Noir sur la face, les yeux, les épaules, les bras, l'aileron et la queue. Gris sombre sur le dos et les flancs. Gris pâle sur le front et une partie du ventre. Blanc sur la gorge et l'abdomen.

L'animal nage vite, saute, marsouine. Curieux, il s'approche des bateaux et des humains qui se baignent. Il plonge en quête de crustacés, de calmars et de poissons. Ce bavard émet des sons pulsés et des clics sur des fréquences qui atteignent 120 000 hertz. Il vit en petites bandes, uniquement en Nouvelle-Zélande.

Population : 3 000 à 4 000 individus. Fécondité faible. Espèce bien protégée, mais fragile.

37. Le dauphin noir

Cephalorhynchus eutropia (Gray, 1846)
Famille des delphinidés

Le dauphin noir, ou du Chili, endosse son habit de nuit... On le connaît depuis le début du XIXe siècle, par un exemplaire trouvé sur une plage de Valparaiso, puis par un rapport de l'expédition britannique de Sir James Clark Ross sur l'*Erebus* et le *Terror*. En 1846, l'Anglais Gray lui accole l'adjectif *eutropia* qui, en grec, signifie « bonne quille ».

Longueur : 1,20 mètre (jusqu'à 1,40).

Poids : 45 kilogrammes (jusqu'à 60).

Nouveau-né : 60 centimètres, 7 kilogrammes.

Petit, trapu, musclé. Bec bref. Vingt-huit à trente et une dents par demi-mâchoire. Aileron en triangle surbaissé. Battoirs arrondis. L'animal est vêtu de velours noir sur la quasi-totalité du corps, avec une ligne pâle sur la bouche et trois taches blanches : à la poitrine, derrière les battoirs et autour de l'anus.

Ce joli souffleur nage volontiers avec le dauphin de Peale. On peut le confondre avec le marsouin de Burmeister, qui hante les mêmes eaux. On sait qu'il mange crevettes, galathées, crustacés munidés, calmars et poissons. Clics inconnus. Il vit en petites bandes, mais on en a aperçu des congrès de plusieurs centaines d'individus. Il hante les chenaux de l'archipel Magellanique, depuis Valparaiso jusqu'au cap Horn. Hélas ! Les Chiliens le tuent pour en faire des appâts pour leurs nasses à crabes *centollas*...

Effectifs réduits : quelques milliers de sujets.

38. Le dauphin de Commerson

Cephalorhynchus commersonii (Lacépède, 1804)
Famille des delphinidés

Voici que s'avance le quatrième mousquetaire noir et blanc du genre céphalorhynque... On le nomme aussi « dauphin pie » ou « jacobite ».

Philibert Commerson, médecin et naturaliste de l'expédition de Bougainville sur la *Boudeuse* et l'*Étoile* (1766-1769), l'aperçoit dans le détroit de Magellan. En 1836, Cuvier l'appelle *Delphinus cephalorhynchus*. En 1846, l'Anglais Gray utilise ce dernier qualificatif (du grec *kephalê*, « tête », et *rhynchos*, « bec ») pour créer le genre céphalorhynque.

Longueur : 1,35 mètre (jusqu'à 1,65 chez la femelle, plus grande que le mâle).

Poids : 40 kilogrammes (jusqu'à 65).

Nouveau-né : 60 centimètres, 8 kilogrammes.

Tête triangulaire. Une trentaine de dents par demi-mâchoire. Aileron dorsal en demi-lune, comme chez le dauphin d'Hector. Bras courts et ronds. Chez l'adulte, le bord inférieur de la main gauche est dentelé ou usé : l'animal s'en sert pour gratter le sédiment en quête de nourriture. Livrée noir (ou gris sombre) et blanc. La teinte obscure couvre la tête, l'aileron, les battoirs, le dos et la queue. L'ivoire paraît à la gorge et de l'arrière du dos à l'anus, selon un motif oblique.

Ce cétacé apprécie les crustacés (galathées, munidés, krill), les calmars, les vers, les ascidies, les petits poissons. Il craint l'orque épaulard : sa coloration disruptive abuse le prédateur. Émissions sonores inconnues. L'espèce vit en petites bandes près du sud de l'Argentine, des Malouines à la terre de Feu ; de là, jusqu'en Georgie du Sud, vers Tristan da Cunha et les Kerguelen. Menacé par les filets et la surpêche.

Assez commun, mais on ignore les effectifs de l'espèce.

39. Le tête-de-melon

Peponocephala electra (Gray, 1846)
Famille des delphinidés

« Tête-de-melon » : un sobriquet, pas loin d'une injure ! On peut préférer le savant « péponocéphale », sauf qu'il signifie exactement la même chose ! Du grec *peponis*, « melon », et *kephalê*, « tête »...

L'Anglais Gray décrit l'animal en 1846, d'après des collections de l'expédition de Sir James Clark Ross sur l'*Erebus* et le *Terror*. Il l'appelle « dauphin d'Électre » – du grec, *elektra*, « ambre ». À moins qu'il ne s'agisse d'une allusion à la nymphe Electra, fille de l'Océan (Okéanos) et de la Mer (Téthys).

Longueur : 2,20 mètres (jusqu'à 2,80).

Poids : 160 kilogrammes (jusqu'à 200).

Nouveau-né : 1 mètre, 18 kilogrammes.

Tête ronde, sans bec. Melon rebondi. Museau camus, bouche oblique. Vingt et une à vingt-cinq dents par demi-mâchoire. Aileron dorsal en faux. Longs bras incurvés. Peau gris sombre, à l'exception d'une plage gris pâle ou blanche, en forme d'ancre marine, de la poitrine à l'anus. Bouche ourlée de blanc pur.

Le tête-de-melon saute et surfe, mais se méfie des hommes. Il avale crustacés, calmars et poissons. Il chasse en bandes de vingt à cent sujets, parfois plus de mille, ce qui transforme ses attaques en déferlements de prédateurs ! Émissions sonores et clics mal connus. L'espèce hante les eaux tropicales et subtropicales des trois grands océans, entre les 40e parallèles nord et sud.

Elle n'est pas rare, en particulier dans l'océan Pacifique, mais on ignore ses effectifs.

40. L'orque pygmée

Feresa attenuata (Gray, 1874)

Famille des delphinidés

Ténébreux personnage ! La tête un peu arquée vers le bas, la mandibule supérieure plus longue que l'autre : la silhouette un peu inquiétante... Mais l'orque pygmée, ou orque nain, passe des heures à se chauffer au soleil, en surface, gentiment bercé par la houle...

En 1827, l'Anglais Gray décrit un crâne de « dauphin intermédiaire », qu'il baptise *Grampus intermedius*, puis *Orca intermedia*, avant de proposer *Feresa attenuata. Feresa* désigne un dauphin en vieux français ; *attenuata* rappelle la petitesse de la tête.

Longueur : 2,30 mètres (jusqu'à 2,20 pour la femelle, 2,75 pour le mâle).

Poids : 170 kilogrammes (jusqu'à 225).

Nouveau-né : 80 centimètres, 15 kilogrammes.

Corps comprimé latéralement. Tête arrondie, arquée. Huit à treize dents par demi-mâchoire. Aileron dorsal en faux. Petits bras. Un étroit sillon médian court sur le ventre, de l'estomac à la fente génitale. La peau est noire ou gris foncé ; avec, de la poitrine à l'anus, une tache banche ou gris pâle en forme d'ancre marine. Flancs rehaussés d'un lavis gris perle. Bouche marginée grise.

L'espèce chasse la nuit et passe la majeure partie de ses journées à sommeiller en surface. Elle dévore crevettes calmars et poissons grégaires (anchois, sardines, etc.). Clics mal connus. Ce cétacé vit en bandes nombreuses, parfois en compagnie du dauphin de Fraser ou de celui de Risso. Il semble sédentaire. Captif, il devient agressif envers les autres cétacés. Il sillonne les eaux tempérées et chaudes des trois grands océans, entre les 30e parallèles nord et sud.

Effectifs inconnus.

41. Le faux-orque

Pseudorca crassidens (Owen, 1846)

Famille des delphinidés

Faux-orque ou pseudorque ! En tout cas, un costaud en manteau bleu-noir à l'allure romantique, mais au sourire garni de solides quenottes : *crassidens* signifie « dents épaisses » !

De façon curieuse, les naturalistes font sa connaissance à l'état fossile avant de s'apercevoir qu'il existe toujours dans la mer... En 1846, le paléontologue anglais Robert Owen en décrit un squelette tiré d'un terrain quaternaire du Lincolnshire. Il le baptise *Phocaena crassidens*, « marsouin à dents épaisses », et le range parmi les animaux éteints. Mais, en 1862, une centaine de ces « fossiles » s'échouent près de Kiel, sur la côte de la mer Baltique ! Le savant allemand Johannes Reinhardt crée le genre *Pseudorca*.

Longueur : 5,50 mètres pour le mâle (jusqu'à 6), 4,60 pour la femelle (jusqu'à 5,40).

Poids : 2,2 tonnes pour le mâle, 1,1 pour la femelle.

Nouveau-né : 1,60 mètre, 80 kilogrammes.

Impressionnant ! Huit à treize dents coniques, épaisses et pointues, par demi-mâchoire. Aileron dorsal en faux. Bras coudés. Peau noire ou d'un obscur gris-bleu, à l'exception d'une tache ventrale blanche en forme d'ancre marine.

L'animal nage vite, saute, surfe et se nourrit de calmars et de poissons, y compris de grosses proies (thons, bonites, coryphènes, morues, etc.) ; peut-être dévore-t-il des phoques, des marsouins ou de petits dauphins. Sifflements et gazouillis. Clics mal connus. Voici l'un des cétacés les plus sociables qu'on connaisse – et ce n'est pas peu dire ! Il compose des bandes d'une dizaine à quelques centaines de sujets, et détient le (discutable) record des échouages en masse : plus de huit cents « suicidés » d'un coup, en 1964, sur une plage d'Argentine... Peu chassé pour sa chair ou sa graisse, il devient un chouchou des patrons de parcs marins : car il est malin ! Il apprend vite !

L'espèce, peu commune, souffle au large dans toutes les mers tempérées et chaudes du globe.

Effectifs inconnus : quelques milliers ?

42. L'orque épaulard

Orcinus orca (Linné, 1758)
Famille des delphinidés

Le plus puissant, le plus beau, le plus rusé, le plus fascinant personnage de la famille « dauphin » ! Les « Dents de la mer » et le « Cerveau des vagues » en un même personnage... À la fois le plus formidable carnivore en exercice, et une intelligence en acte... Au reste, c'est l'espèce qui (avec l'homme) possède le royaume le plus vaste : il hante la totalité des mers, de l'équateur aux banquises. Son empire couvre 71 pour 100 de la superficie du globe !

Il a frappé l'imagination de nos semblables sous toutes les latitudes et à toutes les époques. Dans ses *Histoires naturelles*, Pline l'Ancien raconte que des orques (le texte dit *orca* ; en était-ce ?) entrent dans le port d'Ostie, au Ier siècle : l'empereur Claude les attaque la tête d'une cohorte prétorienne. Les marins du Moyen Âge et de la Renaissance respectent l'épaulard, que les baleiniers surnomment « baleine tueuse » parce qu'il tue parfois une grande baleine à fanons. Dans *Moby Dick*, Herman Melville croque le « tueur », à la rubrique « Baleines in-octavo » : « Une espèce de poisson cannibale. Il arrive qu'elle attrape les grandes baleines in-folio par la lèvre et s'y accroche comme une sangsue. [...] On peut arguer que son nom n'a rien de distinctif, car nous sommes tous tueurs, sur terre et sur mer, Bonaparte et requins inclus. »

L'orque, qu'on dit aussi « gladiateur », a le privilège d'être décrit pour la science par le Suédois Carl von Linné (*Systema naturae*, 1758), qui l'appelle *Delphinus orca*. En 1860, Leopold Fitzinger propose *Orcinus* – en latin, « grand poisson ». En Antarctique, il existe peut-être une forme naine de l'espèce, qu'on baptise *Orcinus nanus* (« orque nain ») ou *O. glacialis* (« orque des glaces »). Un autre cétologiste aurait vu un orque « *alula* » dans le golfe d'Aden. Variations ? Authentiques sous-espèces ?

Longueur : 8 mètres pour le mâle (jusqu'à 10), 7 pour la femelle (jusqu'à 8,50).

Poids : 6 tonnes (jusqu'à 8,5) ; on compte 700 kilogrammes par mètre de longueur pour le mâle, 500 pour la femelle.

Les orques, ces superdauphins noir et blanc, utilisent un langage complexe et administrent mille preuves de leur intelligence. Entamerons-nous le dialogue ?

Nouveau-né : 2,40 mètres, 180 kilogrammes.

Tête arrondie, melon marqué. Dix à treize dents coniques, de 2 à 5 centimètres de diamètre à la base, par demi-mâchoire. Aileron dorsal en faux, haut de 90 centimètres chez la femelle, jusqu'à 2 mètres chez le mâle : cet étendard est un signe de puissance ! Bras en pelles. Lobes de la queue enroulés vers le bas.

Le noir et le blanc, en toute exaltation ! La forme et la dimension des taches varie avec les individus. Sur les reins, en arrière de l'aileron dorsal, une plage grise (la « selle ») permet de distinguer chaque sujet aussi sûrement qu'une empreinte digitale. Les aires blanches occupent les tempes, la poitrine, le ventre et le dessous de la queue. On a vu des sujets mélaniques et d'autres albinos. Bébés gris et crème.

L'orque souffle, et son panache monte à plus de 3 mètres. Il ne craint pas les bateaux. Il bondit de façon prodigieuse, pratique la chandelle queue en l'air, les coups de queue sur la vague et ce qu'on appelle l'« espionnage ». En haut de la pyramide alimentaire marine, il aime tout, du calmar et du poisson au lion de mer et au dauphin, voire à la baleine ; mais pas la chair humaine !... Il émet une incroyable variété de sons vibrés, d'appels sifflés, modulés ou grincés. Clics sur des fréquences de 250 à 100 000 hertz. Des émissions d'une énorme puissance choquent les petites proies et constituent un étonnant « cri qui tue ».

On ignore les effectifs de l'espèce : quelques dizaines de milliers ? On parlait, naguère, de 150 000 sujets en Antarctique, mais on dénie aujourd'hui cette estimation. Depuis qu'on effectue des recensements basés sur des photographies, et non plus sur des comptages « pifométriques » à partir de trajets-types en bateau, on s'est (par exemple) aperçu que le troupeau de l'île Vancouver, naguère évalué à plusieurs milliers d'individus, en compte en réalité... moins de 350 !

Longtemps traqué par les baleiniers de Norvège, d'Islande, du Japon et d'Union soviétique (qui en harponnaient un bon millier par saison), l'orque vit désormais plus tranquille, même si certains le braconnent, et même si on en capture quelques-uns au filet pour les exhiber dans des parcs marins.

Autrement graves sont les pillages de la grande pêche, qui vident la mer de ses ressources biologiques et affament ces prédateurs. Sans oublier les pollutions par les métaux lourds, les PCB, les dioxines et les pesticides…

43. Le dauphin de Risso

Grampus griseus (Cuvier, 1812)
Famille des delphinidés

Il mérite son autre patronyme de « dauphin gris ». On pourrait l'appeler « le Balafré », tant sa peau semble zébrée de cicatrices…

Georges Cuvier en examine des restes provenant d'un sujet échoué près de Brest, et des pièces d'un exemplaire trouvé près de Nice. En 1812, il baptise l'animal *Delphinus griseus*, « dauphin gris ». Les fragments niçois lui ont été adressés par un certain M. Risso : d'où l'autre nom. En 1828, l'Anglais John Gray invente le genre *Grampus*, d'après un mot de vieux français pour « grand poisson ».

Longueur : 3 mètres (jusqu'à 4,20).

Poids : 300 kilogrammes (jusqu'à 680).

Nouveau-né : 1,50 mètre, 70 kilogrammes.

Tête de globicéphale, corps de tursiops… Le melon est proéminent, partagé par un sillon vertical médian. Museau camus. Aucune dent (juste deux vestiges) à la mâchoire supérieure ; de deux à sept (en général, trois ou quatre) grosses dents coniques par demi-mâchoire inférieure. Aileron dorsal en faux. Bras pointus. Bébé gris sombre. Chez l'adulte, la teinte foncée envahit le dos. Les flancs sont pâles. Une plage blanche rehausse le menton, la poitrine et le ventre. La peau se constelle de cicatrices dont on ne sait si elles ont été infligées par des congénères ou par le bec de puissants calmars des abysses. Peut-être les deux…

L'animal effectue des bonds prodigieux. Il aime sinuer et folâtrer en compagnie des faux-orques, des lissodelphes, des globicéphales ou des tursiops, avec lesquels il s'hybride en captivité. Cet excellent plongeur tient plus de 30 minutes en apnée et ne mange à peu près que du calmar. Émissions sonores inconnues. L'espèce souffle dans toutes les eaux tempérées et chaudes du globe, de la mer du Nord à la Patagonie et du Japon à la Nouvelle-Zélande.

Effectifs : quelques dizaines de milliers ?

44. Le globicéphale noir

Globicephala melaena (Traill, 1809)
Famille des delphinidés

Un beau ténébreux ; sombre, mais sociable ; avec la tête ronde et le costume noir qui lui valent ses noms commun et savant…

On le connaît, on le salue depuis l'Antiquité en Méditerranée comme en mer du Nord. Son autre patronyme de « baleine-pilote » (ou « dauphin-pilote ») résume la légende (ou la réalité ?) selon laquelle il mène à bon port le marin égaré. On le surnomme « conducteur » ou « berger » pour la même raison ; « globicéphale à longues nageoires » pour le distinguer de son cousin tropical à bras courts ; « chaudron » ou « marmite » par référence à la puissance de son souffle.

En 1806, le médecin écossais Thomas Traill en examine plusieurs dizaines d'exemplaires échoués aux îles Orcades. Il en publie une description en 1809, sous le nom de *Delphinus melas*, « dauphin noir ». En 1828, le Français René Lesson crée le genre *Globicephala* (« tête ronde »).

Longueur : 6 mètres pour le mâle (jusqu'à 8,50), 4,80 pour la femelle (jusqu'à 6).

Poids : 3 tonnes pour le mâle (jusqu'à 3,8), 1,3 pour la femelle (jusqu'à 1,8).

Nouveau-né : 1,80 mètre, 90 kilogrammes.

Melon rond, de plus en plus volumineux à mesure que l'animal vieillit. Bouche oblique. De sept à douze grosses dents coniques par demi-mâchoire. Aileron dorsal en faux. Bras pointus et très longs (un cinquième du corps), avec un coude très incurvé. Pédoncule caudal comprimé latéralement. La peau, d'un noir profond, se rehausse d'une tache blanche sur la poitrine et le ventre, souvent en forme d'ancre marine. En arrière de l'aileron dorsal, une aire grise compose une « selle » analogue à celle de l'orque. Bébés brun-noir.

Lorsqu'il émerge, ce cétacé montre son gros melon rond et lance un souffle puissant à plus de 1,50 mètre de hauteur. Il plonge d'ordinaire à 100 ou 200 mètres et reste 10 minutes sous l'eau ; mais il disparaît parfois pendant 1 heure et 30 minutes (on a chronométré 2 heures). Il descend à plus de 1 000 mètres. Proies diverses : calmars (de surface ou des abysses), poissons grégaires (harengs, sardines, morues...).

Émissions sonores d'une étonnante diversité : gazouillis, coups de sifflet, grincements, ronflements, couinements, etc. Clics mal connus.

Le globicéphale noir voyage en bandes, souvent avec le tursiops, le dauphin commun, le dauphin de Risso ou le faux-orque. C'est l'un des cétacés les plus grégaires – et l'un de ceux qui s'échouent le plus souvent en masse... L'espèce souffre de massacres annuels, plus ou moins « traditionnels », aux îles Féroé, où on en saigne 1 500 par an. Elle endure surtout la diminution de ses ressources nutritives due à la surpêche ; et les pollutions par les métaux lourds, les PCB, les dioxines et les pesticides.

Il en existait jadis un troupeau dans le Pacifique Nord, mais il a disparu. L'animal hante l'Atlantique Nord et ses dépendances, notamment la Méditerranée. Il nage aussi dans les mers du Sud, entre le tropique du Capricorne et les Quarantièmes rugissants.

Effectifs inconnus.

45. Le globicéphale tropical

Globicephala macrorhynchus (Gray, 1846)
Famille des delphinidés

La copie du globicéphale noir, avec des battoirs plus brefs, ce qui lui vaut son autre appellation de « globicéphale à nageoires courtes »... L'Anglais John Gray en examine des spécimens récoltés dans les mers du Sud par la mission de Sir James Clark Ross sur l'*Erebus* et le *Terror*. En 1846, il qualifie l'espèce (au masculin) de *macrorhynchus*, « gros bec ».

Longueur : 5,50 mètres pour le mâle (jusqu'à 6,80), 4,30 pour la femelle (jusqu'à 5).

Poids : 1,8 tonne pour le mâle (jusqu'à 3), 1 pour la femelle (jusqu'à 1,5).

Nouveau-né : 1,40 mètre, 60 kilogrammes.

Volumineux melon qui grossit avec l'âge. Sept à douze dents coniques par demi-mâchoire. Aileron dorsal incurvé. Bras coudés et pointus, à peine longs comme le sixième du corps. Peau noire ou gris sombre. Tache blanche en forme d'ancre, de la poitrine à l'anus. « Selle » gris clair.

L'animal dort une partie de la journée en surface, pratique « l'espionnage » et la chandelle queue en l'air comme son cousin à longues nageoires, dont il possède la remarquable adaptation à la plongée. Quand il souffle en force, au retour d'une immersion record, on jurerait une locomotive ! Errances en compagnie du faux-orque, du tête-de-melon, du dauphin de Risso, etc. Nourriture : surtout calmars, parfois poissons. Clics mal connus. Sifflements, staccatos, grincements...

L'espèce vit en bandes matriarcales (et de jeunes) dans les eaux subtropicales et tropicales des trois grands océans. Localement chassée de 200 à 300 par an, par exemple, à Saint-Vincent, aux Caraïbes.

Effectifs inconnus.

Les baleines à bec

Famille des ziphiidés

Énigmatiques, lointaines, rarement entrevues par les hommes, elles soufflent leur mystère liquide au large. Elles composent la famille des ziphiidés, du nom de *Ziphius* que Georges Cuvier a créé en 1823, à partir du mot grec *xiphos*, « épée ». Elles sont si discrètes qu'on en a découvert deux nouvelles espèces (parmi les plus récents mammifères inventoriés) en 1991 et 2002 : les mésoplodons du Pérou et de Californie.

La famille s'enorgueillit de cinq genres et de vingt espèces. De taille respectable, les ziphiidés ont un rostre pointu et des dents en petit nombre, souvent sur la seule mâchoire inférieure et uniquement chez le mâle : elles servent peu à manger, mais beaucoup lors des défis pour le sexe. L'aileron dorsal est bref, les bras courts. Deux sillons en V courent sur la poitrine.

46. La baleine à bec de Baird

Berardius bairdii (Stejneger, 1883)
Famille des ziphiidés

La plus puissante de la famille : le Norvégien Leonhard H. Stejneger la dédie à un explorateur de l'Alaska, Spencer Baird. On la nomme aussi « bérardie de Baird », ou « baleine à bec du Nord ».

Longueur : 10 mètres pour le mâle (jusqu'à 12), 11 pour la femelle (jusqu'à 13).

Poids : 10 à 11 tonnes.

Nouveau-né : 3 mètres, 300 kilogrammes.

Deux grosses dents triangulaires par demi-mâchoire inférieure. Peau grise, zébrée de cicatrices, avec trois aires blanches au menton, à la poitrine et au nombril. L'animal descend à plus de 1 000 mètres et mange calmars, poulpes, langoustes, poissons, étoiles de mer, concombres de mer, etc. Émissions sonores inconnues. Ce cétacé rare hante le Pacifique Nord et la mer de Béring. Paradoxe : il passe l'hiver dans la partie septentrionale – la plus froide – de son aire.

Effectifs inconnus.

47. La baleine à bec d'Arnoux

Berardius arnuxii (Duvernoy, 1851)
Famille des ziphiidés

Le nom de « bérardie », latinisé en *Berardius*, dérive de celui du capitaine français Bérard, qui commande la corvette le *Rhin* dans les mers du Sud, en 1846. Le chirurgien du bord, M. Arnoux, rapporte au naturaliste Georges-Louis Duvernoy un crâne de cétacé de Nouvelle-Zélande.

On connaît à peine cette bérardie d'Arnoux, ou baleine à bec du Sud.

Longueur : 9 mètres (jusqu'à 10).

Poids : 6,5 tonnes (jusqu'à 7,5).

Nouveau-né : 3 mètres, 300 kilogrammes.

Deux dents par demi-mâchoire inférieure, dont la première saille au dehors. Dos gris-noir, zébré de cicatrices, ventre pâle. Nourriture : surtout calmars. Mers australes froides. Clics et population inconnus.

48. L'hyperoodon du Nord

Hyperoodon ampullatus (Forster, 1770)
Famille des ziphiidés

Un champion de plongée, un pensionnaire du *Livre des records*... Aussi doué pour cet exercice que le grand cachalot, il reste sans peine 1 heure en apnée ; jusqu'à 2 si nécessaire... Il descend à 2 000 mètres.

En 1717, un sujet de l'espèce s'échoue sur une côte de l'Essex, en Angleterre. La « baleine à bec de l'Essex » est rebaptisée *Balaena ampulla.* En 1804, Lacépède crée le genre *Hyperoodon*, « superdents ». On appelle aussi l'animal « hyperoodon boréal ».

Longueur : 9 mètres pour le mâle (jusqu'à 10), 7 pour la femelle (jusqu'à 8).

Poids : 3,5 tonnes pour le mâle, 3 pour la femelle (jusqu'à 5 pour les deux sexes).

Nouveau-né : 2,50 mètres, 220 kilogrammes.

Bec court, avec une seule dent saillante au bout de chaque demi-mâchoire inférieure. Peau gris sombre, lavée de vert sur le dos ; gris pâle sur le ventre. Les vieux sujets blanchissent et ont un énorme melon.

Ce cétacé voyage en troupes de trois à douze sujets et se nourrit de calmars, de poissons, d'étoiles de mer, etc. Répertoire sonore varié, avec gazouillis et sifflements sur des fréquences de 6 000 à 16 000 hertz. Clics mal connus, mais sonar efficace ! L'animal habite l'Atlantique Nord, du Cap-Vert à la Nouvelle-Angleterre ; de là, jusqu'à l'océan Glacial Arctique. Peut-être en Méditerranée.

Population inconnue, en diminution à cause des chasses féroces que l'espèce a subies, jusque dans les années 1980, de la part des Écossais, des Norvégiens et des Islandais.

49. L'hyperoodon du Sud

Hyperoodon planifrons (Flower, 1882)
Famille des ziphiidés

La copie australe de l'hyperoodon du Nord. Un merveilleux plongeur : jusqu'à 2 heures en apnée, pour des profondeurs de l'ordre de 1 500 mètres...

En 1882, le Britannique Sir William Flower examine le crâne d'un cétacé de l'Australie du Sud. Il range l'animal dans le genre *Hyperoodon* et le qualifie de *planifrons*, « front plat ».

Longueur : 7,5 mètres (jusqu'à 9 ; femelle un peu plus petite que le mâle).

Poids : 3,5 tonnes (jusqu'à 4).

Nouveau-né : 2,50 mètres, 220 kilogrammes.

Melon sphérique. Une dent au bout de chaque demi-mâchoire inférieure. Dos gris-bleu métallique, flancs bleuâtres, ventre blanc, parfois rose. Nourriture : calmars. Clics inconnus. Mers du Sud, du tropique du Capricorne à la Convergence antarctique.

Population inconnue, mais peu nombreuse !

50. La baleine à bec de Cuvier

Ziphius cavirostris (Cuvier, 1823)
Famille des ziphiidés

Voici l'épée *(xiphos)* de la mer ! Georges Cuvier réquisitionne ce mot grec pour créer le nom de genre *(Ziphius)* de l'animal qu'il examine en 1823 et qualifie de *cavirostris*, « bec creux ».

Longueur : 6 mètres (jusqu'à 7).

Poids : 3 tonnes (jusqu'à 4,5).

Nouveau-né : 2 mètres, 200 kilogrammes.

Bec étroit, pointu, mais bref. Une dent par demi-mâchoire. Peau grise ou gris-bleu, quasi brune chez les populations de l'Indo-Pacifique ; ventre clair ; taches blanches sur les flancs. Les vieux mâles ont le dos labouré de cicatrices. Nourriture : calmars et poissons abyssaux. Clics et population inconnus. L'espèce, rare, hante toutes les mers, sauf les plus froides.

51. La baleine à bec de Tasman

Tasmacetus shepherdi (Oliver, 1937)
Famille des ziphiidés

On découvre ce cétacé en 1933 : un exemplaire s'échoue en Nouvelle-Zélande. Walter Oliver le décrit et le nomme en honorant l'explorateur Abel Tasman.

Longueur : 6 mètres (jusqu'à 6,60).

Poids : 2,2 tonnes (jusqu'à 2,7).

Tête petite, bec pointu. De dix-neuf à vingt-six petites dents coniques par demi-mâchoire ; et, au bout de chaque demi-mâchoire inférieure, une grosse dent triangulaire. Peau grise, blanche sous le ventre, avec beaucoup de cicatrices. Nourriture : calmars, poissons de fond, crabes. Espèce rare, qui salue la Nouvelle-Zélande, le Chili et la Patagonie.

52. Le mésoplodon de de Blainville

Mesoplodon densirostris (de Blainville, 1817)
Famille des ziphiidés

En 1817, Henri Ducrotray de Blainville décrit, en partant d'une mâchoire, un *Delphinus densirostris*, « dauphin à bec dense ». Puis Paul Gervais invente le genre *Mesoplodon* (« dents à demi flottantes »). L'animal est encore appelé « baleine à bec tropicale ».

Longueur : 4,5 mètres (jusqu'à 5).

Poids : 1 tonne.

Rostre long. Une grosse dent triangulaire par demi-mâchoire inférieure, haute de 20 centimètres, juchée sur une protubérance osseuse – et uniquement chez le mâle. Dos noir ou gris sombre, tacheté de gris. Ventre blanc. Nourriture : calmars. Émissions sonores : clics, grognements, gazouillis. Toutes les mers tièdes et chaudes de la Terre. Population inconnue.

53. Le mésoplodon de Sowerby

Mesoplodon bidens (Sowerby, 1804)
Famille des ziphiidés

On le connaît par un échouage, en 1800, sur une côte d'Écosse, et par la belle peinture qu'en donne James Sowerby ;

lequel le baptise *Physeter bidens*, « cachalot à deux dents ». Paul Gervais range l'animal dans le genre *Mesoplodon*. On nomme encore ce cétacé « baleine à bec de la mer du Nord ».

Longueur : 6 à 7 mètres.

Poids : 1 300 kilogrammes.

Une grosse dent unique en triangle par demi-mâchoire – seulement chez le mâle. Peau gris sombre, taches sur le dos, ventre blanc. Nourriture : calmars, poissons. Population inconnue. Atlantique Nord.

54. Le mésoplodon de Gervais

Mesoplodon europaeus (Gervais, 1855)
Famille des ziphiidés

Paul Gervais en décrit un crâne récolté sur une côte de la Manche, et baptise l'animal *Dioplodon europaeus*. Sir William Flower le range dans le genre *Mesoplodon*. On l'appelle aussi « baleine à bec du Gulf Stream », « des Antilles » ou « d'Europe ».

Longueur : 5,50 mètres (jusqu'à 6,60).

Poids : 2,7 tonnes.

Une grosse dent par demi-mâchoire – chez le mâle. Peau gris-bleu, avec une tache ventrale blanche. Nourriture : calmars. Clics et population inconnus. De la Guyane à la Nouvelle-Écosse, à la mer du Nord et au golfe de Gascogne ; notamment dans le Gulf Stream.

55. Le mésoplodon de True

Mesoplodon mirus (True, 1913)
Famille des ziphiidés

L'Américain Frederick True en décrit une femelle échouée en 1812 à Bird Island (Caroline du Nord), et nomme l'espèce *Mesoplodon mirum*, qu'on corrige en *mirus* (en latin : « superbe »). Baptême d'un cétacé : le mésoplodon de True, ou superbe.

Longueur : 5 mètres.

Poids : 1,3 tonne.

Une grosse dent par demi-mâchoire inférieure, chez le mâle. Peau gris ardoise sur le dos, perle sur le ventre, avec des cicatrices. Nourriture : calmars. Clics et population inconnus. Dans l'Atlantique, de la Floride à Terre-Neuve, et du golfe de Gascogne à la Norvège. Peut-être jusqu'en Afrique du Sud.

56. Le mésoplodon de Layard

Mesoplodon layardii (Gray, 1865)
Famille des ziphiidés

En 1865, Edgar Layard envoie d'Afrique du Sud le croquis d'un crâne de cétacé bizarre, que l'Anglais John Gray décrit et nomme.

Longueur : 5 mètres (jusqu'à 7 ?).

Poids : 1,3 tonne.

Une dent oblique, d'une taille incroyable (30 à 35 centimètres), par demi-mâchoire inférieure, chez le mâle. Gris foncé dessus, clair dessous, avec du bleu au front. Nourriture : calmars. Clics et population inconnus. Dans les mers du Sud, entre le 40e parallèle austral et la Convergence antarctique.

57. Le mésoplodon de Gray

Mesoplodon grayi (von Haast, 1876)
Famille des ziphiidés

En 1874, vingt-huit de ces animaux s'échouent à l'île Chatham, en Nouvelle-Zélande. Sir Julius von Haast baptise l'espèce *Oulodon grayi*, et Sir William Flower l'inclut dans le genre *Mesoplodon*. On dit aussi « baleine à bec de Nouvelle-Zélande ».

Longueur : 4,50 mètres (jusqu'à 6).

Poids : 1 tonne (jusqu'à 1,2).

Une grosse dent proéminente de 20 centimètres par demi-mâchoire inférieure, chez la femelle comme chez le mâle ; de dix-sept à vingt-deux petites dents supplémentaires par demi-mâchoire, en haut comme en bas. Dos noir à reflets bleus ou verts, avec des zébrures et des taches pâles ; ventre clair. Nourriture : calmars. Clics et population inconnus. Mers du Sud, du 40e parallèle austral à la Convergence antarctique.

58. Le mésoplodon d'Andrew

Mesoplodon bowdoini (Andrews, 1908)
Famille des ziphiidés

En 1908, l'Américain Roy Andrews dédie cet animal à un compatriote, le naturaliste James Bowdoin.

Longueur : 4 mètres.

Poids : 1,1 tonne.

Une grosse dent par demi-mâchoire inférieure, chez le mâle. Nourriture, clics, population inconnus. On n'a observé, de l'espèce, que quelques échouages en Nouvelle-Zélande, en Tasmanie, en Australie du Sud et aux îles Kerguelen.

59. Le mésoplodon du Pacifique

Mesoplodon pacificus (Longman, 1926)
Famille des ziphiidés

Celui qu'on baptise aussi « mésoplodon de Longman » est classé par certains cétologistes dans un genre à part : *Indopacetus*. On ne le connaît que par deux crânes, l'un découvert à Mackay, sur la Grande Barrière de corail australienne, l'autre en Somalie, près de Mogadiscio. Une grosse dent par demi-mâchoire inférieure. Pour le reste, mystère : on ignore la taille de ce cétacé (7 mètres ?), sa couleur, sa biologie, sa distribution, ses effectifs...

60. Le mésoplodon d'Hector

Mesoplodon hectori (Gray 1871)
Famille des ziphiidés

En 1871, Sir James Hector, conservateur du musée de Wellington, en Nouvelle-Zélande, en envoie deux crânes à John Gray, qui les nomme.

Longueur : 4,50 mètres.

Poids : 1 tonne.

Crâne dissymétrique. Une grosse dent par demi-mâchoire inférieure. On ignore tout de cet animal, qu'aucun humain n'a jamais observé vivant. De rares échouages en Nouvelle-Zélande, en Tasmanie, en Afrique du Sud, aux Malouines...

61. Le mésoplodon du Japon

Mesoplodon ginkgodens (Nishiwaki et Kamiya, 1958)
Famille des ziphiidés

En 1957, dans la baie de Sagami, près de Tokyo, s'échoue un cétacé qu'examinent Nishiwaki et Kamiya. C'est un mâle, dont les deux grosses dents, de plus de 25 centimètres, ont la même forme que la feuille de l'arbre ginkgo – l'arbre aux cent écus sacré des Japonais... Le nom est trouvé ! Le mésoplodon (ou baleine à bec) à dents de ginkgo s'appelle *icho kujira* en langue nippone.

Longueur : 5,20 mètres (jusqu'à 5,50).

Poids : 1,5 tonne.

Peau noire ou bleu marine, semée de taches pâles sur les flancs et le ventre. Bec immaculé chez le mâle. Nourriture : calmars, poissons pélagiques, saumons... On ignore les émissions sonores et les effectifs de l'espèce. Distribution : eaux chaudes de l'océan Indien oriental et du Pacifique.

62. Le mésoplodon de Stejneger

Mesoplodon stejnegeri (True, 1885)
Famille des ziphiidés

On dit encore « mésoplodon de la mer de Béring ». En 1883, le naturaliste norvégien Leonhard Stejneger en envoie d'Alaska un spécimen à l'Américain Frederick True.

Longueur : 5 mètres (jusqu'à 6).

Poids : 1,2 tonne.

Une seule dent de 20 centimètres par demi-mâchoire inférieure, uniquement chez le mâle. Dos sombre, bleuâtre ou brunâtre, avec des cicatrices. Nourriture : calmars, saumons... Clics et population inconnus. Distribution : du Japon à la mer de Béring et à la Colombie britannique.

63. Le mésoplodon de Hubbs

Mesoplodon carlhubbsi (Moore, 1963)
Famille des ziphiidés

L'Américain Carl Hubbs en décrit, en 1945, un spécimen échoué près de son laboratoire du Scripps Institute of Oceanography, à La Jolla (Californie).

Longueur : 5,30 mètres.

Poids : 1,5 tonne.

Bec un peu retroussé. Une volumineuse dent par demi-mâchoire inférieure, chez le mâle. Peau noire ou gris-bleu, plus claire sur le ventre, avec le bout du museau blanc ; des cicatrices (morsures de requins ?). Nourriture : calmars et poissons des profondeurs. Clics et population inconnus. Dans une bande d'océan Pacifique située entre la Chine et le Japon d'une part, la Colombie britannique et la Californie de l'autre.

64. Le mésoplodon du Pérou

Mesoplodon peruvianus

(Reyes, Mead et Van Waerebeek, 1991)

Famille des ziphiidés

L'avant-dernier repéré des cétacés, et l'un des derniers mammifères identifiés… Entre 1987 et 1991, on en trouve trois exemplaires échoués sur une plage du Pérou, et six autres noyés dans des filets à requins.

Longueur : 3,50 mètres.

Poids : 500 kilogrammes.

Le « nain » des baleines à bec : on l'appelle aussi « mésoplodon nain »… Une dent par demi-mâchoire inférieure. Dos gris-bleu, ventre clair. Pour le reste : mystère.

65. Le mésoplodon de Californie

Mesoplodon californianus (?, 2002)

Famille des ziphiidés

Nouvelle découverte en 2001, répertoriée à l'été 2002 ; la preuve qu'au XXIe siècle, la liste des hôtes de la planète Mer n'est pas achevée ; ni celle des surprises de la vie !

L'animal, dont on ne sait presque rien, s'est échoué en Californie, mais on l'a pris pour un autre : l'analyse de son patrimoine génétique montre qu'il s'agit d'une espèce nouvelle.

Description en cours.

LES CACHALOTS

Cette ronde océane bleu, blanc, gris autour de soixante-huit espèces d'odontocètes, toute poudrée de souffles et parfumée au vent du large, s'achève par un surf rêveur dans la superfamille des cachalots.

Des physétéroïdes. Deux familles : kogiidés et physétéridés.

66. Le cachalot pygmée

Kogia breviceps (de Blainville, 1838)
Famille des kogiidés

Son nom savant – *Kogia* – résulterait d'une plaisanterie : il s'agirait du mot argot anglais *codger*, « drôle de type », latinisé dans un style de cuisine ! *Breviceps* signifie « courte tête ».

Longueur : 3 mètres (jusqu'à 4).

Poids : 360 kilogrammes (jusqu'à 400).

Nouveau-né : 1,20 mètre, 55 kilogrammes.

Corps robuste, tête au museau coupé net, évent sur l'arête du front, du côté gauche. De douze à seize dents pointues par demi-mâchoire inférieure. Aileron dorsal court et pointu, en faux, implanté très en arrière sur le dos. Bras ovales. Dos sombre, gris-noir mêlé de brun ; ventre blanc. Derrière chaque œil, un dessin blanc ressemble curieusement à une ouïe de poisson.

L'espèce vit en petites troupes et saute au grand large, dans la zone tempérée et chaude des trois grands océans. Nourriture : surtout céphalopodes (calmars et seiches), mais aussi poissons et crustacés. Clics à peine étudiés.

Effectifs inconnus.

67. Le cachalot nain

Kogia simus (Owen, 1866)
Famille des kogiidés

Le naturaliste anglais Owen décrit l'espèce d'après un crâne venu des Indes. L'adjectif *simus* signifie « nez plat » ou « nez écrasé ».

Longueur : 2,40 mètres (jusqu'à 2,70).

Poids : 160 kilogrammes (jusqu'à 270).

Nouveau-né : 1 mètre, 45 kilogrammes.

Museau tronqué, évent sur la gauche. Sept à douze petites dents pointues par demi-mâchoire inférieure. Aileron dorsal en faux, semblable à celui du tursiops. Bras courts. Plusieurs sillons sous la gorge. La peau est gris-bleu, sombre sur le dos, claire sur le ventre ; avec, derrière chaque œil, un trait oblique blanc qui ressemble à une ouïe de poisson.

L'espèce vit en petites troupes matriarcales, dans les eaux tempérées et froides des trois grands océans. Nourriture : surtout calmars. Clics et population inconnus.

68. Le cachalot macrocéphale

Physeter macrocephalus (= P. catodon) (Linné, 1758)
Famille des physétéridés

Le colosse des cétacés à dents a fait chanter les poètes, œuvrer les peintres, composer les romanciers ou méditer les philosophes dans toutes les civilisations marines, depuis l'Antiquité.

Aristote lui donne le nom de *physeter* (qui veut dire « tourbillon »). Pline l'Ancien l'appelle *orca* et le présente comme « une montagne de chair armée de dents terribles ». Au Moyen Âge, Albert le Grand décrit deux cétacés échoués en Hollande « et ayant fourni beaucoup de blanc de baleine ». Les naturalistes de la Renaissance (Conrad Gesner, Pierre Belon, Guillaume Rondelet...) en font des mentions ébahies, mêlées de récits légendaires. À l'époque, on baptise aussi l'animal « grand chien de mer » ou « baleine trompette », et les mâles sont appelés « empereurs ».

En 1577, Ambroise Paré en donne un dessin d'après un échouage. En 1692, Sir Robert Sibbald étudie un sujet mort sur une côte d'Écosse. John Anderson (1746) suppose qu'il existe quatre espèces de ce cétacé. Brisson (1756) penche pour sept. Linné (1758) en distingue à nouveau quatre (« catodon », « macrocephalus », « microps », « tursio »). Lacépède (1804) imagine que, outre le macrocéphale (ou « physétère »), on trouve un « trumpo » dans les eaux de la Nouvelle-Angleterre, un « svineval » au Groenland et (dans les mers du Sud) un « cachalot blanchâtre » et un « physale cylindrique »...

Frédéric Cuvier (1826) hésite encore. Mais, au temps de Herman Melville et de *Moby Dick* (1851), les incertitudes sont levées : les océans n'hébergent qu'une seule espèce de cachalot géant. En 1911, Olfield Thomas nomme ce dernier *Physeter catodon.* D'autres préfèrent *Catodon macrocephalus.* De nos jours, l'accord est acquis : c'est *Physeter macrocephalus* ; littéralement, « tourbillon grosse tête »...

Le nom français de « cachalot », qu'on retrouve sous des formes proches dans de nombreuses langues, a une origine controversée. Certains le font dériver du gascon *cachau*, d'autres du catalan *quachal* (« grosses dents ») ou du vieil espagnol *quixal* (« mâchoire »). Le terme anglais *sperm whale* vient de l'ancienne croyance selon laquelle le spermaceti, ou blanc de baleine, était le liquide séminal de la bête ; en vérité, cette huile très fine, contenue dans le melon de la tête, sert à l'écholocation et à la plongée.

Voici que s'avance une forge soufflante... Un prodige... Un édifice de muscles, de graisse et d'organes... Le cachalot règne sur les abîmes de la mer. Ce qui impressionne le plus, chez lui, c'est l'énormité géométrique de son crâne. « Sa tête, dit Lacépède, est une des plus volumineuses, si ce n'est la plus grande de toutes. Elle paraît comme une grosse masse tronquée par devant, presque cubique. »

Longueur du mâle : 15 à 16 mètres, peut-être 20. De la femelle : 10 à 11 mètres, peut-être 15.

Poids du mâle : 40 tonnes (jusqu'à 60 chez les gros solitaires ; on a parlé de 80). De la femelle : 15 tonnes (rarement 20 ; les archives mentionnent une « cachalote » de 38 tonnes).

Nouveau-né : 4 mètres, 1 tonne.

La tête, ce parallélépipède qu'on jurerait taillé à la hache et laissé inachevé, dégage une formidable impression de puissance. Les dents de la mâchoire supérieure, atrophiées avant la naissance, ne percent jamais la gencive. La mâchoire inférieure, en triangle aigu (presque en aiguille), mesure jusqu'à 5 mètres de longueur et se hérisse de dents coniques. Celles-ci, de section ovale, sont longues de 20 centimètres et pèsent 1 kilogramme. On en compte de vingt-quatre à trente par demi-mâchoire. Lorsque l'animal ferme la bouche, elles se logent dans des alvéoles de la mâchoire supérieure. Un superbe ivoire les compose : autrefois, les baleiniers gravaient et sculptaient ces pièces, qu'ils vendaient sous le nom de *scrimshaws*.

L'œil, inséré en arrière et très bas sur la tête, juste au-dessus de l'angle de la bouche, est gros comme un pamplemousse et brille d'intelligence. Dans *Moby Dick*, Herman Melville lui consacre des phrases hallucinées. Le cerveau pèse 10 kilogrammes : c'est le plus gros du monde.

L'évent, en forme de S, long de 50 centimètres, s'ouvre sur l'arête antérieure gauche de la tête. Il crache, à plus de 7 ou 8 mètres, un panache colossal, qui part en oblique, à 45 degrés vers l'avant, et retentit comme un coup de canon.

Les bras, épais et arrondis, en proportion plutôt courts, mesurent 1,20 à 1,50 mètre de longueur. On n'observe pas d'aileron dorsal, mais une succession de bosses inégales qui ondulent sur le dernier tiers du dos de l'animal.

La queue possède une mobilité remarquable. Elle atteint 5 à 6 mètres d'envergure. À son propos, Herman Melville cède à la tentation lyrique : « Dans nulle chose vivante, il n'existe tant de beauté... » Sous le ventre, depuis l'anus jusqu'au point de jonction des lobes de la caudale, court une arête de chair bosselée qui répond aux bosses du dos et fonctionne comme la dérive d'un bateau.

La peau est sombre ; noirâtre ou gris foncé, parfois gris clair, avec une nuance brune ou chocolat. Les flancs et le ventre sont décolorés ou tachetés. Les vieux mâles s'enorgueillissent d'un nombre incroyable de cicatrices, témoignages de bagarres avec d'autres pachas ou avec des calmars géants des abysses. Même chez les jeunes, le tégument offre un aspect ridé, ratatiné, sillonné, bosselé, comme on en imagine chez le plus boucané des loups de mer.

Depuis *Moby Dick*, chacun sait aussi qu'il existe des cachalots blancs. Des albinos... On en a vu – et harponné, au temps de la chasse. Moby Dick était bien plus monstrueux, plus terrible, plus empli de puissance brute et de malice diabolique, « quand, à l'heure de midi, il apparaissait glissant à travers une mer bleu foncé, laissant un sillage d'écume crémeuse, une sorte de Voie lactée pailletée de scintillements d'or... »

Le macrocéphale a de l'appétit : un adulte avale plus d'une tonne de nourriture par jour. On estime que l'ensemble des cachalots du globe consomment chaque année 100 millions de tonnes de produits de la mer ; un chiffre à rapprocher de celui – 80 millions de tonnes – de la pêche mondiale humaine.

L'animal est qualifié de « teuthophage » parce qu'il gobe surtout des calmars (en grec *teuthos*) et d'autres céphalopodes. Il consomme nombre d'espèces de ces mollusques (plus de quarante), tant les petites et grégaires de surface que les grosses et solitaires des profondeurs. On a dénombré 28 000 proies dans l'estomac d'un seul géant ! Les très gros cachalots descendent dans les abysses, sur la pente continentale, à 1 500 mètres ou davantage (jusqu'à 3 000 !) traquer les calmars géants *Architeuthis*. Aucun humain n'a jamais assisté à ces traques titanesques, dans les ténèbres. On imagine les tentacules du mollusque, longs de 20 mètres (et dont on a retrouvé des fragments flottant en surface, avec des ventouses larges comme des assiettes) ; on se peint l'encre phosphorescente rouge que crache le céphalopode ; l'étreinte des dix bras ; les clics du macrocéphale ; les mâchoires du cétacé qui se referment sur la proie grouillante ; la lutte finale qui s'ensuit, et dont le mammifère, avantagé par son sang chaud, sort vainqueur…

Le cachalot vit en petites troupes, dont la structure de base est matriarcale : une grande femelle âgée et expérimentée conduit une bande familiale, où se rassemblent ses filles, ses sœurs, ses nièces, etc., et les petits des deux sexes. À l'âge de la puberté (vers 10 à 12 ans), les jeunes peuvent rester dans la troupe s'ils sont femelles. S'ils sont mâles, ils sont priés de partir à l'aventure. Ils rejoignent un troupeau de célibataires (dits aussi « bacheliers »), jusqu'à ce qu'ils soient assez forts pour revendiquer le statut de dominants d'un coin de mer – de « pachas » ; mais pas avant l'âge de 25 ans ! Espérance de vie : 60 à 65 ans pour les mâles, 80 à 90 ans pour les femelles.

Les émissions sonores du macrocéphale sont très puissantes, sur des fréquences comprises entre 200 et 20 000 hertz.

Distribution : toutes les mers du monde, jusqu'aux latitudes polaires, que fréquentent surtout les vieux solitaires, en été. Les troupes matriarcales sillonnent plutôt les parages tempérés et chauds, en bordure de la pente continentale, à la verticale des biotopes favorables aux calmars.

La grande chasse au cachalot a débuté au début du XVIIIe siècle. Elle a été héroïque au temps de *Moby Dick*. Puis elle tourné à l'abominable massacre. Les effectifs globaux d'origine de l'espèce dépassaient sûrement 1 million de sujets. Ils se sont effondrés de 80 pour 100, ramenés à 200 000 dans les années 1960. Ils sont remontés depuis que le harponnage massif a cessé, et s'établissent peut-être (répartis en plusieurs grands groupes par océan) à 550 000 exemplaires pour le monde : 350 000 dans l'hémisphère Sud, 175 000 dans le Pacifique Nord, 25 000 dans l'Atlantique Nord.

ANNEXE

Classification des espèces

Toute classification est approximative. Le savant qui s'y spécialise – le taxonomiste – est un peintre qui travaille un tableau commencé par d'autres, et qu'il ne finira jamais. Il hésite, retouche, réorganise. Il a des repentirs...

Concernant les cétacés, la tâche est ardue. Certaines espèces (en particulier chez les baleines à bec) ne nous sont connues que par de rares descriptions de sujets échoués : aucun humain ne les a jamais vues vivantes.

ORDRE DES CÉTACÉS

Sous-ordre des odontocètes

Superfamille des platanistoïdes

Famille des platanistidés

Platanista minor (Owen, 1853) : plataniste, *susu* de l'Indus.

Platanista gangetica (Roxburgh, 1801) : plataniste, *susu* du Gange.

Famille des pontoporiidés

Pontoporia blainvillei (Gervais et d'Orbigny, 1844) : dauphin de La Plata.

Famille des iniidés

Inia geoffrensis (de Blainville, 1817) : dauphin rose d'Amazonie, *boto, boutou.*

Famille des lipotidés

Lipotes vexillifer (Miller, 1918) : dauphin du Yangzi, *baïji.*

Superfamille des delphinoïdes

Famille des monodontidés

Sous-famille des delphinaptéridés

Delphinapterus leucas (Pallas, 1776) : bélouga, baleine blanche.

Sous-famille des monodontinés

Monodon monoceros (Linné, 1758) : narval, licorne de mer.

Famille des phocénidés

Sous-famille des phocoenoïdinés

Australophocoena dioptrica (Barnes, 1985) : marsouin à lunettes.

Phocoenoides dalli (True, 1885) : marsouin de Dall.

Sous-famille des phocoeninés

Phocoena phocoena (Linné, 1758) : marsouin commun.

Phocoena spinipinnis (Burmeister, 1865) : marsouin de Burmeister.

Phocoena sinus (Norris et McFarland, 1958) : marsouin du Golfe, *vaquita*.

Neophocaena phocoenoides (Cuvier, 1829) : marsouin aptère.

Famille des delphinidés

Sous-famille des orcellinés

Orcaella brevirostris (Gray, 1886) : dauphin de l'Irraouaddy, orcelle.

Sous-famille des sténinés

Steno bredanensis (Lesson, 1828) : dauphin sténo.

Sotalia fluviatilis (Gervais, 1853) : dauphin gris d'Amazonie, *tucuxi*.

Sousa chinensis (Osbeck, 1765) : *sousa*, dauphin à bosse de l'Indo-Pacifique.

Sousa teuszii (Kükenthal, 1892) : dauphin à bosse de l'Atlantique.

Sous-famille des delphininés

Lagenorhynchus albirostris (Gray, 1846) : dauphin à bec blanc.

Lagenorhynchus acutus (Gray, 1828) : dauphin à flancs blancs de l'Atlantique.

Lagenorhynchus obscurus (Gray, 1828) : dauphin obscur.

Lagenorhynchus obliquidens (Gill, 1865) : dauphin à flancs blancs du Pacifique.

Lagenorhynchus cruciger (Quoy et Gaimard, 1824) : dauphin porte-croix, dauphin sablier.

Lagenorhynchus australis (Peale, 1848) : dauphin de Peale.

Lagenodelphis hosei (Fraser, 1956) : dauphin de Fraser.

Delphinus delphis (Linné, 1758) : dauphin commun.

Tursiops truncatus (Montagu, 1821) : dauphin tursiops, nez-en-bouteille.

Stenella attenuata (Gray, 1846) : sténelle tachetée.

Stenella plagiodon (Cope, 1866) : sténelle tachetée de l'Atlantique.

Stenella coeruleoalba (Meyen, 1833) : sténelle bleu et blanc.

Stenella longirostris (Gray, 1828) : sténelle à long bec.

Stenella clymene (Gray, 1850) : sténelle clymène.

Sous-famille des lissodelphinés

Lissodelphis peronii (Lacépède, 1804) : lissodelphe austral.

Lissodelphis borealis (Peale, 1848) : lissodelphe boréal.

Sous-famille des céphalorhynchinés

Cephalorhynchus heavisideii (Gray, 1828) : dauphin d'Heaviside.

Cephalorhynchus hectori (Van Beneden, 1881) : dauphin d'Hector.

Cephalorhynchus eutropia (Gray, 1846) : dauphin noir, dauphin du Chili.

Cephalorhynchus commersonii (Lacépède, 1804) : dauphin de Commerson.

Sous-famille des globicéphalinés

Peponocephala electra (Gray, 1846) : tête-de-melon, péponocéphale.

Feresa attenuata (Gray, 1874) : orque pygmée.

Pseudorca crassidens (Owen, 1846) : faux-orque, pseudorque.

Orcinus orca (Linné, 1758) : orque épaulard.

Grampus griseus (Cuvier, 1812) : dauphin de Risso, dauphin gris.

Globicephala melaena (Traill, 1809) : globicéphale noir, baleine-pilote.

Globicephala macrorhynchus (Gray, 1846) : globicéphale tropical.

Superfamille des ziphioïdes

Famille des ziphiidés

Berardius bairdii (Stejneger, 1883) : baleine à bec de Baird.

Berardius arnuxii (Duvernoy, 1851) : baleine à bec d'Arnoux.

Hyperoodon ampullatus (Forster, 1770) : hyperoodon du Nord.

Hyperoodon planifrons (Flower, 1882) : hyperoodon du Sud.

Ziphius cavirostris (Cuvier, 1823) : baleine à bec de Cuvier.

Tasmacetus shepherdi (Oliver, 1937) : baleine à bec de Tasman.

Mesoplodon densirostris (de Blainville, 1817) : baleine à bec de de Blainville.

Mesoplodon bidens (Sowerby, 1804) : baleine à bec de la mer du Nord.

Mesoplodon europaeus (Gervais, 1855) : baleine à bec de Gervais.

Mesoplodon mirus (True, 1913) : baleine à bec de True.

Mesoplodon layardii (Gray, 1865) : baleine à bec de Layard.

Mesoplodon grayi (von Haast, 1876) : baleine à bec de Gray.

Mesoplodon bowdoini (Andrews, 1908) : baleine à bec d'Andrews.

Mesoplodon pacificus (Longman, 1926) : baleine à bec de Longman.

Mesoplodon hectori (Gray, 1871) : baleine à bec d'Hector.

Mesoplodon ginkgodens (Nishiwaki et Kamiya, 1958) : baleine à bec du Japon.

Mesoplodon stejnegeri (True, 1885) : baleine à bec de Stejneger.

Mesoplodon carlhubbsi (Moore, 1963) : baleine à bec de Hubbs.

Mesoplodon peruvianus (Reyes, Mead et Van Waerebeek, 1991) : baleine à bec du Pérou.

Mesoplodon californianus (?, 2002) : baleine à bec de Californie

Superfamille des physétéroïdes

Famille des kogiidés

Kogia breviceps (de Blainville, 1838) : cachalot pygmée.

Kogia simus (Owen, 1866) : cachalot nain.

Famille des physétéridés

Physeter macrocephalus (Linné, 1758) : cachalot macrocéphale.

Sous-ordre des mysticètes

Famille des balénidés

Balaena mysticetus (Linné, 1758) : baleine franche du Groenland.

Eubalaena glacialis (Muller, 1776) : baleine franche noire.

Famille des néobalénidés

Caperea marginata (Gray, 1846) : baleine franche pygmée.

Famille des eschrichtidés

Eschrichtius robustus (Lilljeborg, 1861) : baleine grise de Californie.

Famille des balénoptéridés

Sous-famille des mégaptérinés

Megaptera novaeangliae (Borowski, 1781) : baleine à bosse, mégaptère, jubarte.

Sous-famille des balénoptérinés

Balaenoptera musculus (Linné, 1758) : baleine bleue, rorqual bleu.

Balaenoptera physalus (Linné, 1758) : rorqual commun.

Balaenoptera borealis (Lesson, 1828) : rorqual boréal, sei.

Balaenoptera edeni (Anderson, 1878) : rorqual tropical, baleine de Bryde.

Balaenoptera acutorostrata (Lacépède, 1804) : rorqual museau-pointu, baleine de Minke.

Table

Cet ouvrage a été composé
par Atlant'Communication
aux Sables-d'Olonne (Vendée)

Impression réalisée sur les presses de
l'Imprimerie France-quercy
à Cahors (Lot)
en septembre 2002
pour le compte des Éditions de l'Archipel
département éditorial
de la S.A.R.L. Écriture-Communication

Imprimé en France
N° d'édition : 515 – N° d'impression : 22373
Dépôt légal : octobre 2002